Lew Tolstoi

Sewastopol

dearbooks

Lew Tolstoi

Sewastopol

ISBN/EAN: 9783954557585

Vorlage für diesen Nachdruck ist: Leo Tolstoi: »Sewastopol«. Übersetzung: Raphael Löwenfeld. Verlag Eugen Diederichs, Leipzig 1901. Die bei Verwendung einer alten Vorlage unumgänglichen Qualitätsverluste bitten wir zu entschuldigen.

Auflage: 1

Erscheinungsjahr: 2014

Erscheinungsort: Berlin, Deutschland

dearbooks in Europäischer Literaturverlag GmbH, Beymestr. 13 a, 12167 Berlin.

Printed in Germany

Cover: Franz Roubaud: »Die Belagerung von Sewastopol«, Ausschnitt, 1904.

Leo N. Tolstoj

Sewastopol

im Dezember ✶ Sewastopol im
Mai ✶ Sewastopol im August ✶
Der Holzschlag ✶ Begegnung im
Felde ✶ Der Überfall

3. Auflage

Verlegt bei Eugen Diederichs, Leipzig 1901

Inhalt

Sewastopol

im Dezember 1854, im Mai und
August 1855

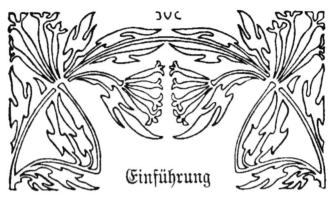

Einführung

Leo Tolstoj war aus dem Kaukasus in die Heimat zurückgekehrt. Er war Soldat und konnte sich — nach den kleinen Scharmützeln mit den ungebändigten Gebirgsstämmen, — auch dem gewaltigen Völkerkriege nicht entziehen, dessen Schauplatz die Krim ward. Vor Sewastopol fiel die Entscheidung in diesem ungleichen Kampfe, den Rußland gegen zwei Großmächte des Westens zu führen hatte.

Am 23. September hatten die Russen ihre ganze Flotte in das Schwarze Meer versenkt, um den Angriff von der Seeseite her zu vereiteln, und Totlebens Kunst hatte die Festung durch Aufführung von Forts und Bastionen zu einer fast uneinnehmbaren gemacht. Die fortgesetzte Beschießung aber mit ihren Opfern an Menschenleben, die Abschneidung der Zufuhr von Lebensmitteln und die gänzliche Ermattung des russischen Heeres führten endlich am 27. August 1855 nach einem furchtbaren Sturmangriff zur Uebergabe Sewastopols.

Alle Leiden des russischen Heeres hatte der junge Offizier in der vierten Bastion, an einer der gefährlichsten Stellen der belagerten Festung, mitgemacht. Und gewohnt, das Erlebte im dichterischen Spiegelbilde festzuhalten, bannte Leo Tolstoj auch die Leidenstage von Sewastopol in drei gewaltige Schilderungen, die das entzückte Rußland mit steigender Bewunderung las, während noch der Heldenmut seiner Söhne vergeblich um den Sieg rang. Kaiser Nikolaus selbst, der Urheber des großen Völkerunglücks, war von dem Werke des jungen

Offiziers begeistert. Er gab den Befehl, ihn von dem gefährlichen Orte zu entfernen, damit das Leben eines zukunftsreichen Talents geschont werde.

Tolstoj wählte für seine Schilderungen den Anfang, den Höhepunkt und das Ende der Kämpfe vor Sewastopol, und benennt sie äußerlich nach der Zeit: Sewastopol im Dezember, Sewastopol im Mai, Sewastopol im August.

Aus diesen drei Augenblicksbildern sprechen mit beredten Worten das tiefe Mitgefühl mit den Leiden des Volks, die Bewunderung für seine unwandelbare Tapferkeit und Leidensfähigkeit, der große Schmerz um den Völkerwahn des Krieges, die Geringschätzung für Eigenschaften, die eine hergebrachte Anschauung Tugenden nennt — genug, all die Grundideen Tolstojscher Ethik, die auch in seinen anderen dichterischen Werken zum Ausdruck kommen, und die erst im sechsten Jahrzehnt seines Lebens sich zu einer systematischen Weltanschauung verdichten sollten.

Aber trotz des scheinbar auf sittliche Ziele gerichteten Inhalts ist die Schilderung von ruhigster Sachlichkeit. Dem Dichter ist nichts gut, nichts böse; nicht zur Nachahmung aneifern will er in seinen Schilderungen der Tapferkeit, nicht abschrecken vom Bösen durch grausige Darstellung des Entsetzlichen, nicht einmal in den einzelnen Personen, die er handeln läßt, Muster kriegerischer Tugenden oder abschreckende Beispiele des Gegenteils vorführen. Die Menschen alle „können nicht die Uebelthäter, noch die Helden der Erzählung sein".

„Der Held meiner Erzählung — sagt Tolstoj — den ich mit der ganzen Kraft meiner Seele liebe, den ich in ganzer Schöne zu schildern bemüht war, und der immer schön gewesen ist und immer schön sein wird — ist die Wahrheit."

Erscheinen in dieser Hinsicht die Schilderungen der Sewastopoler Kämpfe gewissermaßen als eine kunstlose Wiedergabe der Wirklichkeit, so zeigt sich die berechnende Kunst des Dichters deutlich in der Steigerung, die in der

Wahl der drei Momente liegt, die von entscheidender
Bedeutung für den Krieg waren: die Zeit der Entwicklung, der Wendung und des tragischen Abschlusses.

Alle drei Skizzen sind unter den Eindrücken der
Sewastopoler Leidenstage selbst geschrieben, in den Jahren 1854 und 1855. Zwischen ihnen liegt nur die Abfassung der kurzen Erzählung: „Der Holzschlag“.

Die Kritik nahm die Sewastopoler Skizzen mit
Bewunderung auf. Sie waren das erste Werk Leo Tolstojs, das einen allgemeinen, unbestrittenen Erfolg hatte.
Das lesende Rußland sah in den poetischen Schilderungen
des Grafen Tolstoj nicht bloß interessante Thatsachen in
der Wiedergabe eines Augenzeugen, nicht bloß begeisterte
Erzählungen von Heldenthaten, die auch den Leidenschafts-
losesten hätten fortreißen können; jeder Leser erblickte
darin die Verherrlichung der nationalen Tapferkeit und
die Verewigung ihres Andenkens.

Nie vorher hatte Rußland Soldatenschilderungen
solcher Art gekannt. Skobelews vielgelesene Erzählungen
waren unter den Vorurteilen einer schönfärberischen
Vaterlandsliebe entstanden und sind die Schöpfungen
einer mittelmäßigen Dichtergabe. Tolstoj strebte nach
einer treuen Wirklichkeitsschilderung und besaß zugleich
die Kraft, dem Alltäglichen den Charakter des Erhabenen zu geben.

R. L.

Sewastopol im December 1854

Eben beginnt die Morgenröte den Horizont über
dem Ssapunberg zu färben; die dunkelblaue
Meeresfläche hat bereits das nächtliche Dunkel ab-
gestreift und erwartet den ersten Sonnenstrahl,
um in glänzenden Farben zu spielen; von der
Bucht her weht es kalt und neblig; es liegt kein
Schnee, alles ist schwarz, aber der scharfe Morgen-
frost greift das Gesicht an und macht die Erde
unter den Füßen knirschen; nur das entfernte,
unaufhörliche, bisweilen von rollenden Schüssen in
Sewastopol übertönte Brausen des Meeres unter-
bricht die Stille des Morgens. Auf den Schiffen
ist es still; die achte Stunde schlägt.

Auf der Nordseite beginnt allmählich die Ruhe
der Nacht der Thätigkeit des Tages zu weichen:
hier marschiert eine Wachablösung, mit den Gewehren klirrend, vorbei; dort eilt ein Arzt schon
ins Lazarett; hier kriecht ein Soldat aus einer
Erdhütte, wäscht sich mit eisigem Wasser das
sonnenverbrannte Gesicht und betet, nach dem sich
rötenden Osten gewendet und sich schnell bekreu-

zigend, zu Gott; hier schleppt knarrend eine hohe, schwere, mit Kamelen bespannte Madshara (tatarischer Bauernwagen) blutige Leichen, mit denen sie fast bis an den Rand beladen ist, zur Beerdigung auf den Kirchhof ... Wir gehen auf den Hafen zu, — hier schlägt uns ein eigentümlicher Geruch von Steinkohlen, Dünger, Feuchtigkeit und Fleisch entgegen; tausend verschiedenartige Gegenstände — Brennholz, Fleisch, Schanzkörbe, Mehl, Eisen u. s. w. — liegen haufenweis am Hafen; Soldaten verschiedener Regimenter, mit Säcken und Gewehren, ohne Säcke und ohne Gewehre, drängen sich hier, rauchen, zanken sich, schleppen Lasten auf den Dampfer, der rauchend an der Landungsbrücke liegt; Privatkähne, voll von allerlei Volk, — von Soldaten, Seeleuten, Kaufleuten, Weibern, — legen an oder stoßen ab.

Nach der Grafskaja, Euer Wohlgeboren, wenn's gefällig ist! bieten uns zwei oder drei verabschiedete Matrosen ihre Dienste an, indem sie in ihren Böten aufstehen.

Wir wählen den, der uns am nächsten ist, schreiten über den halbverfaulten Kadaver eines braunen Pferdes, der hier im Schmutz in der Nähe des Bootes liegt, und gehen an's Steuerruder. Wir stoßen vom Ufer ab. Rings um uns haben wir das schon in der Morgensonne glänzende Meer, vor uns den alten Matrosen, in einem Überrock aus Kamelhaar, und einen

blonden Knaben, die unter Schweigen emſig die
Ruder führen. Wir ſehen die vielen ſegelfertigen
Schiffe, die nah und fern in der Bucht zerſtreut
ſind, die kleinen, ſchwarzen Punkte der auf dem
glänzenden Azur des Meeres ſich bewegenden Scha-
luppen und die auf der andern Seite der Bucht
befindlichen, durch die hellroten Strahlen der
Morgenſonne gefärbten, ſchönen und hellen Häuſer
der Stadt; wir ſehen die ſchaumbeſpritzte Linie
des Molo und der verſenkten Schiffe, deren
ſchwarze Maſtenſpitzen hie und da düſter aus dem
Waſſer ragen; unſerm Blicke begegnet die entfernte feindliche Flotte, die am kriſtallenen Horizont des Meeres unthätig daliegt, endlich ſehen
wir die durch unſere Ruder in den ſchäumenden
Wellen in die Höhe geworfenen und ſpringenden
Tropfen der Salzflut; wir hören den einförmigen
Laut von Stimmen, die über das Waſſer her zu
uns dringen, und die majeſtätiſchen Töne der Kanonade, die, wie uns ſcheint, immer ſtärker wird
in Sewaſtopol.

Es iſt unmöglich, daß bei dem Gedanken: auch
wir ſind in Sewaſtopol, unſere Seele nicht das
Gefühl eines gewiſſen Mutes und Stolzes durch-
dringe, und das Blut nicht ſchneller in unſern
Adern fließe.

Euer Wohlgeboren! Steuern Sie direkt auf
den Kiſtentin (das Schiff „Konſtantin"), ſagt zu
uns der alte Matroſe, indem er ſich rückwärts

wendet, um die Richtung, die wir dem Boote geben, zu berichtigen, das Steuerruder rechts!

Und er hat noch all seine Kanonen! bemerkt der blonde Bursche, während er am Schiffe vorbeirudert und es betrachtet.

Freilich. Er ist neu, Kornilow hat ihn befehligt, bemerkt der Alte, indem er ebenfalls das Schiff betrachtet.

Sieh, wie sie geplatzt ist! sagt der Knabe nach einem längeren Schweigen, indem er auf ein weißes Wölkchen zerfließenden Rauches sieht, das sich plötzlich hoch über der südlichen Bucht erhebt und von dem lauten Krachen einer platzenden Bombe begleitet ist.

Er feuert heut aus einer neuen Batterie, fügt der Alte hinzu, indem er sich gleichmütig in die Hände spuckt. Nun, Mischka, zugerudert, wir wollen die Barkasse überholen!   Und unser Boot eilt schneller vorwärts über die weite, wogende Bucht, überholt wirklich die schwere Barkasse, die mit Säcken beladen ist und von ungeschickten Soldaten ungleich gerudert wird, und landet, zwischen einer Menge am Ufer befestigter Böte, im Grafskaja-Hafen.

Auf dem Uferdamm bewegen sich lärmend Scharen von Soldaten in grauen Mänteln, von Matrosen in schwarzen Winterröcken und von buntgekleideten Frauen. Alte Weiber verkaufen Semmeln, Bauern mit Theemaschinen schreien: „Heißer

Sbitjen!"*) und dort auf den ersten Stufen der
nach dem Landungsplatz führenden Treppe liegen
verrostete Kanonenkugeln, Bomben, Kartätschen
und gußeiserne Kanonen verschiedenen Kalibers;
etwas weiter ist ein großer Platz, auf dem mächtige Balken, Kanonenlafetten, schlafende Soldaten
liegen, und Pferde, Fuhrwerke, grüne Pulverkasten mit Geschützen, und Sturmgeräte der Infanterie stehen; Soldaten, Matrosen, Offiziere,
Weiber, Kinder und Kaufleute bewegen sich durch-
einander; Bauernwagen mit Heu, mit Säcken und
Fässern kommen angefahren; hier reitet ein Kosak
und ein Offizier, dort fährt ein General in einer
Droschke. Rechts ist die Straße durch eine Barrikade gesperrt, auf der in Schleßscharten kleine Kanonen stehen; neben diesen sitzt, seine Pfeife rauchend, ein Matrose. Links erhebt sich ein hübsches
Haus mit römischen Ziffern an der Stirnseite, vor
dem Soldaten neben blutigen Tragbahren stehen,
— überall sehen wir die häßlichen Spuren des
Lagerlebens im Kriege. Der erste Eindruck, den
wir empfinden, ist jedenfalls der unangenehmste;
die eigentümliche Vermischung des Lagerlebens mit
städtischem Leben und Treiben, der schönen Stadt
mit dem schmutzigen Biwak ist nicht nur unschön,
sondern kommt uns wie ein widerwärtiges Durch-

---

*) Getränk aus Wasser, Honig und Lorbeerblättern
oder Salbei, das von den Aermeren als Thee getrunken
wird. Anm. d. Herausg.

einander vor; es scheinen uns sogar alle bestürzt
und unruhig, und nicht zu wissen, was sie thun
sollen. Aber wenn wir den Menschen, die sich
um uns herum bewegen, näher ins Gesicht sehen,
kommen wir zu einer ganz andern Ansicht. Betrachten wir nur diesen Train-Soldaten, der seine
drei Braunen zur Tränke führt, und so ruhig
vor sich hinsummt, daß man ihm anmerkt, er wird
sich in dieser bunten Menge, die für ihn nicht existiert,
nicht verirren, er verrichtet seine Arbeit, welche
es immer sei, ob Pferde zu tränken, oder am
Geschütz zu ziehen, ebenso ruhig, selbstvertrauend
und gleichgültig, als wenn das alles irgendwo in
Tula oder Saransk geschehe. Denselben Ausdruck
lesen wir auch auf dem Gesicht des jungen Offiziers, der in tadellosen weißen Handschuhen vor-
beigeht, auf dem Gesicht des Matrosen, der rauchend auf der Barrikade sitzt, auf den Gesichtern
der als Träger verwendeten Soldaten, die mit
Bahren auf der Außentreppe des ehemaligen Ka-
sinos warten, und auf dem Gesicht des Mädchens,
das, in der Furcht, sein rosafarbenes Kleid naß zu
machen, von Stein zu Stein über die Straße
hüpft.

Wenn wir zum erstenmal in Sewastopol an-
kommen, sind wir unbedingt enttäuscht. Wir suchen
vergebens, auch nur auf einem Gesicht, Spuren
von Unruhe und Kopflosigkeit, oder auch von
Begeisterung, Todesmut und Entschlossenheit, —

nichts von alledem: wir sehen ruhig mit ihrer All-
tagsarbeit beschäftigte Alltagsmenschen, so daß wir
uns vielleicht selbst ein Übermaß von Enthusiasmus
vorwerfen, daß wir leise Zweifel hegen an der
Richtigkeit der Vorstellung von dem Heldenmut
der Verteidiger Sewaftopols, die wir uns nach
den Erzählungen, den Beschreibungen gebildet
haben und dem, was wir auf der Nordseite gesehen
und gehört. Aber ehe wir zweifeln, gehen wir
auf die Baftionen, betrachten wir Sewaftopols
Verteidiger auf dem Schauplatz der Verteidigung
selber, — oder noch besser, gehen wir direkt in
das Haus gegenüber, das früher das Sewaftopoler
Kafinogebäude gewesen und auf dessen Außentreppe Soldaten mit Tragbahren stehen, — da
werden wir die Verteidiger Sewaftopols sehen,
da werden wir schreckliche, traurige, große, Erstaunen erregende und herzerhebende Szenen sehen.

Wir wollen in den großen Saal des Kafinos
gehen. Kaum haben wir die Thür geöffnet, da erschreckt uns plötzlich der Anblick und der Geruch
von vierzig oder fünfzig amputierten, sehr schwer
verwundeten Kranken, die einen auf Pritschen, die
meisten auf der Diele liegend. Wir dürfen dem
Gefühl, das uns an der Schwelle zurückhält, nicht
nachgeben — es ist kein schönes Gefühl; gehen wir
nur vorwärts, schämen wir uns nicht, daß wir
gekommen, von den quälendsten Schmerzen Ge-
peinigte zu sehen — schämen wir uns nicht, zu

ihnen zu gehen und mit ihnen zu sprechen: die Unglücklichen sehen gern ein mitfühlendes Menschenantlitz, sprechen gern von ihren Qualen und hören gern Worte der Liebe und Teilnahme . . . Wir wollen in der Mitte der Lagerstätten entlang gehen und ein weniger düsteres und schmerzdurchfurchtes Gesicht suchen, zu dem wir hingehen können, um zu sprechen.

Wo bist du verwundet? — fragen wir unentschlossen und zaghaft einen alten, abgemagerten Soldaten, der auf einer Pritsche sitzt, uns mit einem treuherzigen Blicke verfolgt und uns aufzufordern scheint, an ihn heranzukommen. Ich sage: zaghaft fragen wir, weil Leiden nicht nur tiefes Mitgefühl, sondern auch Scheu vor der Möglichkeit zu beleidigen und Hochachtung vor dem, der sie erträgt, einflößen.

Am Bein, antwortet der Soldat, aber zugleich bemerken wir selber an den Falten der Decke, daß ihm ein Bein bis zum Knie fehlt. Gott sei Dank, fügt er hinzu: ich werde jetzt aus dem Lazarett entlassen werden.

Und ist es schon lange her, daß du verwundet worden bist?

Ja, vor sechs Wochen, Euer Wohlgeboren.

Schmerzt es dich jetzt?

Nein, jetzt schmerzt es nicht, — gar nicht; nur die Wade scheint mir weh zu thun, wenn schlechtes Wetter ist, das ist alles.

Wie und wo bist du verwundet worden?

Auf der fünften Bastion, Euer Wohlgeboren, wie das erste Bombardement war, ich hatte das Geschütz hergerichtet, wollte nach einer anderen Schießscharte gehen, und da traf er mich ins Bein, es war mir, als ob ich in eine Grube stürzte, — fort war das Bein.

Empfandest du nicht Schmerz in diesem ersten Augenblick?

Nein, nur ein Gefühl, als wenn ich mit etwas Heißem ans Bein gestoßen würde.

Nun, aber dann?

Und dann war weiter nichts; nur als man mir die Haut straff zog, war mir, als ob sie wund gerieben würde. Das Erste, Euer Wohlgeboren, ist, an nichts denken; wenn man nichts denkt, dann ist auch weiter nichts. Alles kommt daher, daß der Mensch denkt.

Da tritt an uns eine Frau heran, in einem grauen gestreiften Kleide, mit einem um den Kopf gebundenen schwarzen Tuch, sie mischt sich in unser Gespräch mit dem Matrosen und beginnt von ihm zu erzählen, von seinen Leiden, dem verzweifelten Zustande, in dem er sich vier Wochen lang befunden, — wie er, verwundet, die Tragbahre hatte anhalten lassen, um die Salve unserer Batterie zu sehen, wie die Großfürsten mit ihm gesprochen und ihm 25 Rubel geschenkt, und wie er ihnen gesagt, daß er wieder auf die Bastion

wolle, um die jungen Leute zu unterweisen, wenn
er selber nicht mehr arbeiten könnte. Während
die Frau dies in einem Atem hersagt, sieht sie
bald uns, bald den Matrosen an, der, abgewandt
und als wenn er nicht auf sie hörte, auf seinem
Kopfkissen Charpie zupft, — und ihre Augen leuchten dabei von einem besonderen Entzücken.

Das ist meine Hausfrau, Euer Wohlgeboren!
bemerkt uns der Matrose, mit einem Ausdrucke, als
wenn er spräche: Sie müssen ihr schon verzeihen,
es ist einmal so, Weiber müssen dummes Zeug
schwatzen.

Wir beginnen die Verteidiger Sewastopols zu
verstehen, wir schämen uns förmlich vor diesem
Menschen. Wir möchten ihm gar viel sagen, um
ihm unser Mitgefühl und unsere Bewunderung
auszudrücken, aber wir finden keine Worte oder
sind nicht zufrieden mit denen, die uns gerade einfallen, und beugen uns schweigend vor dieser
schweigsamen und unbewußten Größe und Stärke
des Geistes, dieser Scham vor dem eigenen Werte.

Nun möge Gott dich bald gesund werden lassen,
sagen wir zu ihm und bleiben vor einem anderen
Kranken stehen, der auf der Diele liegt und in
unerträglichen Schmerzen den Tod zu erwarten
scheint.

Es ist ein blonder Mensch mit einem geschwollenen und bleichen Gesicht. Er liegt auf
dem Rücken, den linken Arm hinten unter gelegt,

in einer Lage, die fürchterliche Schmerzen aus-
drückt. Der vertrocknete, geöffnete Mund stößt
mit Mühe röchelnden Atem aus; die blauen,
glanzlosen Augen rollen nach oben gerichtet, und
aus der umgeschlagenen Decke ragt der mit Binden
umwundene Stumpf des rechten Arms hervor. Der
dumpfige Geruch, den der leblose Körper aus-
strömt, fällt uns stark auf die Brust, und die ver-
zehrende, innerliche Hitze, die alle Glieder des
Dulders durchdringt, bemächtigt sich auch unser.

Wie, ist er besinnungslos? fragen wir die Frau,
die hinter uns geht und uns, wie Verwandte,
freundlich ansieht.

Noch nicht, er hört, befindet sich aber sehr
schlecht, fügt sie flüsternd hinzu, ich habe ihm heute
Thee zu trinken gegeben; obwohl er mir fremd
ist, so muß man doch Mitleiden haben, — er
hat fast gar nicht mehr getrunken.

Wie fühlst du dich? fragen wir ihn.

Der Verwundete bewegt auf unsere Frage die
Pupillen, aber er sieht und versteht uns nicht.

Im Herzen brennt's.

Ein wenig weiter sehen wir einen alten Soldaten, der die Wäsche wechselt. Sein Gesicht und
Körper sind ziegelfarbig und mager wie bei einem
Skelett. Der eine Arm fehlt ihm gänzlich, er ist
ihm an der Schulter abgenommen worden. Er
sitzt gefaßt da, — er befindet sich auf dem
Wege der Besserung; aber an dem toten, trüben

Auge, an der schrecklichen Magerkeit und den Runzeln des Gesichts erkennen wir, daß dieses Wesen schon den größeren Teil seines Lebens durchlitten hat.

Auf der anderen Seite sehen wir auf einer Pritsche ein leidendes, bleiches und zartes Frauengesicht, auf dessen Wangen flammende Röte spielt.

Das ist unsere Matrosenfrau, am 5. hat sie eine Bombe am Bein getroffen, sagt uns unsere Führerin, sie brachte ihrem Manne Essen auf die Bastion.

Hat man sie amputiert?

Sie ist über'm Knie amputiert worden.

Jetzt gehen wir durch eine Thür links, wenn unsere Nerven stark sind; in diesem Zimmer werden die Verwundeten verbunden und operiert. Wir sehen hier die Ärzte mit Blut an den Armen bis zu den Ellbogen und mit blassen, finsteren Gesichtern um eine Pritsche beschäftigt, auf der mit geöffneten Augen und wie im Fieber sinnlose, bisweilen einfache und rührende Worte sprechend, ein Verwundeter chloroformiert liegt. Die Ärzte sind mit einer widerwärtigen, aber wohlthätigen Arbeit beschäftigt. Wir sehen, wie ein scharfes krummes Messer in den weißen, gesunden Körper einschneidet; — wir sehen, wie der Verwundete mit einem schrecklichen, herzzerreißenden Schrei und mit Verwünschungen plötzlich zur Besinnung kommt; — wir sehen, wie der Feldscher den abgeschnittenen

Arm in eine Ecke wirft; — wir ſehen in demſelben
Zimmer, auf einer Tragbahre, einen anderen Verwundeten liegen, der beim Anblick der Operation
des Kameraden ſich windet und ſtöhnt, nicht ſo
ſehr aus körperlichem Schmerz, wie aus Qual und
Erwartung; — wir ſehen ſchreckliche, herzerſchüt-
ternde Szenen, wir ſehen den Krieg nicht in dem
üblichen ſchönen und glänzenden Gewande, mit
Muſik und Trommelklang, mit wehenden Fahnen
und Generalen hoch zu Roſſe, wir ſehen den Krieg
in ſeinem wahren Weſen — in Blut, in Leiden,
in Tod . . .

Treten wir aus dieſem Hauſe der Qualen heraus, ſo empfinden wir unfehlbar ein tröſtliches
Gefühl, atmen voller die friſche Luft ein, empfinden Vergnügen im Bewußtſein unſerer Geſundheit, ſchöpfen aber zugleich aus der Anſchau-
ung dieſer Leiden das Bewußtſein unſerer eigenen
Nichtigkeit und gehen ruhig und entſchloſſen auf
die Baſtionen . . .

„Was bedeutet der Tod und die Leiden eines
ſo nichtigen Wurmes, wie ich, im Vergleich zu dem
Tode und dem Leiden ſo vieler?“ Aber der
Anblick des klaren Himmels, der ſtrahlenden
Sonne, der ſchönen Stadt, der geöffneten Kirche
und des Kriegsvolks, das ſich nach allen Rich-
tungen hin bewegt, verſetzt unſern Geiſt ſchnell
in den normalen Zuſtand des Leichtſinns, der
Alltagsſorgen und des Genuſſes der Gegenwart.

2

Vielleicht begegnen wir einem aus der Kirche kommenden Begräbnis eines Offiziers, mit einem rosafarbenen Sarge, mit Muſik und fliegenden Fahnen; an unſer Ohr bringen vielleicht die Töne der Kanonade von den Baſtionen, aber das verſetzt uns nicht in die frühere Stimmung zurück: das Leichenbegängnis erſcheint uns als ein wunderſchönes militäriſches Schauſpiel, die Töne als ein minder ſchönes Kriegsgetön, und wir verknüpfen weder mit dieſem Schauſpiel, noch mit dieſen Tönen den klaren, uns ſelbſt betreffenden Gedanken an Leiden und Tod, wie wir das an dem Verbandort gethan haben.

An der Kirche und Barrikade vorüber kommen wir nach dem belebteſten Stadtteil. Auf beiden Seiten befinden ſich Aushängeſchilder von Verkaufsläden und Gaſtwirtſchaften. Kaufleute, Frauen in Hüten und Tüchern, ſtutzerhafte Offiziere, — alles ſpricht uns von der Standhaftigkeit, dem Selbſtvertrauen und der Sicherheit der Einwohner.

Wir müſſen in ein Gaſthaus rechter Hand gehen, wenn wir ein Geſpräch von Seeleuten und Offizieren hören wollen; hier werden jedenfalls Geſpräche über die verfloſſene Nacht, über Fenſka, über den 24. geführt, darüber, wie ſchlecht und teuer man die Koteletts bekommt, und wie der und jener Kamerad gefallen iſt.

Hol's der Teufel, wie arg es heut bei uns

ist! spricht mit Baßstimme ein bartloser Marineoffizier mit blonden Augenbrauen und Wimpern,
der eine grüne, gestrickte Schärpe trägt.

Wo ist das — bei uns? fragt ihn ein anderer.

Auf der vierten Bastion, antwortet der junge
Offizier, und wir betrachten unfehlbar mit großer
Aufmerksamkeit und sogar mit einer gewissen Achtung den blonden Offizier bei den Worten: „auf
der vierten Bastion". Seine übermäßige Aus-
führlichkeit, sein Herumfuchteln mit den Händen,
sein lautes Lachen und Sprechen, die uns erst keck
erscheinen, erweisen sich als jene besondere prahle-
rische Stimmung, die leicht nach einer Gefahr über
junge Leute kommt; wir denken, daß er anfangen
wird, uns zu erzählen, wie arg es auf der vierten
Bastion ist der Bomben und Gewehrkugeln wegen
— weit gefehlt! arg ist es dort, weil es schmutzig
ist. — „Man kann nicht nach der Batterie gehen,
spricht er, indem er auf seine bis über die Waden
mit Schmutz bedeckten Stiefel zeigt. Und heut
habe ich meinen besten Kommandeur verloren,
direkt in die Stirn ist er getroffen worden," sagt
ein anderer. — „Wer war es? Mitjuchin?"
„Nein ... Nun, wird man mir endlich den Kalbs-
braten geben ... Seid ihr Kanaillen!" fügt er
hinzu, zu der Bedienung des Gasthauses gewandt.
„Nicht Mitjuchin, sondern Abramow. Es war ein
braver Kamerad — sechs Ausfälle hat er mitgemacht!"

Am andern Ende des Tiſches ſitzen bei Koteletts mit Schoten und einer Flaſche ſauren Krim-
weins, ſogenannten Bordeaux, zwei Offiziere von
der Infanterie: der eine mit rotem Kragen und
zwei Sternen auf dem Mantel, ein junger Mann,
erzählt dem andern, mit ſchwarzem Kragen und
ohne Sterne, von dem Treffen an der Alma. Der
erſtere hat ſchon ein wenig getrunken, und man
merkt es an den Pauſen, die er in ſeiner Erzählung macht, an dem unentſchloſſenen Blick, der
zweifelnd zu fragen ſcheint, ob man ihm auch
glaube, hauptſächlich aber an der allzu großen
Rolle, die er in allem ſpielt, und weil alles zu
furchtbar klingt, daß er ſtark von der ſtrengen
Wiedergabe der Wahrheit abweicht. Aber wir
ſind nicht in der Stimmung, dieſe Erzählungen
mit anzuhören, die wir noch lange an allen Enden
Rußlands werden zu hören bekommen; wir wollen
ſo ſchnell als möglich auf die Baſtionen, beſonders
auf die vierte, von der man uns ſo vieles und
ſo verſchiedenartiges erzählt hat. Wenn jemand
ſagt, er ſei auf der vierten Baſtion geweſen, ſo
ſagt er das mit beſonderer Befriedigung und mit
Stolz; ſagt jemand: ich gehe auf die vierte Baſtion,
ſo ſieht man ihm ſicher eine kleine Erregung oder
allzugroßen Gleichmut an; will man jemanden
necken, ſo ſagt man: dich ſollte man in die vierte
Baſtion ſchicken; begegnet man Tragbahren und
fragt: woher? — ſo bekommt man meiſt die Ant-

wort: von der vierten Baſtion. Es giebt überhaupt zwei völlig verſchiedene Meinungen über
dieſe ſchreckliche Baſtion: die Meinung ſolcher, die
nie dort waren und die überzeugt ſind, daß die
vierte Baſtion das ſichere Grab für jeden iſt, der
dorthin geht — und ſolcher, die dort hauſen,
wie der blonde Midſhipman, und die, wenn ſie
von der vierten Baſtion ſprechen, uns ſagen, ob
es in der Erdhütte trocken oder ſchmutzig, warm
oder kalt iſt u. ſ. w.

In der halben Stunde, die wir im Gaſthaus
zugebracht haben, hat ſich das Wetter geändert:
der Nebel, der über das Meer gebreitet lag, hat
ſich zu grauen, düſteren, feuchten Wetterwolken
geballt und verhüllt die Sonne; ein trauriger
Staubregen ſprüht vom Himmel und netzt die
Dächer, die Straßen und die Soldatenmäntel ...

Wir gehen noch durch eine Barrikade hindurch,
dann treten wir zur Thür heraus, wenden uns
rechts und ſteigen auf einer langen Straße bergauf. Hinter dieſer Barrikade ſind die Häuſer
zu beiden Seiten unbewohnt, Schilder fehlen, die
Thüren ſind mit Brettern vernagelt, die Fenſter
eingeſchlagen, hier iſt eine Mauerecke fortgeſchoſſen,
dort ein Dach durchgeſchlagen. Die Gebäude gleichen
Veteranen, die alle Not und Sturm erfahren haben,
und ſcheinen ſtolz und geringſchätzig auf uns herab-
zuſehen. Unterwegs ſtolpern wir über herumliegende
Kanonenkugeln und fallen in Löcher voll Waſſer,

welche die Bomben auf dem steinigen Grunde gerissen.
Auf der Straße treffen wir Soldatendetachements,
Grenzkosaken, Offiziere. Bisweilen begegnen wir
einer Frau oder einem Kinde, aber die Frau geht
nicht in Weiberkleidung; sie ist eine Matrosenfrau
und trägt einen alten Pelz und Soldatenstiefel.
Wenn wir auf der Straße weitergehen und unter
eine kleine Anhöhe gelangt sind, bemerken wir
um uns nicht mehr Häuser, sondern sonderbare
Trümmerhaufen — Steine, Bretter, Lehm, Balken; vor uns sehen wir auf einer steilen Anhöhe
eine schwarze, schmutzige, von Gräben durchzogene
Fläche, und dies vor uns ist die vierte Bastion
... Hier begegnen wir noch weniger Menschen,
Frauen sind gar nicht zu sehen, die Soldaten
gehen schnell, auf dem Wege zeigen sich Blutstropfen, und unfehlbar treffen wir hier vier Soldaten mit einer Tragbahre, und auf der Bahre
ein fahlgelbes Gesicht und einen blutigen Mantel.
Wenn wir fragen: „Wo ist er verwundet?" sagen
die Träger ärgerlich, ohne sich zu uns zu wenden,
am Bein oder am Arm, wenn der Kranke leicht
verwundet ist; oder sie schweigen mürrisch, wenn
auf der Bahre der Kopf nicht sichtbar und der
Getragene bereits tot oder schwer verwundet ist.

Das nahe Pfeifen einer Kanonenkugel oder
Bombe, gerade da wir den Berg zu besteigen
beginnen, überrascht uns in unangenehmer Weise.
Wir begreifen plötzlich, und ganz anders, als wir

es vorher begriffen haben, die Bedeutung der
Kanonentöne, die wir in der Stadt gehört haben.
Ein friedlich tröstliches Erinnern blitzt in unsern
Gedanken auf; unser eigenes Ich beginnt uns
mehr zu beschäftigen, als die Beobachtungen: die
Aufmerksamkeit für alles, was uns umgiebt, nimmt
ab, und ein unangenehmes Gefühl der Unent-
schlossenheit überkommt uns plötzlich. Wir achten
dieser kleinlichen Stimme nicht, die bei dem Anblick der Gefahr plötzlich in unserm Innern sich
vernehmen läßt, und bringen, — besonders da wir
den Soldaten betrachten, der mit ausgebreiteten
Händen über den flüssigen Kot schnell lachend an
uns vorbei den Berg hinanklimmt, — diese Stimme
zum Schweigen, strecken unwillkürlich die Brust
vor, heben den Kopf empor und klettern den
schlüpfrigen, lehmigen Berg hinauf. Kaum haben
wir uns etwas auf den Berg hinaufgearbeitet, so
beginnen rechts und links Kugeln aus Stutzen zu
pfeifen, und wir denken vielleicht, ob wir nicht besser
thäten, den Laufgraben entlang zu gehen, der
mit dem Wege parallel läuft; aber der Laufgraben ist so voll von flüssigem, gelbem, übel-
riechendem, bis über die Knie reichendem Schmutz,
daß wir unbedingt den Weg auf dem Berge wählen, umsomehr, als wir alle ihn gehen sehen. Zwei-
hundert Schritt weiter gelangen wir zu einer auf-
gerissenen, schmutzigen Fläche, die auf allen Seiten
von Schanzkörben und von Erdaufschüttungen um-

geben ist, in denen sich Pulverkeller und Erd-
wohnungen befinden, und auf denen große gußeiserne Kanonen, mit regelmäßigen Haufen von
Kugeln daneben, stehen. Das alles scheint uns
ohne Zweck und Ordnung aufgetürmt zu sein. Da
in der Batterie sitzt eine Schar Matrosen, dort
in der Mitte des Platzes liegt eine halb in Schmutz
versunkene, zerschossene Kanone; da geht ein Infanterist mit seinem Gewehr durch die Batterien
und zieht mit Mühe seine Füße aus dem Schmutz.
Aber überall, auf allen Seiten und allen Punkten,
sehen wir Sprengstücke, nichtgeplatzte Bomben,
Kanonenkugeln, Spuren des Lagerlebens, und
das alles ist in flüssigen, morastigen Schmutz versunken; wir hören das Aufschlagen einer Kanonenkugel, hören die verschiedenen Töne der Gewehrkugeln, die wie Bienen summen, schnell pfeifen
oder wie eine Darmsaite klingen, wir hören furchtbaren Geschützdonner, der uns alle erschüttert und
mit furchtbarem Entsetzen erfüllt.

„Das ist also die vierte Bastion, das ist also
der schreckliche, wirklich furchtbare Ort!" denken
wir und empfinden ein kleines Gefühl des Stolzes
und ein großes Gefühl unterdrückter Angst. Aber
wir sind enttäuscht, das ist noch nicht die vierte
Bastion. Das ist die Jasonow-Redoute, ein ver-
hältnismäßig sehr gefahrloser und durchaus nicht
schrecklicher Platz. Um nach der vierten Bastion
zu gelangen, müssen wir rechts einen engen Lauf-

graben verfolgen, in dem ein Infanterist gebückt einhergeht. In diesem Graben treffen wir vielleicht wieder Tragbahren, Matrosen, Soldaten mit Schaufeln, sehen Leitungen zu Minen, Erdhütten voll Schmutz, in denen nur zwei Menschen gebückt herumkriechen können, wir sehen die hier wohnenden Plastuns*) der Bataillone vom Schwarzen Meer, die sich dort umkleiden, essen, Tabak rauchen, wohnen, und sehen wiederum überall denselben übelriechenden Schmutz, die Spuren des Lagerlebens und in jedweder Gestalt umherliegendes Gußeisen. Nach dreihundert Schritten kommen wir wieder zu einer Batterie, — zu einem kleinen mit Löchern bedeckten Platze, der von Schanzkörben voll Erde, von Geschützen auf Plattformen und von Erdwällen umgeben ist. Hier sehen wir nun fünf Mann Matrosen, die unter der Brustwehr Karten spielen, und einen Marineoffizier, der uns, als neugierigen Neulingen, seine Wirtschaft und alles uns Interessierende zeigt. Dieser Offizier dreht sich so ruhig, auf dem Geschütz sitzend, eine Cigarette aus gelbem Papier, geht so ruhig von einer Schießscharte zur andern, spricht so ruhig mit uns, so gänzlich ungezwungen, daß wir ungeachtet der Gewehrkugeln, die häufiger als früher über uns pfeifen, kaltblütig bleiben, aufmerksam fragen und den Erzählungen des Offiziers lauschen. Dieser

---

*) Plastuns hießen die am östlichen Ufer des Schwarzen Meeres und am Kuban lebenden Kosaken.

Offizier wird uns, aber nur, wenn wir ihn fragen, von dem Bombardement am 5. erzählen; er wird erzählen, wie in seiner Batterie nur ein einziges Geschütz thätig sein konnte, und von der ganzen Bedienungsmannschaft nur acht Mann übrig geblieben waren, und wie er dennoch am folgenden Morgen, am 6., aus allen Geschützen gefeuert; er wird uns erzählen, wie am 5. eine Bombe in eine Matrosen-Erdhütte eingeschlagen und elf Mann niedergestreckt hat; er wird uns von der Schießscharte aus die nicht mehr als dreißig bis vierzig Faden entfernten Batterien und Laufgräben des Feindes zeigen. Nur das eine fürchte ich, daß wir, zur Schießscharte hinausgelehnt, um zu dem Feinde hinüberzuschauen, unter dem Einflusse des Sausens der Kugeln nichts sehen, und wenn wir etwas sehen, uns sehr wundern werden, daß dieser uns so nahe weiße Steinwall, über dem weiße Rauchwölkchen emporsteigen, der Feind ist — „er“, wie die Soldaten und Matrosen sagen.

Es ist sogar leicht möglich, daß der Marineoffizier aus Eitelkeit oder nur so, um sich ein Vergnügen zu machen, in unserer Gegenwart ein wenig schießen lassen will. „Den Kommandor herschiden, Bedienungsmannschaft ans Geschütz!“ — und an vierzehn Mann Matrosen, der eine seine Pfeife in die Tasche steckend, der andere Zwieback kauend, gehen frisch und munter, mit den beschlagenen Stiefeln auf der Plattform laut auf-

tretend, an die Kanone und laden ſie. Wir betrachten die Züge, die Haltung und die Bewegung
dieſer Leute: in jeder Falte dieſes verbrannten
Geſichts mit den ſtarken Backenknochen, in jeder
Muskel, in dieſen breiten Schultern, in dieſen
kräftigen Beinen, die in gewaltigen Stiefeln
ſtecken, in jeder dieſer ruhigen, ſicheren, langſamen
Bewegungen erkennt man die Hauptcharakterzüge,
die die Kraft des Ruſſen ausmachen — Schlichtheit und Feſtigkeit; aber hier, dünkt uns, hat die
Gefahr, der Zorn und die Leiden des Krieges jedem
Geſicht außer dieſen Hauptzügen noch die Spuren
des Bewußtſeins des eigenen Wertes, erhabenen
Denkens und Empfindens eingeprägt.

Plötzlich überraſcht uns ein ſchrecklicher, nicht
nur unſer Gehör, ſondern unſeren ganzen Or-
ganismus erſchütternder Knall, ſo daß wir am
ganzen Leibe erzittern. Gleich darauf hören wir,
wie das Geſchoß ſich pfeifend entfernt, und dichter
Pulverdampf hüllt uns, die Plattform und die
ſchwarzen Geſtalten der hin- und hergehenden Matroſen ein. Wir hören verſchiedene Geſpräche der
Matroſen über dieſen Schuß. Wir ſehen, wie ſie
lebhaft werden und ein Gefühl offenbaren, das
wir kaum erwartet hätten — das Gefühl der Wut,
der Rache am Feinde, das in der Seele eines
jeden verborgen ruht. „Gerade in die Schießſcharte hat es getroffen; wie es ſcheint, ſind zwei
gefallen . . . dort trägt man ſie heraus," hören

wir freudig ausrufen. „Sieh, er ärgert sich, — gleich wird er hierher schießen," sagt jemand, und wirklich sehen wir bald darauf Blitz und Rauch vor uns; der auf der Brustwehr stehende Posten schreit: „Kano—one!" und gleich darauf kommt eine Kanonenkugel an uns vorbeigeflogen, schlägt auf die Erde auf und wirft, sich trichterförmig einbohrend, Steine und Erdstücke um sich. Der Batteriechef, ärgerlich wegen dieser Kugel, befiehlt ein zweites und drittes Geschütz zu laden, — der Feind beginnt uns zu antworten, und wir durchleben interessante Empfindungen, hören und sehen interessante Dinge. Der Posten schreit wiederum: „Kanone!" und wir hören denselben Ton und Schlag, sehen dieselben Erdstücke; oder er schreit: „Mörser!" — und wir hören ein gleichmäßiges, ziemlich angenehmes Pfeifen der Bombe, mit dem man nur mühsam den Gedanken an etwas Furchtbares in Verbindung bringt, wir hören das Pfeifen, das sich uns nähert und sich beschleunigt, dann sehen wir eine schwarze Kugel, ihr Aufschlagen auf die Erde und das von einem starken Krach begleitete Platzen der Bombe. Mit Pfeifen und Zischen fliegen dann die Splitter umher, schwirren Steine durch die Luft und wir werden mit Schmutz beworfen. Bei diesen Tönen empfinden wir ein sonderbares Gefühl, gemischt aus Angst und Genuß. In dem Augenblicke, wo das Geschoß auf uns zufliegt, schießt uns unbedingt

der Gedanke durch den Kopf, daß es uns tötet;
aber das Gefühl der Eigenliebe stachelt uns, und
niemand bemerkt das Messer, das uns ins Fleisch
schneidet. Dafür aber leben wir, wenn das Geschoß
vorübergeflogen ist, ohne uns zu streifen, wieder
auf, und ein erquickendes, unsagbar angenehmes
Gefühl kommt, wenn auch nur einen Augenblick,
über uns, so daß wir an der Gefahr, an diesem
Spiel um Leben und Tod einen besonderen Genuß
finden; wir wünschen, es möchten noch näher und
näher bei uns Kugeln oder Bomben niederfallen.
Da schreit der Posten noch einmal mit seiner lauten,
tiefen Stimme: „Mörser!" — wiederum ertönt
das Pfeifen, Aufschlagen und Platzen der Bombe,
aber zugleich mit diesem Ton erschreckt uns das
Stöhnen eines Menschen. Wir gehen zu gleicher
Zeit mit den Trägern zu dem Verwundeten heran,
der blutig und beschmutzt ein seltsames, nicht
menschliches Aussehen hat. Einem Matrosen ist
ein Teil der Brust fortgerissen worden. In dem
ersten Augenblick ist in seinem mit Schmutz be-
spritzten Gesicht nur Schreck und ein unechter, vor-
zeitiger Ausdruck von Leiden zu lesen, wie er einem
Menschen in solcher Lage eigen ist; aber in dem
Augenblick, wo man ihm die Tragbahre bringt,
und er sich selbst mit seiner gesunden Seite darauf
legt, bemerken wir, daß dieser Ausdruck sich in
den Ausdruck einer gewissen Begeisterung und eines
erhabenen, unausgesprochenen Gedankens verwan-

delt: die Augen leuchten heller, die Zähne pressen
sich aufeinander, der Kopf richtet sich mit Anstrengung in die Höhe und in dem Augenblick,
wo man ihn aufhebt, hält er die Bahre an und
spricht mühsam mit zitternder Stimme zu den
Kameraden: „Lebt wohl, Brüder!" — er will
noch etwas sagen, man sieht, er will etwas Rühren-
des sagen, aber er wiederholt noch einmal: „Lebt
wohl, Brüder!" Da geht ein Kamerad, ein
Matrose, zu ihm, setzt ihm die Mütze auf den
Kopf, den ihm der Verwundete hinhält, und kehrt
ruhig, gleichmäßig die Arme schwenkend, zu seinem
Geschütz zurück. „So ist es jeden Tag — sieben
oder acht Mann," sagt uns der Marineoffizier,
indem er uns antwortet auf den Ausdruck des
Entsetzens, das aus unsern Zügen spricht, und
dabei gähnt und aus gelbem Papier eine Cigarette dreht.

So haben wir die Verteidiger Sewastopols
an dem Orte der Verteidigung selber gesehen und
gehen zurück, ohne den Kanonen- und Gewehrkugeln, die den ganzen Weg entlang bis zu dem
niedergeschossenen Theater hin pfeifen, Beachtung
zu schenken, — wir gehen mit ruhiger, erhobener
Seele. Die hauptsächliche, tröstliche Überzeugung,
die wir davontragen, ist die Überzeugung von der
Unmöglichkeit, die Kraft des russischen Volkes an
irgend einem Punkte zu erschüttern. Und diese

Unmöglichkeit haben wir nicht in der Menge der Quergänge, der Bruſtwehren, der kunſtvoll gezogenen Laufgräben, der Minengänge und Geſchoſſe, die übereinander getürmt ſind, geſehen, wovon wir nichts verſtanden haben, nein, wir haben ſie in dem Blick, in der Rede, in dem Gebahren geſehen, in dem, was man den Geiſt der Verteidiger Sewaſtopols nennt. Was ſie thun, thun ſie ſo ſchlicht, ſo ohne Anſpannung und Anſtrengung, daß wir die Überzeugung gewinnen, ſie können noch hundertmal mehr — ſie können alles. Wir begreifen, daß das Gefühl, das ſie ſchaffen heißt, nicht das Gefühl der Kleinlichkeit, der Eitelkeit, der Unbedachtſamkeit iſt, das wir ſelbſt empfunden haben, ſondern ein anderes Gefühl, ein gewaltigeres, das ſie zu Menſchen gemacht hat, die ebenſo ruhig unter dem Regen der Kugeln leben, unter hundert Möglichkeiten des Todes anſtatt der einen, der dieſe Menſchen alle unterworfen ſind, und die unter dieſen Bedingungen leben mitten in ununterbrochener Arbeit, in Wachen und Schmuß. Um eines Ordens willen, um eines Titels willen, um des Zwanges willen können Menſchen ſich ſo entſetzlichen Lebensbedingungen nicht fügen: es muß eine andere, eine erhabenere Triebfeder ſein. Und dieſe Triebfeder iſt ein Gefühl, das ſelten, verſchämt bei dem Ruſſen in die Erſcheinung tritt, das aber auf dem Grunde der Seele eines jeden ruht — die Liebe zum Vater-

land. Erſt jetzt ſind uns die Erzählungen von
den erſten Zeiten der Belagerung Sewaſtopols,
da es noch keine Befeſtigungen, keine Armee hatte,
da es phyſiſch unmöglich war, es zu halten, und
doch nicht der minbeſte Zweifel beſtand, daß es
ſich dem Feinde nicht ergeben würde, glaubhaft
geworden, — die Erzählungen von den Zeiten, da
Kornilow, dieſer bes alten Griechenlands würdige
Held, bei einer Muſterung der Truppen ſprach:
„Wir wollen ſterben, Kinder, aber Sewaſtopol
nicht übergeben,“ und unſere Ruſſen, die kein Talent
zur Phraſenmacherei haben, antworteten: „Wir
wollen ſterben! Urra!“ — erſt jetzt haben die
Erzählungen aus jener Zeit aufgehört, für uns
eine ſchöne geſchichtliche Überlieferung zu ſein, und
ſind zur Wahrheit, zur Thatſache geworden. Wir
verſtehen klar und würdigen die Menſchen, die
wir ſoeben geſehen, als die Helden, die in jener
ſchweren Zeit den Mut nicht ſinken ließen, ſondern ſteigerten, und die freubig in den Tob gegangen ſind, nicht für die Stabt, ſondern für das
Vaterland. Lange wird in Rußland dieſe Epopöe
von Sewaſtopol, deren Held das ruſſiſche Volk
war, tiefe Spuren zurücklaſſen . . .

Der Tag neigt ſich ſchon. Die Sonne iſt vor
ihrem Untergange aus den grauen Wolken her-
vorgetreten, die ben Himmel bedecken, und beleuchtet plötzlich mit purpurnem Licht: lilafarbene
Wolken, das mit Schiffen und Böten bedeckte,

gleichmäßig wogende grünliche Meer, die weißen
Häuſer der Stadt und die in den Straßen wogenden Menſchen. Über das Waſſer tönen die Klänge
eines alten Walzers, den die Regimentsmuſik auf
dem Boulevard ſpielt, und der Schall der Geſchoſſe von den Baſtionen, der ſie ſeltſam begleitet.

Sewaſtopol, den 25. April 1885.

Sewastopol im Mai 1855

I

Schon sind sechs Monate vergangen seit der Zeit, da die erste Kanonenkugel von den Bastionen Sewastopols pfiff und die Erde in den feindlichen Werken aufriß, und seit der Zeit sind unaufhörlich Tausende von Bomben, Kanonen- und Gewehrkugeln von den Bastionen in die Laufgräben und aus den Laufgräben nach den Bastionen geflogen, und unaufhörlich hat der Engel des Todes über ihnen geschwebt.

Tausendfach ist hier menschliche Eigenliebe gekränkt, tausendfach befriedigt und genährt, tausendfach in den Umarmungen des Todes zum Schweigen gebracht worden. Wie viel blumengeschmückte Särge, wie viel linnene Leichentücher! Und noch immer erschallen dieselben Töne von den Bastionen, noch immer sehen, mit unwillkürlichem Schrecken und Zittern, die Franzosen an einem klaren Abende aus ihrem Lager auf die gelbliche, aufgerissene Erde der Bastionen Sewastopols und die schwarzen, auf ihnen umherwogenden Gestalten unserer Matrosen und zählen die Schießscharten, aus welchen gußeiſerne Kanonen trutzig hervorragen; noch immer beobachtet ein Unteroffizier vom Steuer vom Telegraphenhügel aus durch ein Fernrohr die bunten Geſtalten der Franzoſen, ihre Batterien, ihre Zelte, die Truppenmaſſen, die ſich auf der grünen Höhe bewegen, und die in den Laufgräben aufſteigenden Rauchwölkchen, — und immer noch ſtreben von allen Enden der Welt verſchiedene Menſchenſcharen mit derſelben Glut und mit noch verſchiedenartigeren Wünſchen nach dieſer ſchickſals-reichen Stätte. Und immer noch iſt die Frage, die die Diplomaten nicht gelöſt haben, nicht gelöſt durch Pulver und Blut.

II

In der belagerten Stadt Sewaſtopol ſpielte auf dem Boulevard bei einem Pavillon eine Regimentskapelle, und Scharen von Soldaten und Frauen bewegten ſich müßig in den Gängen. Die helle Frühlingsſonne, die am Morgen über den engliſchen Verſchanzungen aufgegangen war, hatte ihren Weg über die Baſtionen, dann über die Stadt, über die Nikolai-Kaſerne zurückgelegt und allen mit gleicher Freude geleuchtet; jetzt ſenkte ſie ſich zu dem fernen, blauen Meer hinab, deſſen gleich-mäßig wogende Wellen im Silberglanze funkelten.

Ein hochgewachſener, etwas gebückter Infan-terieoffizier, der einen nicht ganz weißen, aber

sauberen Handschuh über die Hand zog, trat aus
dem Pförtchen eines der kleinen Matrosenhäuschen
heraus, die auf der linken Seite der Seestraße
standen, und ging, nachdenklich seine Füße be-
sehend, über eine Anhöhe zum Boulevard. Der
Ausdruck des unschönen Gesichts dieses Offiziers
verriet nicht gerade große Geistesanlagen, wohl
aber Geradheit, Besonnenheit, Ehrenhaftigkeit und
Ordnungsliebe. Er war nicht schön gebaut, ein
wenig linkisch, gewissermaßen verschämt in seinen
Bewegungen. Er trug eine noch wenig gebrauchte
Mütze, einen dünnen Mantel von etwas eigentümlicher, veilchenblauer Farbe, unter dem eine goldene
Uhrkette, Hosen mit Strippen und reine, glänzende
Kalblederstiefeln sichtbar waren. Man hätte ihn
für einen Deutschen halten können, wenn seine Ge-
sichtszüge nicht seine rein russische Abkunft verraten
hätten, oder für einen Adjutanten oder Regiments-
Quartiermeister (aber dann hätte er Sporen tragen
müssen), oder für einen Offizier, der für die Zeit
des Feldzugs von der Kavallerie, vielleicht auch
von der Garde übergetreten war. Es war wirklich
ein Offizier, der aus der Kavallerie übergetreten
war, und in diesem Augenblick, wo er zum Boulevard hinaufschritt, dachte er an einen Brief, den
er eben von einem ehemaligen Kameraden, der
jetzt außer Dienst war, einem Gutsbesitzer im
Gouvernement T. und seiner Gattin, der blassen,
blauäugigen Natascha, seiner Busenfreundin, er-

halten hatte. Ihm war eine Stelle des Briefes
eingefallen, in dem der Kamerad ſchreibt:

„Wenn der Invalide bei uns eintrifft, ſtürzt
Pupka (ſo pflegte der frühere Ulan ſeine Gattin
zu nennen) kopfüber in das Vorzimmer, greift nach
der Zeitung und rennt damit nach der Plauder-
ede, in das Empfangszimmer (in dem wir
ſo ſchön die Winterabende zuſammen verlebt haben,
weißt du noch, als das Regiment bei uns in der
Stadt lag) und lieſt mit ſolchem Feuereifer Euere
Heldenthaten, daß Du Dir's kaum vorſtellen kannſt.
Sie ſpricht oft von Dir. ‚Nicht wahr, Michajlow
— ſagt ſie — iſt doch eine Seele von Menſch.
Ich könnte ihn abküſſen, wenn ich ihn ſehe. Er
kämpft auf den Baſtionen und bekommt gewiß
das Georgskreuz, und die Zeitungen werden über
ihn ſchreiben . . .‘ u. ſ. w. u. ſ. w., ſo daß ich
entſchieden anfange, auf Dich eiferſüchtig zu wer-
ben.“ An einer anderen Stelle ſchreibt er: „Die
Zeitungen bekommen wir ſchrecklich ſpät, und wenn
es auch viele mündliche Nachrichten giebt, ſo kann
man doch nicht allen Glauben ſchenken. Geſtern
z. B. haben die Dir bekannten jungen Damen
mit der Muſik erzählt, Napoleon ſei ſchon von
unſeren Koſaken gefangen genommen und nach
Petersburg transportiert; aber Du kannſt Dir denken, wie wenig ich das glaube. Ein Fremder aus
Petersburg hat uns erzählt (er iſt im Miniſterium
für beſondere Aufträge, ein reizender Menſch, und

jetzt, wo niemand in der Stadt ist, eine solche Ressource für uns, daß Du Dir's kaum vorstellen kannst . . .), er sagt bestimmt, die Unsrigen hätten Eupatoria genommen, so daß die Franzosen von Balaklava abgeschnitten sind, und wir hätten dabei 200 Mann, die Franzosen aber 15 000 Mann verloren. Meine Frau war so entzückt davon, daß sie die ganze Nacht gezecht hat, sie meint, Du bist sicher bei diesem Treffen gewesen, sie ahne das, und hättest Dich ausgezeichnet."

Trotz der Worte und Ausdrücke, die ich absichtlich durch die Schrift ausgezeichnet habe, und trotz des ganzen Tons dieses Briefes dachte der Stabskapitän Michajlow mit unsagbar trauriger Wonne an seine blasse Freundin in der Provinz, und wie er mit ihr die Abende in dem Erker gesessen und über „das Gefühl" gesprochen hatte, er dachte an den guten Kameraden, den Ulan, wie er böse war und brummte, wenn sie in seinem Arbeitszimmer um eine Kopeke spielten, wie seine Gattin über ihn lachte — dachte an die Freundschaft, die diese Menschen für ihn hatten (vielleicht glaubte er auch, es sei etwas mehr von seiten der blassen Freundin); alle diese Personen mit ihrer Umgebung huschten durch seine Phantasie in einem wunderbar süßen, beseligend-rosigen Lichte und, lächelnd bei seinen Erinnerungen, legte er die Hand an die Tasche, in der dieser ihm so liebe Brief steckte.

Von Erinnerungen ging der Stabskapitän
Michajlow unwillkürlich zu Träumen und Hoffnungen über. „Wie groß wird Nataſchas Verwunderung und Freude ſein — dachte er, während er durch das ſchmale Gäßchen dahinſchritt, —
wenn ſie auf einmal im Invaliden die Schilderung leſen wird, wie ich zuerſt die Kanone er-
klettert und das Georgskreuz bekommen habe!
Kapitän muß ich nach altem Brauch werden.
Dann kann ich leicht noch in demſelben Jahre
Major in der Linie werden, denn es ſind viele
von unſeren Leuten gefallen und werden gewiß
noch viele in dieſem Feldzug fallen. Und dann
wird es wieder eine Schlacht geben, und ich als
ein berühmter Mann bekomme ein Regiment . . .
Oberſtleutnant . . . den Annenorden um den Hals
. . . Oberſt . . .“ und er war ſchon General, und
würdig, Nataſcha zu beſuchen, die Witwe des
Kameraden, der, wie er es ſich ausmalte, bis dahin geſtorben war — als die Töne der Boulevard-
Muſik deutlicher an ſein Ohr ſchlugen, das drän-
gende Volk ihm in die Augen fiel und er auf dem
Boulevard erwachte — als der alte Stabskapitän
von der Infanterie.

III

Er ging zuerſt nach dem Pavillon, neben dem
die Muſikanten ſtanden, denen ſtatt der Pulte

andere Soldaten desselben Regiments die Noten
hielten und umblätterten, und um die, mehr als
Zuschauer, denn als Zuhörer, Schreiber, Junker
und Wärterinnen mit Kindern einen Kreis gebildet hatten. Rings um den Pavillon standen,
saßen und gingen meistenteils Seeleute, Adjutanten
und Offiziere in weißen Handschuhen. In der
großen Allee des Boulevards spazierten Offiziere
aller Art und Frauen aller Art, hin und wieder
in Hüten, meist aber in Kopftüchern (es gab auch
welche ohne Tücher und ohne Hüte), aber nicht
eine von ihnen war alt, ja, merkwürdig, alle waren
jung. Unten in den schattigen, duftenden Alleen
weißer Akazien gingen und saßen abgesonderte
Gruppen.

Niemand war sonderlich erfreut, auf dem Boulevard dem Stabskapitän Michajlow zu begegnen,
ausgenommen vielleicht Kapitän Obshogow und
Kapitän Ssuslikow von seinem Regiment, die ihm
herzlich die Hand schüttelten, aber der erstere war
in Kamelhaar-Beinkleidern, hatte keine Hand-
schuhe an, einen abgetragenen Mantel und ein
so rotes, schweißtriefendes Gesicht, und der zweite
schrie so laut und ausgelassen, daß es eine Schande
war, mit ihnen zu gehen, besonders vor den Offizieren in weißen Handschuhen (von diesen begrüßte
Stabskapitän Michajlow den einen Adjutanten,
einen zweiten Stabsoffizier hätte er begrüßen können, denn er war mit ihm zweimal bei einem ge-

meinſamen Bekannten zuſammengetroffen). Im
übrigen aber, welches Vergnügen hätte es für ihn
ſein können, mit dieſen Herren Obſhogow und
Sſuſlikow ſpazieren zu gehen, da er auch ſo ſechs-
mal am Tage mit ihnen zuſammentraf und ihnen
die Hand drückte? Nicht darum war er zur Muſik
gekommen.

Er wäre gern zu dem Adjutanten herangetreten,
den er begrüßt hatte, und hätte gern mit dieſen
Herren geplaudert, keineswegs etwa, damit die
Kapitäne Obſhogow und Sſuſlikow und der Leutnant Paſchtezki und die anderen ſähen, daß er
mit ihnen ſpricht, ſondern einfach, weil ſie nette
Menſchen waren und zudem alle Neuigkeiten wiſſen
und ſie erzählt hätten.

Warum aber ſcheut ſich der Stabskapitän
Michajlow, warum entſchließt er ſich nicht, zu
ihnen heranzutreten? „Wie, wenn ſie mich auf
einmal nicht wiedergrüßen — denkt er — oder
wenn ſie mich grüßen und in ihrem Geſpräch fortfahren, als ob ich nicht da wäre, oder ſich ganz
von mir entfernen und ich allein dort bleibe unter
den Ariſtokraten?" Das Wort Ariſtokraten (im
Sinne eines höheren, auserwählten Kreiſes, gleichviel in welchem Stande) hat bei uns in Rußland,
wo es, wie man glauben müßte, gar nicht exiſtieren
ſollte, ſeit einiger Zeit eine große Popularität
bekommen und iſt in alle Gegenden und in alle
Schichten der Geſellſchaft eingedrungen, wo nur

der Dünkel eingedrungen ist (und in welche Zeit und in welche Verhältnisse bringt diese klägliche Sucht nicht ein?): in die Kreise der Kaufleute, der Beamten, der Schreiber, der Offiziere, in Ssaratow, in Mamadysch, in Winniza — überall, wo es Menschen giebt. Und da es in der belagerten Stadt Sewastopol viel Menschen giebt, giebt es auch viel Dünkel, d. h. auch viel Aristokraten, obgleich jede Minute der Tod schwebt über dem Haupte jedes Aristokraten und Nicht=Aristokraten.

Für den Kapitän Obshogow ist der Stabs=kapitän Michajlow ein Aristokrat, für den Stabs=kapitän Michajlow ist der Adjutant Kalugin ein Aristokrat, weil er Adjutant ist und mit dem andern Adjutanten auf du und du steht. Für den Adjutanten Kalugin ist Graf Norden ein Aristo=krat, weil er Flügeladjutant ist.

Dünkel, Dünkel, Dünkel überall, selbst am Rande des Grabes und unter Menschen, die bereit sind, aus einer edlen Überzeugung in den Tod zu gehen, überall Dünkel. Er ist also wohl ein charakte=ristischer Zug und eine besondere Krankheit un=seres Zeitalters. Warum hat man unter den Menschen vergangener Zeit nichts gehört von die=ser Leidenschaft, wie von den Pocken oder der Cholera? Warum giebt es in unserer Zeit nur drei Arten von Menschen: Solche, die die Quelle des Dünkels als eine notwendigerweise existierende,

darum berechtigte Thatsache hinnehmen und sich
ihr freiwillig unterwerfen; eine zweite, die sie wie
einen unheilvollen, aber unüberwindlichen Um-
stand hinnehmen, und eine dritte, die unbewußt
sklavisch unter ihrem Einflusse handeln? Warum
haben Homer und Shakespeare von Liebe, von
Ruhm, von Leiden gesprochen, und das Schrift-
tum unseres Jahrhunderts ist nichts als eine end-
lose Erzählung von Snobs und Dünkel?

Der Stabskapitän ging zweimal an der Gruppe
seiner Aristokraten vorüber, beim drittenmal
überwand er sich und trat zu ihnen heran. Diese
Gruppe bildeten vier Offiziere: der Adjutant Kalugin, Michajlows Bekannter, der Adjutant Fürst
Galzin, der sogar für Kalugin selbst ein wenig
Aristokrat war, der Oberst Neferdow, einer von
den sogenannten Hundertzweiundzwanzig
Bürgerlichen (Verabschiedete, die für diesen Feldzug wieder in den Dienst getreten waren) und
der Rittmeister Praßkuchin, auch einer von den
Hundertzweiundzwanzig. Zu Michajlows Glück
war Kalugin in vortrefflicher Stimmung (der General hatte soeben erst mit ihm höchst vertraulich
gesprochen, und Fürst Galzin, der eben aus Petersburg gekommen, war bei ihm abgestiegen), er hielt
es nicht für erniedrigend, dem Stabskapitän Michajlow die Hand zu reichen, was Praßkuchin jedoch
sich nicht entschließen konnte zu thun, obgleich er
sehr häufig mit Michajlow auf der Bastion zu-

sammengetroffen war, mehr als einmal seinen Wein
und Schnaps getrunken hatte und ihm sogar vom
Préférence her zwölf und einen halben Rubel
schuldete.   Da er den Fürsten Galzin noch nicht
näher kannte, wollte er vor ihm seine Bekanntschaft mit einem einfachen Stabskapitän der Infanterie nicht zeigen.   Er grüßte ihn mit einem
leichten Kopfnicken.

Wie, Kapitän, sagte Kalugin, wann geht's wieder auf die Bastion? . . . Erinnern Sie sich, wie
wir uns auf der Schwarzow-Redoute trafen, es
ging heiß her?

Ja, es ging heiß her, sagte Michajlow, indem
er sich erinnerte, wie er in jener Nacht im Laufgraben der Bastion Kalugin getroffen, der kühn
und mutig mit dem Säbel klirrend, vorwärts ging.

Eigentlich sollte ich erst morgen gehen, da aber
bei uns ein Offizier krank ist, fuhr Michajlow
fort, so . . . .

Er wollte sagen, daß die Reihe nicht an ihm
sei; da aber der Kommandeur der achten Kompagnie krank und in der Kompagnie nur der
Fähnrich übrig sei, hätte er es für seine Pflicht
gehalten, sich für die Stelle des Leutnants Ne-
pschißezki zu melden und ginge daher heut auf die
Bastion.   Kalugin ließ ihn nicht aussprechen.

Ich fühle, daß es dieser Tage etwas geben
wird, sagte er zum Fürsten Galzin.

Wie, wird es heut nichts geben? fragte schüch-

tern Michaflow, indem er bald Ralugin, bald
Galzin anfah.

Niemand antwortete ihm. Fürft Galzin runzelte nur eigentümlich die Stirn, ließ feinen Blick
an feiner Mütze vorbeifchweifen und fagte nach
einer kurzen Paufe:

Ein prächtiges Mädchen, die in dem roten
Tuche. Rennen Sie fie nicht, Rapitän?

Nicht weit von meiner Wohnung, die Tochter
eines Matrofen, antwortete der Stabskapitän.

Gehen wir, fehen wir fie uns an.

Und Fürft Galzin nahm auf der einen Seite
Ralugin, auf der anderen — den Stabskapitän
unter den Arm; er war im voraus überzeugt, daß
dies dem letzteren ein großes Vergnügen bereiten
müffe, was in der That zutreffend war.

Der Stabskapitän war abergläubifch und hielt
es für eine große Sünde, fich vor einem Rampfe
mit Weibern abzugeben; aber in diefem Falle
fpielte er den Schwerenöter, was ihm Fürft Galzin
und Ralugin offenbar nicht glaubten, und was
das Mädchen in dem roten Tuch außerordentlich
verwunderte, da fie öfter bemerkt hatte, wie der
Stabskapitän errötet war, wenn er an ihrem
Fenfter vorüberging. Praßkuchin ging hinterdrein,
ftieß den Fürsten Galzin am Arm und machte
allerlei Bemerkungen in franzöfifcher Sprache; da
es aber nicht möglich war, zu Vieren den fchmalen
Weg zu gehen, war er gezwungen, allein zu gehen

und nahm nur in der zweiten Gruppe den berühmten, tapferen Marineoffizier Sserwjagin unter den Arm, der herangekommen war und ein Gespräch mit ihm begonnen hatte, und der auch den Wunsch hatte, sich der Gruppe der Aristokraten anzuschließen. Und der berühmte Held schob mit Freuden seine nervige, ehrenfeste Hand unter den Arm Praßkuchins, der allen, auch Sserwjagin selbst, gut bekannt war, als ein nicht besonders guter Mensch. Als Praßkuchin dem Fürsten Galzin seine Bekanntschaft mit diesem Marineoffizier erklärte und ihm zuraunte, er sei ein berühmter Held, schenkte Fürst Galzin Sserwjagin doch gar keine Aufmerksamkeit; er war gestern auf der vierten Bastion gewesen, hatte dort in einer Entfernung von zwanzig Schritt eine Bombe krepieren sehen, hielt sich daher für keinen geringeren Helden, als dieser Herr war und meinte, so mancher Ruhm werde für nichts gewonnen.

Dem Stabskapitän Michajlow machte es so viel Vergnügen, in dieser Gesellschaft umherzuschlendern, daß er den lieben Brief aus T. und die düsteren Gedanken, die ihm bei dem bevorstehenden Abgange auf die Bastion überkommen hatten, vergaß. Er blieb so lange in ihrer Gesellschaft, bis sie ausschließlich untereinander zu plaudern begannen und seinen Blicken auswichen und ihm so zu verstehen gaben, daß er gehen könne, und sich schließlich ganz von ihm entfernten.

Der Stabskapitän war trotzdem zufrieden und kränkte ſich nicht im mindeſten über die verdächtig-hoffärtige Art, in der der Junker Baron Peſt ſich brüſtete und die Mütze vor ihm zog, als er an ihm vorüberging; der Junker war nämlich ſeit der geſtrigen Nacht, — die er zum erſten Male in der Blindage der fünften Baſtion zugebracht hatte, weshalb er ſich für einen Helden hielt, — beſonders ſtolz und ſelbſtbewußt.

IV

Kaum aber hatte der Stabskapitän die Schwelle ſeiner Wohnung überſchritten, als ihm völlig andere Gedanken in den Sinn kamen. Er ſah ſein kleines Zimmerchen mit dem unebnen Lehmboden und den ſchiefen, mit Papier be-klebten Fenſtern, ſein altes Bett mit dem darüber befeſtigten Teppich, auf dem eine Reiterin ab-gebildet war und über dem zwei Piſtolen aus Tula hingen, die ſchmutzige, mit einer Kattun-decke verſehene Lagerſtätte des Junkers, der mit ihm zuſammenwohnte; er ſah ſeinen Nikita, der, mit verwirrtem, fettigem Haar, ſich kratzend, von der Diele aufſtand; er ſah ſeinen alten Mantel, ſeine umgeſtülpten Stiefel und ein Bündel, aus dem das Ende eines Käſes und der Hals einer großen Flaſche mit Branntwein, den er ſich für den Aufenthalt auf der Baſtion beſorgt, hervorragten; und plötzlich fiel ihm ein, daß er heut auf die ganze Nacht mit der Kompagnie in die Schützengräben gehen müsse.

„Gewiß, ich werde heut sterben müssen, — dachte der Stabskapitän — ich fühle es. Die Hauptsache ist, daß ich nicht zu gehen brauchte, aber mich selbst angeboten habe. Immer fällt der, der sich selber anbietet. Und was fehlt denn diesem verfluchten Nepschitzezki? Er ist vielleicht gar nicht krank, und es soll ein anderer für ihn fallen, ja, gewiß fallen. Übrigens aber, wenn ich nicht falle, werde ich sicher vorgeschlagen. Ich habe wohl gemerkt, wie es dem Regimentskommandeur gefiel, als ich sagte: „Gestatten Sie, daß ich gehe, wenn Leutnant Nepschitzezki krank ist.“ Setzt es nicht den Major, so ist mir der Wladimir gewiß. Gehe ich doch schon das dreizehnte Mal auf die Bastion. Ach, dreizehn ist eine böse Zahl. Ich werde bestimmt fallen — ich fühle es, daß ich fallen werde. Aber Einer muß doch gehen, ein Fähnrich kann doch nicht die Kompagnie führen. Und wenn sich etwas ereignen sollte? . . . die Ehre des Regiments, die Ehre der Armee hängt ja davon ab. Meine Pflicht war es, ja, meine heilige Pflicht. Aber ich habe Vorahnungen.“ Der Stabskapitän vergaß, daß er derartige Vorahnungen mehr oder minder stark schon oft gehabt hatte, wenn er auf die Bastion gehen sollte, und wußte nicht, daß dieselbe Vorahnung mehr oder

minder ſtark jeder empfindet, der ins Feuer geht.
Beruhigt durch das Pflichtbewußtſein, das bei dem
Stabskapitän beſonders entwickelt und ſtark war,
ſetzte er ſich an den Tiſch und begann einen Ab-
ſchiedsbrief an ſeinen Vater zu ſchreiben. Als
er nach zehn Minuten den Brief beendet, ſtand
er mit thränenfeuchten Augen vom Tiſche auf und
begann, im Geiſte alle ihm bekannten Gebete,
wiederholend, ſich umzukleiden. Sein angetrun-
kener und grober Diener reichte ihm träge ſeinen
neuen Rock (der alte, den der Stabskapitän gewöhnlich anzog, wenn er auf die Baſtion ging,
war nicht gereinigt).

Weshalb iſt der Rock nicht gereinigt? Du willſt
nur immer ſchlafen, du! du! rief Michajlow zornig.

Was ſchlafen? brummte Nikita; den ganzen
geſchlagenen Tag läuft man umher wie ein Hund,
da wird man wohl müde; und dann heißt es:
ſchlaf' nicht mal ein!

Du biſt wieder betrunken, ſehe ich.

Nicht für Ihr Geld habe ich getrunken, was
machen Sie mir Vorwürfe?

Schweig', Tölpel, ſchrie der Stabskapitän und
wollte ſeinem Diener einen Schlag verſetzen. Er
war ſchon vorher erregt geweſen, jetzt war er
vollends außer ſich und erbittert über die Grobheit Nikitas, den er gern hatte, ſogar verwöhnte,
und mit dem er bereits zwölf Jahre zuſammen
lebte.

Tölpel? Tölpel ... wiederholte der Diener,
und weshalb schimpfen Sie mich Tölpel, Herr?
In solcher Zeit, wie jetzt, ist es nicht recht, zu
schimpfen.

Michajlow erinnerte sich, wohin er zu gehen
hatte und schämte sich.

Du bringst einen wirklich um alle Geduld,
Nikita, sprach er mit sanfter Stimme, diesen Brief
an meinen Vater laß auf dem Tische liegen, rühr'
ihn nicht an, fügte er errötend hinzu.

Zu Befehl, Herr, sprach Nikita, den unter dem
Einflusse des Weines, den er, wie er sagte, für
sein eigenes Geld getrunken hatte, ein Gefühl
der Rührung überkam, und der mit dem ersichtlichen Wunsche, in Thränen auszubrechen, mit den
Augen zwinkerte.

Als der Stabskapitän auf der Außentreppe
sagte: lebe wohl, Nikita! brach Nikita plötzlich
in Schluchzen aus und stürzte auf seinen Herrn
zu, um ihm die Hände zu küssen. Leben Sie
wohl, Herr, sprach er schluchzend. Eine alte Matrosenfrau, die auf der Außentreppe stand, konnte
als Weib dieser Gefühlsszene nicht unbeteiligt zu-
schauen, sie wischte sich mit dem schmutzigen Ärmel
die Augen und sprach ihre Verwunderung darüber
aus, warum sich denn die Herren solchen Qualen
aussetzten; sie sagte, sie sei eine arme Witwe, und
erzählte zum hundertsten Male dem betrunkenen
Nikita von ihrem Kummer: wie ihr Mann schon

beim erſten „Banbirement" getötet unb ihr Häuschen total zerſtört worden (das, in dem ſie jetzt
wohnte, gehörte nicht ihr) u. ſ. w. Nachdem der
Herr gegangen war, zündete Nikita ſein Pfeifchen an, bat das Haustöchterchen, Schnaps zu
holen unb hörte ſehr bald auf zu weinen. Ja,
er begann ſogar mit der Alten einen Zank wegen
eines kleinen Eimers, den ſie ihm zerſchlagen haben
ſollte.

„Vielleicht werde ich nur verwunbet, dachte der
Stabskapitän, als er bereits in der Dämmerung
mit der Kompagnie auf bie Baſtion ging. —
Aber wo, wie: hier oder dort? er hatte ben
Leib unb die Bruſt im Sinn. — Wenn hier (er
dachte an den Oberſchenkel), würde der Knochen
ganz bleiben . . . Wenn aber hier, beſonders von
einem Bombenſplitter, dann iſt es aus!"

Der Stabskapitän gelangte glücklich durch die
Laufgräben bis zu den Schützengräben, ſtellte mit
Hilfe eines Sappeuroffiziers bereits in vollſtän-
biger Dunkelheit die Leute zur Arbeit an unb
ſetzte ſich in eine kleine Grube unter der Bruſtwehr. Es wurde wenig geſchoſſen, nur bisweilen
flammten balb bei uns, balb bei „ihm" Blitze
auf unb beſchrieb eine leuchtende Bombenröhre
einen feurigen Bogen am bunklen, geſtirnten Himmel. Aber alle Bomben fielen weit hinten unb
rechts von dem Schützengraben nieder, in deſſen
Grube der Stabskapitän ſaß. Er trank ſeinen

Schnaps, aß seinen Käse, rauchte seine Cigarette und versuchte, nachdem er sein Gebet verrichtet hatte, ein wenig zu schlafen.

V.

Fürst Galzin, Oberstleutnant Neferdow und Praßkuchin, den niemand gerufen hatte, mit dem niemand sprach, der sich aber immer zu ihnen hielt, verließen alle drei den Boulevard, um bei Kalugin Thee zu trinken.

Nun, du hast mir noch nicht zu Ende erzählt von Wasfka Mendel, sprach Kalugin; er hatte den Mantel abgelegt, saß am Fenster auf einem weichen, bequemen Sessel und knöpfte den Kragen seines weißen, gestärkten Oberhemdes auf, — wie hat er sich verheiratet?

Zum Kranklachen, Kamerad! . . . Je vous dis, il y avait un temps, on ne parlait que de ça à Pétersbourg, sagte Fürst Galzin lachend, erhob sich von dem Klavier, vor dem er saß, und setzte sich auf das Fenster neben Kalugins Fenster, einfach zum Kranklachen. Ich kenne die Geschichte schon ganz genau . . .

Und er begann lustig, witzig und lebendig eine Liebesgeschichte zu erzählen, die wir hier übergehen, weil sie für uns nicht interessant ist. Aber merkwürdig war's, daß nicht bloß Fürst Galzin, sondern alle diese Herren, die sich's hier bequem ge-

macht hatten, der eine im Fenſter, der andere
mit übergeſchlagenen Beinen, der dritte am Klavier, ganz andere Menſchen zu ſein ſchienen, als
auf dem Boulevard: frei von der lächerlichen Auf-
geblaſenheit und Dünkelhaftigkeit, die ſie den In-
fanterie-Offizieren gegenüber hatten; hier waren
ſie unter ſich, gaben ſich natürlich und waren, beſonders Kalugin und Fürſt Galzin, höchſt liebenswürdige, heitere und gute Jungen. Es war die
Rede von Petersburger Kameraden und Bekannten.

Was macht Maslowſki?

Welcher: der von den Leib-Ulanen oder von
der Garde-Kavallerie?

Ich kenne ſie beide. Den Gardiſten habe ich
noch als Knaben gekannt, wie er eben aus der
Schule kam. Nicht wahr, der ältere iſt Rittmeiſter?

O, ſchon lange!

Geht er noch immer mit ſeinem Zigeunermädel?

Nein, die hat er laufen laſſen   oder ſo
ähnlich.

Dann ſetzte ſich Fürſt Galzin an das Klavier
und ſang prächtig ein Zigeunerlied. Praßkuchin,
obwohl von niemand gebeten, begann ihn zu begleiten, und ſo gut, daß man ihn bat, in der
Begleitung fortzufahren, was er auch ſehr gern
that.

Ein Diener trat ins Zimmer; er brachte Thee,

Sahne und Bretzeln auf einem silbernen Präsentier-
teller.

Reiche dem Fürsten! sagte Kalugin.

Es ist doch eigentümlich, daran zu denken, sagte
Galzin, indem er ein Glas nahm und ans Fenster
ging, daß wir hier in der belagerten Stadt, . . .
„Klaviergesang“, Thee mit Sahne und eine solche
Wohnung haben, wie ich sie wirklich in Peters-
burg haben möchte.

Ja, wenn auch das noch fehlte, entgegnete der
mit allem unzufriedene alte Oberstleutnant, so wäre
diese beständige Erwartung einfach unerträglich,
— zu sehen, wie jeden Tag die Menschen fallen
und fallen, ohne daß man ein Ende absieht, —
wenn man dabei noch im Schmutz leben müßte
und keine Bequemlichkeit hätte! . . .

Und was sollen unsere Infanterieoffiziere sagen,
rief Kalugin, die auf den Bastionen mit den Soldaten in den Blindagen liegen und Soldatensuppe
essen? — was sollen die sagen?

Die? Die wechseln allerdings acht Tage lang
nicht die Wäsche, aber das sind auch Helden, be-
wunderungswürdige Menschen.

In diesem Augenblick kam ein Infanterieoffizier
ins Zimmer.

Ich . . . ich habe Befehl   kann ich als
Bote des Generals N. den Gen . . . Seine Excellenz sprechen? fragte er schüchtern und grüßte.

Kalugin erhob sich; aber ohne den Gruß des

Offiziers zu erwidern, fragte er ihn mit beleidigender Höflichkeit und einem erzwungenen offiziellen Lächeln, ob es „Ihnen“ nicht beliebte zu warten, dann wandte er ſich, ohne ihm die geringſte Aufmerkſamkeit zu ſchenken, an Galzin, ſprach mit ihm franzöſiſch, ſo daß der arme Offizier, der mitten im Zimmer ſtehen geblieben war, abſolut nicht wußte, was er mit ſeiner Perſon machen ſollte.

In einer äußerſt dringenden Angelegenheit, ſagte der Offizier nach einem minutenlangen Schweigen.

Ich bitte Sie, mit mir zu kommen, ſagte Kalugin, zog den Mantel an und begleitete den Offizier zur Thür.

Oh bien, messieurs, je crois, que cela chauffera cette nuit! ſagte Kalugin, als er vom General zurückgekommen war.

Wie? Was? Ein Ausfall? begannen alle zu fragen.

Ich weiß nicht, Sie werden ſelber ſehen, antwortete Kalugin mit einem geheimnisvollen Lächeln.

Mein Kommandeur iſt auf der Baſtion, darum muß ich wohl auch hingehen, ſagte Praßkuchin und legte den Säbel an.

Aber niemand antwortete ihm, er mußte ſelber wiſſen, ob er zu gehen habe oder nicht.

Praßkuchin und Neferdow gingen hinaus, um ſich auf ihre Plätze zu begeben.

Leben Sie wohl, meine Herren! Auf Wiedersehen, meine Herren! Wir werden uns heute Nacht
noch wiedersehen! schrie Kalugin aus dem Fenster,
als Praßtuchin und Referdow über ihre Kosaken-
sättel gebeugt, den Weg entlang trabten. Das
Getrabe der Kosakenpferde verklang bald in der
dunklen Straße.

Non, dites moi, est-ce qu'il y aura véritable-
ment quelque chose cette nuit? sagte Galzin, während er mit Kalugin im Fenster lag und die
Bomben betrachtete, die über den Bastionen aufstiegen.

Dir kann ich's erzählen. Siehst du, ... du
bist ja auf den Bastionen gewesen? — (Galzin
machte ein Zeichen der Zustimmung, obgleich er
nur einmal auf der vierten Bastion gewesen war.)
— Dort, unserer Lunette gegenüber war ein Laufgraben ... und Kalugin, der kein Fachmann war,
trotzdem aber seine strategischen Ansichten für sehr
richtig hielt, begann, ein wenig verwirrt und die
technischen Ausdrücke verdrehend, den Stand unserer und der feindlichen Werke und den Plan
des beabsichtigten Unternehmens zu schildern.

Aber um die Schützengräben beginnt es zu
knallen. Oho! Ist das eine von uns oder von
„ihm"? Da platzt sie, riefen sie, indem sie vom
Fenster aus, die feurigen, in der Luft sich kreuzen-
den Linien der Bomben, die den dunkelblauen
Himmel auf einen Augenblick erleuchtenden Blitze

der Schüſſe und den weißen Pulverrauch betrachteten und den Tönen des immer ſtärker werdenden
Schießens lauſchten.

Quel charmant coup d'oeil, a? ſagte Kalugin,
indem er die Aufmerkſamkeit ſeines Gaſtes auf
dies wirklich ſchöne Schauſpiel lenkte. Weißt du,
bisweilen kann man einen Stern nicht von einer
Bombe unterſcheiden.

Ja, ich dachte ſoeben, daß das ein Stern ſei;
aber er fällt ... ſieh, ſie iſt geplaßt. Und dieſer
große Stern ... wie heißt er? — ſieht ganz wie
eine Bombe aus.

Weißt du, ich habe mich ſo an dieſe Bomben
gewöhnt, daß mir in Rußland, ich bin davon überzeugt, in einer Sternennacht alles als Bomben erſcheinen wird, — ſo gewöhnt man ſich daran.

Soll ich aber nicht lieber dieſen Ausfall mit-
machen? ſagte Fürſt Galzin nach einem minutenlangen Schweigen.

Laß nur gut ſein, Kamerad, und denk' nicht
daran; ich laſſe dich auch nicht fort, antwortete
Kalugin, du kommſt ſchon noch zurecht, Kamerad!

Im Ernſt? Du meinſt alſo, ich brauche
nicht zu gehen — wie?

In dieſem Augenblicke ließ ſich in der Richtung,
nach der die Herren ſahen, auf das Kanonengebrüll,
ſchreckliches Gewehrgeknatter hören, und Tauſende
von kleinen Feuern, die ununterbrochen aufflamm-
ten, blißten auf der ganzen Linie.

So ist's, wenn's richtig losgeht! sagte Kalugin. Solches Gewehrfeuer kann ich nicht kaltblütig anhören: weißt du, es erschüttert einem gewissermaßen die Seele. Horch, das Urra! fügte er hinzu, indem er auf den entfernten, gedehnten Ton von Hunderten von Stimmen: „a—a, aa," die von der Bastion her zu ihm drangen, horchte.

Wessen Urra ist das — das ihrige oder das unsere?

Ich weiß nicht; aber das Handgemenge ist schon losgegangen, denn das Feuer schweigt.

In diesem Augenblick kam ein Offizier, von einem Kosaken begleitet, unter das Fenster an die Außentreppe gesprengt und stieg vom Pferde.

Woher?

Von der Bastion. Ich muß zum General!

Gehen wir. Nun, was giebt's?

Wir haben die Schützengräben angegriffen ... genommen ... die Franzosen haben zahllose Reserven herangeführt ... haben die Unsrigen angegriffen ... wir hatten nur zwei Bataillone, sprach atemlos und nach Worten ringend, nach der Thür gewandt, derselbe Offizier, der am Abend dagewesen war.

Haben wir die Schützengräben geräumt? fragte Galzin.

Nein, antwortete ärgerlich der Offizier, ein Bataillon kam noch zur rechten Zeit, — wir haben sie zurückgeschlagen; aber der Regimentskomman-

deur iſt tot, viele Offiziere, — es iſt Befehl gegeben, um Verſtärkung zu bitten.

Mit dieſen Worten ging er, von Kalugin begleitet, zum General, wohin wir ihm nicht mehr
folgen wollen.

Schon nach fünf Minuten ſaß Kalugin auf
einem Koſakenpferde und wieder in der eigentümlichen quaſi-koſakiſchen Weiſe, in der, wie ich beobachtet habe, alle Adjutanten etwas Beſonderes,
Anmutiges ſehen, und ritt im Trabe nach der
Baſtion, um einige Befehle zu überbringen und
Nachrichten über das endgültige Reſultat des Treffens abzuwarten; Fürſt Galzin begab ſich unter
dem Eindruck der peinigenden Erregung, welche
die nahen Anzeichen eines Treffens auf einen Zuſchauer zu machen pflegen, der nicht daran teil-
nimmt, auf die Straße, um hier ziellos hin- und
herzugehen.

VI

Soldaten brachten Verwundete auf Tragbahren
oder führten ſie unterm Arme. Auf der Straße
war es vollſtändig dunkel; nur ſelten glänzte Licht
in einem Hoſpitale oder bei zuſammenſitzenden
Offizieren. Von den Baſtionen her drang der
frühere Geſchütz- und Gewehrdonner, und die früheren Feuer flammten unter dem ſchwarzen Himmel
auf. Bisweilen hörte man den Hufſchlag des Pfer-

des eines fortgesprengten Ordonnanz-Offiziers, das
Stöhnen eines Verwundeten, die Schritte und das
Gemurmel von Krankenträgern und die Reden
bestürzter Einwohner, die auf die Außentreppe gegangen waren und sich die Kanonade mit ansahen.

Unter den letzteren befand sich auch der uns
bekannte Nikita, die alte Matrosenfrau, mit der
er sich schon versöhnt hatte, und deren zehnjährige
Tochter. „Herr Gott, heil'ge Mutter Gottes!
sprach seufzend die Alte vor sich hin, als sie die
Bomben sah, die wie Feuerbälle unaufhörlich von
einer Seite nach der anderen flogen; schrecklich,
wie schrecklich! . . . i—i—hi—hi . . . So schlimm
war's nicht beim ersten „Bandirement". Sieh, wo
die Verfluchte geplatzt ist! gerade über unserm
Hause in der Vorstadt.

Nein, weiter, zur Tante Arinka fallen alle in
den Garten, sprach das Mädchen.

Und wo, wo ist jetzt mein Herr? sagte Nikita
mit etwas singender Stimme und noch ein wenig
betrunken. Wie ich diesen Herrn liebe, das kann
ich gar nicht sagen, — ich liebe ihn so, wenn man
ihn, was Gott verhüte, sündhaft töten sollte,
dann, glauben Sie mir, liebe Tante, weiß ich
selber nicht, was ich mit mir anfangen soll, — bei
Gott! Ein solcher Herr ist er, daß   mit
einem Worte! Soll ich ihn denn mit denen vertauschen, die da Karten spielen?   Was? —

pfui, mit einem Worte! ſchloß Nikita und zeigte dabei auf das erleuchtete Fenſter im Zimmer ſeines Herrn, wohin Junker ShwabtſchewsIij, während der Abweſenheit des Stabskapitäns, zur Feier ſeiner Dekoration den Oberſtleutnant Ugrowitſch und den Oberſtleutnant Nepſchißezli, der an Reißen litt, zu einem Feſtmahl geladen hatte . . .

Wie die Sternchen, die Sternchen fliegen! unterbrach, nach dem Himmel ſehend, das Mädchen das Nikitas Worten folgende Schweigen: ſieh, ſieh, dort ſpringt es noch! Weshalb iſt das ſo, liebe Mutter?

Sie werden unſer Häuschen ganz und gar ver-nichten, ſprach ſeufzend und ohne auf die Frage des Mädchens zu antworten, die Alte.

Und wie ich heut mit der Tante dorthin ging, Mütterchen, fuhr das im ſingenden Tone ſprechende Mädchen fort, da lag eine große Kanonenkugel in der Stube neben dem Schranke, ſie hatte, wie man ſah, den Vorraum durchgeſchlagen und war in die Stube geflogen . . . So groß, daß man ſie nicht aufheben lonnte!

Wer einen Mann hatte und Geld, der iſt fortgezogen, — hier haben ſie auch das letzte Häuschen zu Schanden geſchoſſen, ſagte die Alte. Sieh, ſieh, wie er feuert, der Böſewicht! Herr Gott! Herr Gott!

Und wie wir gerade fortgehen, lommt eine Bombe geflogen, ſie platzt und überſchüttet uns mit Erde, fast hätte mich und die Tante ein Stück getroffen.

VII

Immer mehr und mehr Verwundete auf Tragbahren und zu Fuß, die einen von den andern gestützt und laut untereinander sprechend, kamen dem Fürsten Galzin entgegen.

Wie sie herangestürzt kamen, Kameraden, sprach mit Baßstimme ein großer Soldat, der zwei Gewehre auf dem Rücken trug, wie sie herangestürzt kamen und losschrien: „Allah, Allah!"*) so klettert einer über den andern weg. Schlägt man die einen tot, gleich kommen andere hinterdrein geklettert — da ist nichts zu machen. Kopf an Kopf . . .

An dieser Stelle seiner Erzählung unterbrach ihn Galzin.

Kommst du von der Bastion?

Jawohl, Euer Wohlgeboren.

Nun, was gab's dort? Erzähle.

Was es dort gab? Ihre „Macht" rückte heran, Euer Wohlgeboren, sie klettern auf den Wall und aus war's. Sie haben vollständig gesiegt, Euer Wohlgeboren!

---

*) Unsere Soldaten waren aus den Türkenkriegen so an diesen Schlachtruf gewöhnt, daß sie jetzt immer erzählen, die Franzosen schreien auch Allah.

Was? gesiegt? . . . Ihr habt sie ja doch zurückgeschlagen?

Wie soll man „ihn" zurückschlagen, wenn „seine" ganze „Macht" heranrückt! Er hat alle Unsrigen getötet, und Hilfe kommt nicht.

Der Soldat hatte sich geirrt, denn der Laufgraben war in unserem Besitz; aber das ist eine Eigentümlichkeit, die jeder beobachten kann: ein Soldat, der in einer Schlacht verwundet worden ist, hält sie stets für verloren und für schrecklich blutig.

Wie hat man mir da sagen können, daß Ihr den Feind zurückgeschlagen habt? sagte Galzin unwillig. Vielleicht ist er, nachdem du fort warst, zurückgeschlagen worden? Bist du schon lange von dort fort?

Diesen Augenblick, Euer Wohlgeboren! antwortete der Soldat, er ist schwerlich zurückgeschlagen; der Laufgraben ist jedenfalls in seinen Händen. — Er hat vollständig gesiegt.

Nun, und ihr schämt euch nicht, den Laufgraben geräumt zu haben? Das ist schrecklich! sagte Galzin, empört über diese Gleichgültigkeit.

Was soll man thun gegen die „Macht"? brummte der Soldat.

Euer Wohlgeboren, sprach in diesem Augenblick neben ihnen ein Soldat von einer Tragbahre herab, wie soll man nicht weichen, wenn er bei

nahe alle getötet hat. Wäre unsere Macht dagewesen, wir würden lebend nicht zurückgegangen
sein. Was will man aber machen? Den einen
habe ich niedergestoßen, da bekam ich auch sogleich
einen Hieb ... O — ach, ruhiger, Brüderchen,
gleichmäßiger, geh langsamer ... O—o—o! stöhnte
der Verwundete.

Hier geht in der That, glaub' ich, viel überflüssig Volk, sagte Galzin, indem er den langen
Soldaten mit den zwei Gewehren wieder zurück-
hielt. Warum gehst du fort? He, du, still gestanden!

Der Soldat blieb stehen und nahm mit der
linken Hand die Mütze ab.

Wohin gehst du und weshalb? schrie er ihn
barsch an. Verf ...

Aber in diesem Augenblick war er ganz nah
herangekommen, und bemerkte, daß sein rechter
Arm über dem Aufschlag bis über den Ellbogen
hinaus blutig war.

Bin verwundet, Euer Wohlgeboren.

Wodurch verwundet?

Hier, wohl durch eine Gewehrkugel, sagte der
Soldat, auf seinen Arm zeigend, und hier, aber
ich kann nicht sagen, was mich hier an den Kopf
getroffen hat, er beugte den Kopf vor und zeigte
die blutigen, zusammenklebenden Haare am Hinterkopf.

Und wem gehört das zweite Gewehr?

Ein französischer Stutzen, Euer Wohlgeboren, ich habe es einem fortgenommen. Ja, ich wäre auch nicht fortgegangen, wenn ich nicht diesen Soldaten hätte führen wollen, sonst fällt er, fügte er hinzu, indem er auf einen Soldaten wies, der ein wenig vor ihm ging, sich auf das Gewehr stützte und mit Mühe das linke Bein schleppend vorwärts bewegte.

Fürst Galzin schämte sich auf einmal sehr wegen seines ungerechten Verdachts. Er fühlte, wie er rot wurde, wandte sich ab und ging, ohne die Verwundeten weiter auszufragen oder zu beobachten, nach dem Verbandplatz.

Mit Mühe wand sich Galzin auf der Außentreppe durch die zu Fuß gehenden Verwundeten und durch die Krankenträger, die Verwundete brachten und Tote forttrugen, hindurch; dann ging er in das erste Zimmer, warf einen Blick hinein, wandte sich sogleich unwillkürlich zurück und eilte hinaus ins Freie — das war zu schrecklich!

VIII

Der große, hohe, dunkle Saal, nur von vier oder fünf Kerzen erleuchtet, bei deren Licht die Ärzte die Verwundeten besichtigten, war buchstäblich voll. Die Krankenträger brachten fortwährend Verwundete, legten sie nebeneinander auf die Diele, auf der es schon so eng war, daß die Unglücklichen

5

ſich ſtießen und einer in des andern Blute lag,
und holten neue. Die auf den nicht beſetzten
Stellen der Diele ſichtbaren Blutlachen, der fieber-
heiße Atem von einigen Hunderten Menſchen und
die Ausdünſtungen der Träger erzeugten einen
eigentümlichen, drückenden, dicken, übelriechenden
Dunſt, in dem die Lichte an den verſchiedenen
Enden des Saales trübe brannten. Stöhnen,
Seufzen, Röcheln, bisweilen durch einen durch-
bringenden Schrei unterbrochen, erfüllte den ganzen
Saal. Die „Schweſtern" ſchritten mit ruhigen
Geſichtern und mit dem Ausdruck thätiger, prak-
tiſcher Teilnahme, nicht mit dem des wertloſen,
frauenhaften, krankhaft-thränenreichen Mitleids,
bald hierhin, bald dorthin durch die Reihen der
Verwundeten mit Arznei, mit Waſſer, mit Binden,
mit Charpie, und tauchten zwiſchen blutigen Mänteln und Hemden auf. Die Ärzte knieten mit auf-
geſtreiften Armeln vor den Verwundeten, in deren
Nähe die Feldſcher Lichte hielten, und unterſuchten,
befühlten, und ſondierten die Wunden, ohne auf
das ſchreckliche Stöhnen der Dulder zu achten.
Einer der Ärzte ſaß in der Nähe der Thür an
einem kleinen Tiſch und trug in dem Augenblick,
da Galzin ins Zimmer trat, bereits den 532ten
Verwundeten in die Liſte ein.

Iwan Bogaſew, Gemeiner der dritten Kompagnie des S..-Regiments, fractura femuris com-
plicata, rief ein anderer vom Ende des Saales

her, indem er das zerschossene Bein befühlte. Dreh'
ihn um.

O weh, Väterchen, mein liebes Väterchen! schrie
der Soldat und flehte, man möchte ihn nicht an-
rühren.

Perforatio capitis!

Sjemjon Nesferdow, Oberstleutnant im N...-In-
fanterieregiment. Sie müssen ein wenig Geduld
haben, Oberst, sonst geht es nicht: ich lasse Sie
sonst liegen, sprach ein dritter, indem er mit einem
Häkchen in dem Kopfe des Oberstleutnants hin-
und hertastete.

Ach, nicht doch! O, um Gotteswillen, schneller,
schneller, um   A—a—a—a—a!

Perforatio pectoris! ... Sewastjan Ssereba,
Gemeiner ... von welchem Regiment? ... Lassen
Sie das Schreiben: moritur. Tragt ihn weg,
sagte der Arzt, und ging von dem Soldaten fort,
der mit brechenden Augen dalag und schon röchelte.

Vierzig Mann, als Träger verwendete Soldaten, standen an der Thür, um die Verbundenen
ins Lazarett, die Toten in die Kapelle zu tragen,
und betrachteten von Zeit zu Zeit schwer seufzend
dieses Bild ...

IX

Auf dem Wege zur Bastion traf Kalugin viele
Verwundete; da er aber aus Erfahrung wußte,

wie schlecht in der Schlacht ein solches Schauspiel
auf den Geist eines Menschen wirkt, so blieb er
nicht nur nicht stehen, um sie zu befragen, sondern
suchte vielmehr sie gar nicht zu beachten. Unten
am Berge begegnete ihm ein Ordonnanz-Offizier,
der in gestrecktem Galopp von der Bastion gesprengt kam.

Sobkin! Sobkin!... halten Sie einen Augenblick.

Nun, was giebt's?

Wo kommen Sie her?

Aus den Schützengräben.

Nun, wie geht's dort zu, heiß?

Ach, entsetzlich!

In der That hatte, obwohl das Gewehrfeuer
schwächer geworden, die Kanonade mit neuer
Heftigkeit und Wut begonnen.

„Ach, gräßlich!" dachte Kalugin, indem er ein
unangenehmes Gefühl empfand, und ihn auch eine
Vorahnung, ein sehr natürlicher Gedanke — der
Gedanke an den Tod überkam. Aber Kalugin war
ehrgeizig und mit stählernen Nerven begabt, mit
einem Wort, was man tapfer nennt. Er gab sich
nicht der ersten Empfindung hin und suchte sich
Mut zu machen, er erinnerte sich eines Adjutanten,
ich glaube Napoleons, der in dem Augenblick,
wo er den Befehl zum Galopp weiter gab, mit
blutendem Kopfe zu Napoleon herangesprengt
kam.

Vous êtes blessé? ſagte Napoleon zu ihm. — „Je vous demande pardon, Sire, je suis mort." Und der Adjutant ſank vom Pferde und war auf der Stelle tot.

Das erſchien ihm ſehr ſchön, und in ſeiner Einbildung kam er ſich ſelbſt ein wenig wie dieſer Adjutant vor, er ſchlug ſein Pferd mit der Peitſche, und gab ſich noch mehr die kecke „Koſakenpoſe", warf einen Blick zurück auf den Koſaken, der in den Steigbügeln aufrecht ſtehend hinter ihm her trabte, und kam als ein ganzer Held an der Stelle an, wo er vom Pferde ſteigen ſollte. Hier traf er vier Soldaten, die auf Steinen ſaßen und ihre Pfeifen rauchten.

Was macht ihr hier? ſchrie er ſie an.

Wir haben einen Verwundeten fortgebracht, Euer Wohlgeboren, und haben uns hingeſetzt, um auszuruhen, antwortete der eine von ihnen, indem er ſeine Pfeife hinter dem Rücken verbarg und die Mütze abnahm.

Ja, ausruhen . . . Marſch, an eure Plätze!

Er ging mit ihnen zuſammen den Laufgraben entlang den Berg hinauf, wobei er auf Schritt und Tritt Verwundeten begegnete. Auf der Höhe des Berges wandte er ſich links und befand ſich, nachdem er einige Schritte gegangen war, ganz allein. Ein Bombenſplitter ſauſte ganz nahe an ihm vorbei und ſchlug in den Laufgraben ein. Eine andere Bombe ſtieg vor ihm auf und kam,

wie ihm schien, gerade auf ihn zu geflogen. Plötzlich wurde ihm schrecklich zu Mute: er lief trabend
fünf Schritte weit und legte sich auf die Erde
nieder. Als die Bombe platzte, und zwar entfernt von ihm, war er auf sich selber sehr böse,
er stand auf und sah sich um, ob jemand
sein Niederlegen bemerkt hätte; aber niemand
war da.

Wenn die Furcht sich einmal der Seele bemächtigt hat, weicht sie nicht bald einem anderen
Gefühle. Er, der sich immer gebrüstet hatte, daß
er sich niemals bücke, ging jetzt mit beschleunigten
Schritten und fast kriechend den Laufgraben entlang. „Ach, schlimm! dachte er, als er stolperte,
ich werde unfehlbar getötet,“ er fühlte, wie schwer
es ihm wurde, zu atmen, und wie der Schweiß
an seinem ganzen Körper hervortrat, und wun-
derte sich über sich selber, versuchte aber nicht
mehr, seiner Empfindung Herr zu werden.

Plötzlich ließen sich Schritte vor ihm hören.
Schnell richtete er sich auf, hob den Kopf in die
Höhe und ging, munter mit dem Säbel klirrend,
nicht mehr mit den früheren schnellen Schritten
einher. Er erkannte sich selbst nicht wieder. Als
er einem Sappeuroffizier und einem Matrosen begegnete und der erstere ihm zurief: „Duck dich!“
indem er auf den leuchtenden Punkt einer Bombe
zeigte, die immer heller und heller, immer schneller
und schneller sich näherte und in der Nähe des

Laufgrabens platzte, — bog er nur ein wenig und unwillkürlich, unter dem Einfluß des warnenden Schreies, den Kopf und ging weiter.

Sieh da, der ist tapfer! sagte der Matrose, der ruhig die fallende Bombe betrachtet und mit erfahrenem Blick sofort berechnet hatte, daß ihre Splitter in den Laufgraben nicht einschlagen konnten, er duckt sich nicht einmal!

Nur noch einige Schritte hatte Kalugin über einen kleinen Platz bis zur Blindage des Kommandeurs der Bastion zu gehen, als ihn wieder das dumpfe Gefühl und die thörichte Furcht von vorhin überkam; sein Herz schlug stärker, das Blut strömte ihm nach dem Kopfe, und er mußte sich zusammennehmen, um nach der Blindage zu laufen.

Warum sind Sie so außer Atem? sagte der General, als er ihm die Befehle überbrachte.

Ich bin sehr schnell gegangen, Excellenz!

Wollen Sie nicht ein Glas Wein?

Kalugin trank ein Glas Wein und rauchte eine Cigarette an. Das Gefecht hatte bereits aufgehört, nur die starke Kanonade dauerte auf beiden Seiten fort. In der Blindage saß der General R., der Kommandeur der Bastion und sechs Offiziere, unter ihnen auch Praßkuchin, und sprachen über verschiedene Einzelheiten des Gefechts. Als Kalugin in diesem behaglichen Zimmer saß, das mit hellblauen Tapeten ausgeschlagen war,

das ein Sofa, einen Tisch, auf dem Papiere lagen,
ein Bett, eine Wanduhr und ein Heiligenbild,
vor dem eine Lampe brannte, enthielt, — als er
diese Zeichen der Wohnlichkeit und die fast drei
Fuß dicken Balken der Decke sah und die in der
Blindage nur schwach tönenden Schüsse hörte, —
konnte er gar nicht begreifen, wie er sich zweimal
von einer so unverzeihlichen Schwäche hatte können
übermannen lassen. Er war über sich selber erzürnt und sehnte sich nach der Gefahr, um sich
von neuem zu prüfen.

Ich freue mich, daß auch Sie hier sind, Kapitän,
sagte er zu einem Marineoffizier im Stabsoffiziers-
mantel mit einem starken Schnurrbart und dem
Georgskreuz, der inzwischen in die Blindage gekommen war und den General bat, ihm Arbeiter
zu geben, um zwei auf seiner Batterie verschüttete
Schießscharten wieder herzustellen. Der General
hat mir befohlen, mich zu informieren, fuhr Kalugin fort, als der Batteriekommandeur aufgehört
hatte, mit dem General zu sprechen, ob Ihre Geschütze den Laufgraben mit Kartätschen beschießen
können.

Nur ein Geschütz kann es, antwortete mürrisch
der Kapitän.

Jedenfalls wollen wir hingehen und nach-
sehen.

Der Kapitän runzelte die Stirn und schrie
zornig:

Schon die ganze Nacht habe ich dort gestanden und bin hierher gekommen, um nur ein wenig aus- zuruhen, können Sie nicht allein hinuntergehen? Mein Stellvertreter, der Leutnant Karz, ist dort, er wird Ihnen alles zeigen.

Der Kapitän kommandierte schon seit sechs Mo- naten diese Batterie, eine der gefährlichsten, wohnte sogar schon seit Anfang der Belagerung, da es noch keine Blindagen gab, ununterbrochen auf der Bastion und hatte unter den Seeleuten den Ruf der Tapferkeit. Daher setzte seine Weigerung Kalugin nicht wenig in Erstaunen und Verwun- derung. „Was bedeutet der Ruf!" dachte er.

Nun, so werde ich allein gehen, wenn Sie gestatten, entgegnete er in etwas spöttischem Tone dem Kapitän, der jedoch seine Worte nicht weiter beachtete.

Kalugin bedachte aber nicht, daß er zu ver- schiedenen Zeiten alles in allem nur an fünfzig Stunden auf den Bastionen zugebracht, während der Kapitän sechs Monate dort gewohnt hatte. Kalugin trieb noch die Eitelkeit, der Wunsch zu glänzen, die Hoffnung auf Auszeichnungen, auf Ruhm und der Reiz der Gefahr; der Kapitän hatte all das schon durchgemacht: auch er hatte der Eitelkeit, der Tapferkeit, der Gefahr nach- gestrebt, der Hoffnung auf Auszeichnungen und Ruhm, und hatte auch beide errungen, jetzt aber hatten alle diese Reizmittel ihre Macht über ihn

verloren, und er betrachtete den Krieg mit anderen
Augen: er erfüllte aufs pünktlichſte ſeine Pflicht,
war ſich aber deſſen wohl bewußt, wie wenig Ausſichten ihm für das Leben blieben, und ſetzte darum
nach einem Aufenthalte von ſechs Monaten auf
der Baſtion dieſe Ausſichten nicht ohne die drin-
gendſte Not aufs Spiel, ſo daß der junge Leutnant,
der vor acht Tagen bei der Batterie eingetreten
war, der ſie jetzt Kalugin zeigte, ſich mit ihm un-
nützerweiſe zur Schießſcharte hinauslehnte und auf
die Banketts kletterte, ihm zehnmal tapferer erſchien, als der Kapitän.

Als Kalugin die Batterie beſichtigt hatte und
nach der Blindbage zurückging, ſtieß er in der
Finſternis auf den General, der ſich mit ſeinen
Ordonnanzoffizieren auf die Höhe begab.

Rittmeiſter Praßtuchin! ſagte der General,
gehen Sie gefälligſt in den rechten Schützengraben
hinunter und ſagen Sie dem zweiten Bataillon
des M.-Regiments, das dort auf Arbeit iſt, daß
es die Arbeit abbrechen, ohne Lärm abmarſchieren
und ſich mit ſeinem Regiment vereinigen ſoll, das
unten am Berge in Reſerve ſteht ... Verſtehen
Sie? Sie werden es ſelbſt zum Regiment
führen.

Zu Befehl.

Und Praßtuchin lief im Trabe zum Schützengraben.

Das Feuer wurde ſtärker.

X

Iſt dies das zweite Bataillon des M.-Regiments? fragte Praßkuchin, als er, an Ort und Stelle gekommen war und auf Soldaten ſtieß, die in Säcken Erde trugen.

Jawohl, Herr.

Wo iſt der Kommandeur?

Michajlow war in dem Glauben, daß nach dem Kompagniekommandeur gefragt würde, kam aus ſeiner Grube herauf und ging, mit der Hand am Mützenſchirm, an Praßkuchin heran, den er für einen Vorgeſetzten hielt.

Der General hat befohlen, ſchnell ... und vor allem ſtill zurückzugehen ... nein, nicht zurück, ſondern zur Reſerve, ſprach Praßkuchin, indem er nach dem feindlichen Feuer ſchielte.

Als Michajlow Praßkuchin erkannt hatte, ließ er die Hand ſinken und gab, nachdem er erfahren, worum es ſich handelte, den Befehl weiter; das Bataillon hörte auf zu arbeiten, ergriff die Gewehre, zog die Mäntel an und ſetzte ſich in Bewegung.

Wer es nicht kennen gelernt hat, kann ſich die Freude nicht vorſtellen, die ein Menſch empfindet, der nach einem dreiſtündigen Bombardement einen ſo gefährlichen Platz, wie ein Schützengraben iſt, verläßt. Michajlow, der während dieſer drei Stunden mehr als einmal nicht ohne Grund geglaubt, daß sein Ende gekommen, hatte sich schon mit dem Gedanken vertraut gemacht, daß er unzweifelhaft fallen müsse und daß er nicht mehr dieser Welt angehöre.   Aber trotzdem kostete es ihm große Mühe, seine Beine vom Laufen zurückzuhalten, als er neben Praßkuchin an der Spitze der Kompagnie aus dem Schützengraben ging.

Auf Wiedersehen! rief ihm ein Major zu, der Kommandeur eines anderen Bataillons, das in den Schützengräben zurückblieb, und mit dem er in der Grube an der Brustwehr gesessen und Käse gegessen hatte.   Glück auf den Weg!

Und Ihnen wünsche ich, glücklich Ihre Position zu halten.   Jetzt ist es, wie mir scheint, ruhig geworden.

Kaum aber hatte er dies gesagt, als der Feind, der jedenfalls die Bewegung in den Gräben bemerkt hatte, immer stärker und stärker zu feuern begann.   Die Unsrigen antworteten ihm, und wiederum erhob sich eine starke Kanonade.   Die Sterne standen hoch am Himmel, glänzten aber nicht hell.   Die Nacht war so dunkel, daß man die Hand vor den Augen nicht sah, nur die Feuer der Schüsse und die platzenden Bomben erhellten auf einen Augenblick die Gegenstände.   Die Soldaten gingen schnell und schweigend und suchten unwillkürlich einander zuvorzukommen; nach dem unaufhörlichen Rollen der Schüsse wurden nur die

gemessenen Schritte der Soldaten auf dem trocke-
nen Wege, das Klirren der Bajonette oder das
Seufzen und das Gebet eines Soldaten: „Herr,
Herr! Was ist das?" gehört. Bisweilen ließ
sich das Stöhnen eines Verwundeten und der Ruf:
„Tragbahre!" vernehmen. (In der Kompagnie,
die Michajlow befehligte, wurden allein durch Artilleriefeuer in der Nacht 26 Mann getötet.) Ein
Blitz flammte am dunklen, fernen Horizonte
auf, die Schildwache auf der Bastion schrie:
„Kano—o—ne!" und die Kugel sauste über die
Kompagnie hin, riß die Erde auf und warf Steine
in die Höhe.

„Hol's der Teufel! wie langsam sie gehen,
dachte Praßkuchin, indem er neben Michajlow ein-
herschritt und fortwährend zurückblickte. Wahrhaftig, ich laufe lieber voraus; den Befehl habe
ich ja überbracht . . . Übrigens, nein: man könnte
ja sagen, daß ich ein Feigling bin. Mag geschehen, was will, — ich gehe mit den übrigen."

„Und weshalb folgt er mir? dachte seinerseits
Michajlow. — Soviel ich bemerkt habe, bringt
er immer Unglück. Da kommt eine geflogen,
schnurstracks hierher, wie mir scheint."

Als sie einige hundert Schritt gegangen waren,
stießen sie auf Kalugin, der, mit dem Säbel klirrend, gemessenen Schrittes nach den Schützengräben
ging, um auf Befehl des Generals sich zu erkundigen, wie weit die Arbeiten dort gediehen

seien. Als er aber Michajlow traf, fiel ihm ein,
er könne, anstatt selbst in diesem schreklichen Feuer
dorthin zu gehen, was ihm auch nicht befohlen
worden war, einen Offizier, der dort gewesen, nach
allem ausfragen. Und wirklich erzählte ihm
Michajlow ausführlich von dem Stand der Arbeiten. Dann ging Kalugin noch einige Schritte
mit ihm und bog in den zur Blindage führenden
Laufgraben ein.

Nun, was giebt's Neues? fragte ein Offizier,
der allein im Zimmer saß und Abendbrot aß.

Nichts, es scheint, daß es kein Gefecht mehr
geben wird.

Wie, kein Gefecht mehr? . . . Im Gegenteil,
der General ist soeben wieder auf den Wachtturm
gegangen. Noch ein Regiment ist gekommen. Da
geht's ja los . . . hören Sie das Gewehrfeuer?
Sie werden doch nicht gehen? Wozu das? fügte
der Offizier hinzu, als er die Bewegung bemerkte,
die Kalugin machte.

„Eigentlich müßte ich jedenfalls dabei sein,
dachte Kalugin, aber ich habe mich in dieser Nacht
schon vielen Gefahren ausgesetzt; das Feuer ist
schreklich.“

Ich werde sie in der That lieber hier erwarten, sagte er.

Wirklich kehrten nach zwanzig Minuten der
General und die bei ihm befindlichen Offiziere
zurück; unter ihnen befand sich der Junker Baron

Pest, aber Praßkuchin fehlte. Die Schützengräben waren von den Unsrigen genommen und besetzt worden.

Nachdem Kalugin ausführliche Nachrichten über das Gefecht erhalten, verließ er mit Pest die Blindage.

XI

Ihr Mantel ist blutig, sind Sie denn im Handgemenge gewesen? fragte ihn Kalugin.

Ach, schrecklich! Sie können sich vorstellen ...

Und Pest begann zu erzählen, wie er seine Kompagnie geführt, wie der Kompagniekommandeur getötet worden, wie er einen Franzosen niedergestochen und wie   wäre er nicht gewesen, das Gefecht verloren wäre.

Das Wesentliche dieser Erzählung, daß der Kommandeur getötet war und daß Pest einen Franzosen getötet hatte, war richtig; aber in der Schilderung der Einzelheiten war der Junker erfinderisch und prahlsüchtig.

Er prahlte unwillkürlich, da er sich während des ganzen Gefechts in einer Art Rausch und Besinnungslosigkeit befunden hatte, so daß alles, was geschah, ihm so vorkam, als wäre es irgendwo, irgendwann und mit irgend jemandem geschehen; und es war natürlich, daß er sich Mühe gab, diese Einzelheiten in einer für ihn vorteilhaften

Weiſe darzuſtellen. Wie aber war es in Wirklichkeit geweſen?

Das Bataillon, dem der Junker während des
Ausfalls zugeteilt war, ſtand zwei Stunden im
Feuer, in der Nähe einer Wand, dann gab der
Bataillonskommandeur vor der Front einen Be-
fehl, die Hauptleute trugen ihn weiter, das Ba-
taillon ſetzte ſich in Bewegung, marſchierte vor
die Bruſtwehr und machte nach hundert Schritten
Halt, um ſich in Kompagniekolonnen zu formieren.
Peſt wurde beordert, ſich auf den rechten Flügel
der zweiten Kompagnie zu ſtellen.

Ohne ſich Rechenſchaft darüber zu geben, wo er
ſich befinde und weshalb er da ſei, ſtellte ſich der
Junker an ſeinen Platz und ſah mit unwillkürlich
verhaltenem Atem und mit kaltem, über den Rücken
laufendem Zittern bewußtlos vor ſich hin, in die
dunkle Ferne hinaus, etwas Schreckliches erwartend.
Übrigens war ihm nicht ſo ſchrecklich zu Mute,
denn es wurde nicht geſchoſſen, vielmehr war ihm
der Gedanke eigentümlich, ſeltſam, ſich außerhalb
der Feſtung, auf freiem Felde zu befinden. Wiederum gab der Bataillonskommandeur einen Befehl vor der Front, wiederum überbrachten ihn
flüſternd die Offiziere, und plötzlich ſenkte ſich die
ſchwarze Wand der erſten Kompagnie, — es war
befohlen worden, ſich niederzulegen. Die zweite
Kompagnie legte ſich ebenfalls, wobei ſich Peſt
die Hand an einem Dornſtrauch verletzte. Nur

der Hauptmann der zweiten Kompagnie legte sich nicht. Seine kleine Gestalt, mit dem gezogenen Degen, den er unter fortwährendem Sprechen hin- und herschwang, bewegte sich vor der Kompagnie.

Kinder! Das sag' ich euch, haltet euch brav! Aus dem Gewehr keinen Schuß, mit den Bajonetten auf die Kanaillen! Wenn ich „Urra" schreie, dann mir nach und nicht zurückgeblieben! ... Frisch drauf los ist die Hauptsache ... Wir wollen uns sehen lassen, nicht mit der Nase in den Staub! Nicht wahr, Kinder? Für den Zaren, den Vater! ...

Wie heißt unser Kompagniekommandeur? fragte Pest den Junker, der neben ihm lag, er ist wirklich tapfer!

Ja, er ist's immer, wenn es zum Kampfe kommt, antwortete der Junker, Lißinkowski heißt er.

Da blitzte dicht vor der Kompagnie eine Flamme auf, ein Krach ertönte, der die ganze Kompagnie betäubte, hoch in die Luft schwirrten Steine und Sprengstücke (wenigstens fiel nach fünfzig Sekunden ein Stein nieder und zerschmetterte einem Soldaten das Bein). Das war eine Bombe aus der Elevationslafette, und ihr Einfallen in die Kompagnie bewies, daß die Franzosen die Kolonne bemerkt hatten.

Mit Bomben schießt er! ... Laß uns nur erst an dich heran sein, dann sollst bu, Verfluchter,

6

das breikantige russische Bajonett kosten! rief der Hauptmann so laut, daß der Bataillonskommandeur ihm befehlen mußte zu schweigen und nicht so viel zu lärmen.

Bald darauf erhob sich die erste Kompagnie, nach ihr die zweite. Es wurde befohlen, das Gewehr zum Angriff in die rechte Hand zu nehmen, und das Bataillon ging vorwärts. Pest hatte vor Furcht das Bewußtsein verloren, wie betrunken ging er mit. Aber plötzlich blitzte von allen Seiten eine Million von Feuern auf, pfiff und krachte es. Er schrie und lief vorwärts, weil alle liefen und schrien. Dann stolperte er und fiel auf etwas. Das war der Kompagnieführer, . . . er war vor der Kompagnie verwundet worden, er hielt den Junker für einen Franzosen und packte ihn am Bein. Als er sein Bein befreit und sich erhoben hatte, stieß in der Finsternis ein Mensch mit dem Rücken ihn an und hätte ihn fast wieder zu Boden geworfen; da schrie ein anderer: „Stich ihn nieder! Was gaffst du?" Er nahm das Gewehr und stieß das Bajonett in etwas Weiches. „Ah Dieu!" schrie jemand mit schrecklicher, durchdringender Stimme, und erst da begriff Pest, daß er einen Franzosen erstochen hatte. — Kalter Schweiß trat an seinem ganzen Körper hervor, er schüttelte sich wie im Fieber und warf das Gewehr fort. Aber nur einen Augenblick dauerte dies: sogleich kam ihm der Gedanke in den Kopf, daß er ein Held sei. Er hob das Gewehr und lief „Urra" schreiend mit der Menge von dem getöteten Franzosen fort. Nachdem er zwanzig Schritte gelaufen war, kam er in einen Laufgraben. Dort waren die Unsrigen und der Bataillonskommandeur.

Ich habe einen erstochen! sagte er zu dem Bataillonskommandeur.

Brav, Baron!

XII

Und wissen Sie, Praßkuchin ist tot! sagte Pest, als er Kalugin, der nach Hause ging, begleitete.

Nicht möglich!

Warum? Ich habe es selbst gesehen.

Leben Sie wohl, ich habe Eile!

Ich bin sehr zufrieden, dachte Kalugin auf dem Heimwege, zum erstenmal habe ich während meines Tagdienstes Glück gehabt. Es ist mir vortrefflich gegangen: ich bin am Leben und unverletzt, Auszeichnungen wird es auch geben und jedenfalls einen goldenen Säbel. Übrigens habe ich es verdient.

Nachdem er dem General alles Notwendige gemeldet hatte, ging er in sein Zimmer.

Mit außerordentlichem Behagen fühlte sich Kalugin zu Hause außer Gefahr; nachdem er ein Nachthemd angezogen und sich ins Bett gelegt,

erzählte er Galzin die Einzelheiten des Gefechts;
er schilderte sie sehr natürlich von dem Gesichts-
punkte aus, von dem die Einzelheiten bewiesen,
daß er, Kalugin, ein sehr tüchtiger und tapferer
Offizier sei, was, wie ich meine, gar nicht nötig
war zu betonen, da alle Welt das wußte und
niemand ein Recht oder einen Grund hatte, daran
zu zweifeln, außer dem seligen Rittmeister Praßkuchin vielleicht, der, obgleich er es oft später als
ein Glück betrachtete, Arm in Arm mit Kalugin
zu gehen, gestern einem Freunde unter Diskretion
erzählt hatte, Kalugin sei ein trefflicher Mensch,
gehe aber, unter uns gesagt, furchtbar ungern auf
die Bastion.

Kaum hatte sich Praßkuchin, neben Michajlow
gehend, von Kalugin getrennt und schon angefangen, etwas aufzuleben, weil er nach einem
weniger gefährlichen Platz ging, als er einen hell-
strahlenden Blitz hinter sich sah, und den Schrei
der Schildwache: „Mörser!" sowie die Worte eines
hinter ihm gehenden Soldaten: „Direkt nach der
Bastion fliegt sie!" hörte.

Michajlow sah sich um. Der glänzende Punkt
der Bombe schien in seinem Zenith stehen zu
bleiben, in einer Stellung, daß es entschieden unmöglich war, seine Richtung zu bestimmen. Aber
das dauerte nur einen Augenblick: die Bombe
kam immer schneller und näher, so daß schon die
Funken der Röhre sichtbar waren und das ver-

hängnisvolle Pfeifen hörbar, — gerade mitten
unter das Bataillon fiel ſie nieder.

Legt euch! rief eine Stimme.

Michajlow und Praßtuchin legten ſich auf die
Erde. Praßtuchin kniff die Augen zu und hörte
nur, wie die Bombe ganz in ſeiner Nähe auf die
feſte Erde aufſchlug. Es verging eine Sekunde,
die ihm wie eine Stunde erſchien, — die Bombe
platzte nicht. Praßtuchin erſchrak: ſollte er un-
nötig feig geweſen ſein? War vielleicht die Bombe
weit von ihm niedergefallen, und war es ihm
nur ſo vorgekommen, als ob ihre Röhre in ſeiner
Nähe geziſcht? Er öffnete die Augen und ſah mit
Befriedigung Michajlow dicht an ſeinen Füßen
unbeweglich liegen. Aber da begegnete ſeinen
Augen auf einen Moment die leuchtende Röhre
der nur eine Elle entfernt von ihm ſich drehenden
Bombe.

Ein Schreck — ein kalter, alles Denken und
Fühlen lähmender Schreck — ergriff ſein ganzes
Weſen. Er bedeckte das Geſicht mit beiden Händen.

Noch eine Sekunde verging — eine Sekunde,
in der eine ganze Welt von Gefühlen, Gedanken,
Hoffnungen, Erinnerungen an ſeinem Geiſte vor-
überblitzte.

„Wen wird ſie treffen, mich oder Michajlow,
oder beide zuſammen? Und wenn mich, dann wo?
Am Kopf, dann iſt alles vorbei; am Bein, dann
wird es abgeſchnitten — und dann werde ich bitten,

daß man mich chloroformiert und kann noch am
Leben bleiben. Vielleicht aber tötet sie nur Michajlow, dann werde ich erzählen, wie wir zusammen
gegangen, wie er getroffen worden, und sein Blut
mich bespritzt hat. Nein, mir ist sie näher
mich tötet sie!"

Da fielen ihm die zwölf Rubel ein, die er
Michajlow schuldig war, und noch eine Schuld
in Petersburg, die er längst hätte bezahlen müssen;
ein Zigeunermotiv, das er gestern abend gesungen
hatte, huschte ihm durch den Kopf. Das Weib,
das er liebte, stand vor seiner Phantasie in einer
Haube mit lila Bändern; der Mensch, der ihn
vor fünf Jahren beleidigt und dem er diese Beleidigung nicht heimgezahlt hatte, fiel ihm ein, obgleich, untrennbar von dieser und tausend anderen
Erinnerungen, das Gefühl der Gegenwart — die
Erwartung des Todes — ihn nicht einen Augenblick
verließ. „Übrigens, vielleicht platzt sie nicht, dachte
er und wollte mit verzweifelter Entschlossenheit
die Augen öffnen. Aber in diesem Augenblick traf
ihn durch die geschlossenen Lider ein roter Feuerschein, und mit entsetzlichem Krachen schlug ihm
etwas mitten in die Brust; er stürzte vorwärts,
stolperte über den Säbel, der ihm zwischen
die Beine geraten war, und fiel auf die
Seite.

„Gott sei Dank, es ist nur ein Streifschuß!"
war sein erster Gedanke, und er wollte mit den

Händen seine Bruft .befühlen; aber seine Hände
waren wie gelähmt und sein Kopf wie in einen
Schraubstock eingeklemmt. Vor seinen Augen huschten die Soldaten vorüber, und bewußtlos zählte er
sie: „Eins, zwei, drei Mann; da einer in den
Mantel gehüllt, ein Offizier," dachte er. Dann
flammte ein Blitz vor seinen Augen auf, und er
dachte darüber nach, woher der Schuß wohl kommt:
aus einem Mörser oder aus einer Kanone? Wahrscheinlich aus einer Kanone. Da neue Schüsse;
da noch Soldaten: fünf, sechs, sieben Mann, alle
gehen vorüber. Plötzlich wurde ihm furchtbar zu
Mut, als ob ihn jemand würgte. Er wollte
schreien, er habe einen Streifschuß bekommen, aber
sein Mund war so vertrocknet, daß ihm die Zunge
am Gaumen klebte, und ein schrecklicher Durst ihn
quälte. Er fühlte, wie naß er um die Bruft war:
dieses Gefühl der Näffe rief ihm das Waffer in
Erinnerung, und er hätte auch das trinken mögen,
wovon seine Bruft naß war.

„Wahrscheinlich habe ich mich blutig geschlagen,
als ich fiel," dachte er. Er überließ sich immer
mehr und mehr der Furcht, daß die Soldaten,
die an ihm vorüberhuschten, ihn erwürgen würden.
Er nahm alle Kräfte zusammen und wollte schreien:
„Nehmt mich mit!" Aber anstatt deffen ftöhnte er
so schrecklich, daß es ihm fürchterlich war, sich zu
hören. Dann hüpften rote Flämmchen vor seinen
Augen, und es war ihm, als legten Soldaten

Steine über ihn; die Flämmchen hüpften immer
ſchneller und ſchneller, die Steine, die man über
ihn legte, drückten immer ſchwerer und ſchwerer.
Er machte eine Anſtrengung, um die Steine ab=
zuwälzen, ſtreckte ſich aus, und dann ſah, hörte,
dachte und fühlte er nichts mehr. Er war durch
einen Bombenſplitter mitten in die Bruſt getroffen
und auf der Stelle getötet worden.

XIII

Michajlow war, als er die Bombe ſah, auf
die Erde niedergefallen; während der zwei Se=
kunden, in welchen die Bombe ungeborſten dalag,
dachte und fühlte er ebenſo viel, wie Praßkuchin.
Er betete in Gedanken zu Gott und wiederholte
fortwährend: „Dein Wille geſchehe! Und wozu
bin ich in den Dienſt getreten — dachte er gleich=
zeitig — und noch dazu in die Infanterie, um an
dem Feldzuge teilzunehmen? Wäre es nicht beſſer
geweſen, im Ulanenregiment zu bleiben in T.
und meine Zeit bei meiner lieben Nataſcha zuzu=
bringen? Jetzt . . .“ Und er begann zu zählen:
eins, zwei, drei, vier und ſagte ſich, gerade heißt
lebendig bleiben, ungerade tot: „Nun iſt alles zu
Ende, ich bin tödlich getroffen!“ dachte er, als
die Bombe platzte, und er einen Schlag an den
Kopf bekam und einen raſenden Schmerz empfand.
„Herr, verzeih’ mir meine Sünden,“ rief er mit

gefalteten Händen, wollte ſich erheben, fiel aber beſinnungslos auf den Rücken.

Das erſte, was er fühlte, als er wieder zu ſich kam, war das Blut, das ihm über die Naſe ſtrömte, und der bei weitem ſchwächer gewordene Schmerz am Kopf. „Die Seele entflieht, dachte er. — Wie wird es „dort“ ſein? . . . Herr, nimm meine Seele in Frieden auf. Nur das Eine iſt ſonderbar, dachte er, daß ich ſterbend ſo deutlich die Schritte der Soldaten und die Schüſſe höre.“

Eine Bahre her . . . he . . . unſer Hauptmann iſt tot! ſchrie über ſeinem Kopfe eine Stimme, die er unwillkürlich als die des Trommlers Ignatjew erkannte.

Da faßte ihn jemand bei den Schultern. Er verſuchte, die Augen zu öffnen und ſah über ſeinem Kopf den dunkelblauen Himmel, Sterngruppen und zwei über ihn hinfliegende Bomben, die um die Wette weitereilten — er ſah Ignatjew, Soldaten mit Tragbahren und Gewehren, den Wall des Laufgrabens, und überzeugte ſich plötzlich, daß er noch nicht im Jenſeits ſei.

Er war leicht von einem Stein am Kopf verwundet. Seine allererſte Empfindung war etwas wie Bedauern: er hatte ſich ſo gut und ruhig auf den Übergang „dorthin“ vorbereitet, daß ihn die Rückkehr in die Wirklichkeit mit ihren Bomben, Laufgräben und Blute unangenehm berührte; ſeine zweite Empfindung war die unbewußte Freude darüber, daß er lebendig war; die dritte — der Wunsch, so bald als möglich die Bastion zu verlassen. Der Trommler verband seinem Hauptmann den Kopf mit einem Tuche, nahm den Verwundeten unter den Arm und wollte ihn nach dem Verbandort führen.

„Wohin und weshalb ich aber gehe? dachte der Stabskapitän, als er etwas zu sich gekommen war. Meine Pflicht ist, bei der Kompagnie zu bleiben und nicht vorzeitig fortzugehen, umsomehr, als sie bald aus dem Feuer herauskommen wird," flüsterte eine innere Stimme ihm zu.

Es ist nicht nötig, Bruder, sagte er, indem er seinen Arm dem dienstfertigen Trommler entzog, ich werde nicht nach dem Verbandort gehen, sondern bei der Kompagnie bleiben.

Und er wandte sich zurück.

Sie thäten besser, sich ordentlich verbinden zu lassen, Euer Wohlgeboren, sagte Ignatjew, — nur in der ersten Hitze scheint das nichts zu sein; Sie machen es bloß schlimmer; hier giebt's ein ganz gehöriges Feuer . . . gewiß, Euer Wohlgeboren!

Michajlow blieb einen Augenblick unentschlossen stehen und würde wahrscheinlich Ignatjews Rat befolgt haben, wenn er nicht bedacht hätte, wieviel Schwerverwundete am Verbandort sein würden.

„Vielleicht werden die Doktoren über meine Schramme nur lächeln," dachte der Stabskapitän

und ging, trotz der Gründe des Trommlers, ent=
ſchloſſen zur Kompagnie zurück.

Wo iſt der Ordonnanzoffizier Praßkuchin, der
mit mir gegangen war? fragte er den Fähnrich,
der die Kompagnie führte.

Ich weiß nicht . . . tot, glaube ich, antwortete
mürriſch der Fähnrich, tot oder verwundet.

Wie können Sie das nicht wiſſen, er iſt ja mit
uns gegangen? Und weshalb haben Sie ihn nicht
mitgenommen?

Wie ſoll man ihn mitnehmen, wenn's ein ſol=
ches Feuer giebt!

Ach! ſo ſind Sie, Michail Jwanytſch, rief zor=
nig Michajlow, wie konnten Sie ihn liegen laſſen,
wenn er noch lebt; ja, wenn er auch tot iſt, mußten
Sie doch den Leichnam mitnehmen.

Wie kann er leben, wenn ich Ihnen ſage, ich
ſelber habe ihn geſehen! ſagte der Fähnrich. Ich
bitte Sie! wenn wir nur erſt unſere eigenen Leute
fortgeſchafft hätten! Sieh' da, jetzt ſchießt
die Kanaille mit Kanonenkugeln! fügte er hinzu.

Michajlow ſetzte ſich und faßte ſich an den
Kopf, der ihm von der Bewegung aufs heftigſte
ſchmerzte.

Nein, wir müſſen jedenfalls hin und ihn mit=
nehmen; vielleicht lebt er noch, ſagte Michajlow.
— Das iſt unſere Schuldigkeit, Michail Jwa=
nytſch!

Michail Jwanytſch antwortete nicht.

„Der hat ihn vorhin nicht mitgenommen, und jetzt muß ich die Soldaten allein schiden; aber darf ich sie schiden? — Bei solch einem schred- lichen Feuer können sie zwedlos getötet werden," dachte Michajlow.

Kinder! wir müssen zurüdgehen, um einen Offi- zier mitzunehmen, der dort im Graben verwundet worden ist, rief er nicht allzu laut und befehlend, da er fühlte, wie unangenehm den Soldaten die Erfüllung dieses Befehls sein würde, — und wirk- lich, da er niemand mit Namen bezeichnet hatte, trat keiner vor, dem Geheiß nachzukommen.

„Es ist wahr: vielleicht ist er schon tot und es lohnt sich nicht, die Leute einer unnötigen Gefahr auszusetzen; nur an mir liegt die Schuld, wes- halb habe ich mich um ihn nicht bekümmert. Ich werde selber gehen, mich zu überzeugen, ob er noch lebt. Das ist meine Schuldigkeit," sprach Michajlow zu sich selbst.

Michail Iwanytsch! führen Sie die Kompagnie, ich werde nachkommen, sagte er und lief, mit der einen Hand den Mantel aufhebend, mit der an- dern das Bild des heiligen Mitrophan, zu dem er ein besonderes Vertrauen hatte, fortwährend berührend, im Trabe den Laufgraben entlang.

Nachdem sich Michajlow überzeugt, daß Praß- tuchin tot war, schleppte er sich, keuchend und mit der Hand den loder gewordenen Verband und den heftig schmerzenden Kopf haltend, zurüd. Als er sein Bataillon erreichte, stand es bereits unten am Berge an Ort und Stelle und fast außerhalb Schußweite. Ich sage: fast, nicht außerhalb Schußweite, weil bisweilen auch bis dahin sich Bomben verirrten.

„Aber morgen muß ich mich am Verbandort als verwundet einschreiben lassen," dachte der Stabskapitän, als der herbeigekommene Feldscher ihn verband.

XIV

Hunderte von frischen, blutigen Menschenkörpern, die vor zwei Stunden noch von den mannigfaltig= sten, erhabenen und kleinlichen Hoffnungen und Wünschen erfüllt waren, lagen mit erstarrten Glie= bern in dem betauten, blumenreichen Thale, das die Bastion vom Laufgraben trennte, und auf bem ebenen Fußboden der Totenkapelle in Sewa= stopol; Hunderte von Menschen, mit Verwün= schungen und Gebeten auf den vertrockneten Lippen, krochen, wanden sich und stöhnten: die einen zwi= schen den Leichnamen im blumenreichen Thal, die anderen auf Tragbahren, Pritschen und der blutigen Diele des Verbandortes; und gerade so, wie an früheren Tagen, stand Wetterleuchten über dem Ssapunberg, erbleichten die glänzenden Sterne, kam ein weißer Nebel vom brausenden, dunkeln Meere daher gezogen, flammte die helle

Morgenröte im Osten auf, zerstreuten sich die
dunklen Gewitterwölkchen am hellblauen Horizont,
und gerade so wie an den früheren Tagen tauchte,
der ganzen erwachenden Welt Freude, Liebe und
Glück verheißend, das mächtige, schöne Tages-
gestirn empor.

XV

Am folgenden Tage, gegen Abend, spielte wieder eine Jägerkapelle auf dem Boulevard, und
wieder spazierten Offiziere, Junker, Soldaten und
junge Frauenzimmer müßig in der Nähe des Pa-
villons und in den niedrigen, von blühenden, wohl-
riechenden, weißen Akazien gebildeten Alleen.

Kalugin, Fürst Galzin und ein Oberst gingen
Arm in Arm um den Pavillon und sprachen von
dem Gefecht des vergangenen Tages.

Der leitende Faden ihres Gesprächs war, wie
es immer in ähnlichen Fällen zu sein pflegt, nicht
das Gefecht selbst, sondern der Anteil, den der
Erzählende an dem Gefecht genommen hatte. Ihr
Aussehen und der Klang ihrer Stimme war ernst,
beinahe traurig, als ob die Verluste des gestrigen
Tages jeden von ihnen berührten und schmerzten;
in Wahrheit aber war dieser Ausdruck der Trauer,
da niemand von ihnen einen nahestehenden Menschen verloren hatte, der offizielle Ausdruck, den
sie für ihre Pflicht hielten zur Schau zu tragen.

Kalugin und der Oberst wären jeden Tag bereit
gewesen, ein solches Gesecht mitzumachen, wenn
sie nur jedesmal einen goldenen Säbel oder den
Generalmajor bekommen hätten, obgleich sie sehr
nette Menschen waren. Ich höre es gern, wenn
man einen Eroberer wegen seines Ehrgeizes, der
Millionen zu Grunde richtet, einen Unmenschen
nennt. Man frage aber den Fähnrich Petruschow
und den Unterleutnant Antonow und andere aufs
Gewissen, dann ist jeder von uns ein kleiner Napoleon, ein kleiner Unmensch, und jeden Augenblick bereit, einen Kampf aufzunehmen und hunderte Menschen zu töten, nur um einen unnützen
Orden oder ein Drittel seiner Gage zu bekommen.

Nein, entschuldigen Sie, sagte der Oberst, erst
ist es auf dem linken Flügel losgegangen, ich bin
ja dort gewesen.

Vielleicht, antwortete Kalugin. Ich war
mehr auf dem rechten; ich bin zweimal hin-
gekommen: Einmal suchte ich den General
und das andere Mal ging ich so hin — die
Verschanzung anzusehen. Da ging es heiß
her.

Ja, gewiß, so ist es, Kalugin weiß es, sagte
Fürst Galzin zu dem Oberst. Weißt du, heute
hat mir W... von dir gesagt, du seist ein
tapfrer ...

Aber Verluste, schreckliche Verluste, sagte der
Oberst. Von meinem Regiment sind 400

Mann gefallen. Ein Wunder, daß ich lebendig davongekommen bin.

Da zeigte sich am andern Ende des Boulevards die Gestalt Michajlows mit verbundenem Kopfe; er ging auf sie zu.

Wie, Sie sind verwundet, Kapitän? sagte Kalugin.

Ja, ein wenig, durch einen Stein, antwortete Michajlow.

Est ce que pavillon est baissé déjà? fragte Fürst Galzin und sah dabei nach der Mütze des Stabskapitäns, ohne sich an eine bestimmte Person zu wenden.

Non, pas encore, antwortete Michajlow, der gern zeigen wollte, daß er französisch verstehe und spreche.

Dauert denn der Waffenstillstand noch fort? sagte Galzin russisch, und wandte sich an den Kapitän, um dadurch, wie dem Stabskapitän schien, auszudrücken, es muß Ihnen wohl schwer fallen, französisch zu sprechen und ist doch wohl besser geradezu   Und damit entfernten sich die Adjutanten von ihm. Der Stabskapitän fühlte sich, wie gestern, außerordentlich vereinsamt, begrüßte mehrere, und da er sich zu den einen nicht gesellen wollte und zu den andern heranzutreten sich nicht entschließen konnte, setzte er sich in der Nähe des Kasarskij-Denkmals nieder und rauchte eine Cigarette an.

Baron Peſt kam ebenfalls auf den Boulevard.
Er erzählte, er habe den Verhandlungen über den
Waffenſtillſtand beigewohnt und mit franzöſiſchen
Offizieren geſprochen; ein Offizier habe ihm geſagt: S'il n'avait pas fait clair encore pendant
une demi-heure, les embuscades auraient été
reprises, und er habe ihm geantwortet: Monsieur,
je ne dis pas non, pour ne pas vous donnez un
démenti, ſo vortrefflich habe er ihm geantwortet
u. ſ. w.

In Wirklichkeit aber hatte er, obwohl er bei
den Verhandlungen geweſen war, gar keine Gelegenheit gehabt, dort etwas beſonderes zu ſagen,
obwohl er große Luſt hatte, mit den Franzoſen
zu ſprechen. (Es iſt doch ein ungeheures Vergnügen, mit Franzoſen zu ſprechen.) Der Junker
Baron Peſt war lange die Linie entlang gegangen
und hatte alle Franzoſen, die in ſeiner Nähe waren,
gefragt: De quel régiment êtes-vous? Sie antworteten ihm — und das war alles. Als er
ſich aber zu weit über die Linie hinauswagte,
ſchimpfte der franzöſiſche Wachtpoſten, der nicht
vermutete, daß dieſer Soldat franzöſiſch verſtehen
könnte, ihn in der dritten Perſon aus: „Il vient
regarder nos travaux ce sacré . . .“ ſagte er.
Und da der Junker Baron Peſt infolgedeſſen kein
Vergnügen mehr fand an den Verhandlungen, war
er nach Hauſe geritten und hatte unterwegs über
die franzöſiſchen Sätze nachgedacht, die er jetzt

vorbrachte. Auf dem Boulevard stand auch Kapitän Sobow in lautem Gespräch und Kapitän
Obschogow, der ganz erregt aussah, und der Ar-
tilleriekapitän, der keines Menschen Gunst suchte,
und der in seiner Liebe glückliche Junker und
alle die Personen von gestern, immer noch mit
denselben Wünschen und Trieben. Nur Praßkuchin, Neferdow und noch einer fehlten, und es
wurde ihrer jetzt, wo ihre Körper noch nicht ge-
waschen, geschmückt und in die Erde verscharrt
waren, kaum gedacht oder erwähnt.

XVI

Auf unserer Bastion und dem französischen
Laufgraben sind weiße Flaggen aufgesteckt, und
zwischen ihnen, im blumenreichen Thale, liegen
haufenweis, ohne Stiefel, in grauen und blauen
Uniformen, verstümmelte Leichen, die Arbeiter zu-
sammentragen und auf Wagen legen. Der Geruch
der toten Körper erfüllt die Luft. Aus Sewastopol
und aus dem französischen Lager strömen Menschen-
scharen herbei, um dieses Schauspiel anzusehen,
und mit brennender, wohlwollender Neugierde eilt
die eine Schar zur andern.

Hören wir, was diese Leute untereinander
sprechen.

Dort, in einem Kreise von Russen und Franzosen, betrachtet ein junger Offizier, der zwar

ſchlecht, aber hinreichend franzöſiſch ſpricht, um verſtanden zu werden, eine Gardepatrontaſche.

Eh ſeßi purkua ſe naſo liö? ſagt er.

Par ce que c'est un giberne d'un régiment
de la garde, Monsieur, qui porte l'aigle impérial.

Eh wu be la garb?

Pardon, Monsieur, du 6ᵇᵐᵉ de ligne.

Eh ſeßi u aſchte? fragt der Offizier, indem er
auf eine hölzerne gelbe Cigarrenſpitze zeigt, aus
der der Franzoſe eine Cigarette raucht.

A Balaclava, Monsieur! C'est tout simple en
bois de palme.

Sholi, ſagt der Offizier, der ſich in ſeinem
Geſpräch weniger von ſeinem Willen leiten läßt,
als von den Worten, die er kennt.

Si vous voulez bien garder cela comme sou-
venir de cette rencontre, vous m'obligerez.

Und der höfliche Franzoſe bläſt die Cigarette
heraus und überreicht dem Offizier mit einer leichten Verbeugung die Spitze. Der Offizier giebt
ihm die ſeinige, und alle Leute in der Gruppe,
ſowohl Franzoſen, wie Ruſſen, ſcheinen ſehr ver-
gnügt darüber zu ſein und zu lächeln.

Dort iſt ein kecker Infanteriſt, in einem roſa
Hemd und mit umgeworfenem Mantel, in Begleitung anderer Soldaten, die, die Hände auf
dem Rücken, mit frohen, neugierigen Geſichtern
hinter ihm ſtehen, an einen Franzoſen heran-
gegangen und bittet ihn um Feuer für ſeine Pfeife.

Der Franzoſe bläſt ſeine Pfeife ſtärker an, ſtochert den Tabak auf und ſchüttet Feuer in des Ruſſen Pfeife.

Tabak bun, ſagt der Soldat im roſa Hemd, und die Zuſchauer lächeln.

Oui, bon tabac, tabac turc, ſagt der Franzoſe, et chez vous autres, tabac — russe? bon?

Ruß — bun, ſagt der Soldat im roſa Hemd, und die Anweſenden ſchütteln ſich vor Lachen. Franße nicht bun, bonſchur muſſje! ſagt der Sol- dat im roſa Hemd, indem er ſeinen ganzen Vor- rat von Sprachkenntniſſen auf einmal erſchöpft, und klopft lachend dem Franzoſen auf den Bauch.

Ils ne sont pas jolis ces b . . . de Russes, ſagt ein Zuave mitten aus dem Franzoſenhaufen.

De quoi de ce qu'ils rient donc? ſagt ein an- derer, ein dunkelbrauner Geſelle mit italieniſcher Ausſprache, und kommt auf die Unſrigen zu.

Kaftan bun, ſagt der kecke Soldat, indem er die geſtickten Schöße des Zuaven betrachtet — und wieder lachen alle.

Ne sors pas de la ligne, à vos places, sacré nom! ſchreit der franzöſiſche Korporal, und die Soldaten gehen mit ſichtlicher Unzufriedenheit aus- einander.

Da drüben, im Kreiſe franzöſiſcher Offiziere, ſteht ein junger Kavallerieoffizier von uns und löſt ſich in Liebenswürdigkeiten auf. Es iſt die Rede von einem gewiſſen comte Sazonoff, que j'ai beau-

coup connu, M., ſagt ein franzöſiſcher Offizier, dem
eine Achſelklappe fehlt; c'est un de ces vrais
comtes russes, comme nous les aimons.

Il y a un Sazonoff, que j'ai connu, ſagt der
Kavalleriſt, mais il n'est pas comte, à moins,
que je sache; un petit brun de votre âge à
peu près.

C'est ça, M. c'est lui. Oh, que je voudrais
le voir ce cher comte. Si vous le voyez, je
vous prie bien de lui faire mes compliments. —
Capitaine Latour, ſagt er mit einer Verbeugung.

N'est-ce pas terrible la triste besogne, que
nous faisons? Ça chauffait cette nuit, n'est-ce
pas? ſagt der Kavalleriſt, der die Unterhaltung
fortzuſetzen wünſcht, und zeigt auf die Leichen.

Oh, M. c'est affreux! Mais quels gaillards
vos soldats, quels gaillards! C'est un plaisir, que
de se battre avec des gaillards comme eux.

Il faut avouer que les votres ne se mouchent
pas du pied non plus — ſagt der Kavalleriſt, ver=
beugt ſich und glaubt ſehr liebenswürdig zu ſein.

Aber genug.

Betrachten wir lieber den zehnjährigen Knaben,
der in einer alten, jedenfalls von ſeinem Vater
ſtammenden Mütze, mit Schuhen an den nackten
Füßen und in Nankinghoſen, die nur durch einen
Riemen gehalten werden, gleich nach Beginn des
Waffenſtillſtandes über den Wall gekommen iſt,
ſich lange in der Schlucht aufgehalten, mit ſtumpfer

Neugierde die Franzosen und die auf der Erde
liegenden Leichname betrachtet und blaue Feld=
blumen gepflückt hat, von denen dieses Thal über=
sät ist. Da er mit dem großen Blumenstrauß nach
Hause zurückgeht, hält er die Nase zu vor dem
Geruch, den ihm der Wind zuträgt, bleibt bei
einem Haufen zusammengetragener Körper stehen
und betrachtet lange einen schrecklichen, kopflosen
Leichnam, der in seiner Nähe liegt. Nachdem er
ziemlich lange gestanden, tritt er näher heran und
berührt mit dem Fuß den ausgestreckten erstarrten
Arm des Leichnams, — der Arm bewegt sich ein
wenig. Er berührt ihn noch einmal, stärker, —
der Arm bewegt sich und kehrt wieder in seine
Lage zurück. Der Knabe schreit plötzlich auf,
verbirgt das Gesicht in den Blumen und läuft
spornstreichs fort nach der Festung.

Ja, auf der Bastion und im Laufgraben sind
weiße Flaggen aufgesteckt, das blumenreiche Thal
ist voll von toten Körpern, die schöne Sonne sinkt
ins blaue Meer, und das blaue Meer wogt und
glänzt in den Strahlen der Sonne. Tausende
von Menschen drängen sich, schauen, sprechen und
lächeln einander zu. Und diese Menschen sind
Christen, die das eine große Gebot der Liebe
und Selbstverleugnung bekennen, und fallen beim
Anblick dessen, was sie gethan, nicht voll Reue
mit einem Schlage auf die Knie vor Dem, der,
als er ihnen das Leben gab, in die Seele eines

jeben, zugleich mit der Todesfurcht, die Liebe zum Guten und Schönen gelegt hat, und umarmen ſich nicht mit Thränen der Freude und des Glücks als Brüder?   Die weißen Flaggen ſind entfernt, und von neuem pfeifen die Geſchoſſe, Tod und Verderben bringend, von neuem wird unſchuldiges Blut vergoſſen und Stöhnen und Fluchen laut.

So hätte ich denn geſagt, was ich für dieſes Mal zu ſagen hatte.   Aber ein drückender Zweifel überkommt mich.   Vielleicht hätte ich das nicht ausſprechen ſollen, vielleicht gehört das, was ich geſagt habe, zu jenen ſchlimmen Wahrheiten, die unbewußt in der Seele eines jeden ſchlummern und nicht ausgeſprochen werden dürfen, um nicht ſchädlich zu werden, wie der Bodenſatz des Weines, den man nicht aufſchütteln darf, um den Wein nicht zu zerſtören.

Wo iſt in dieſer Erzählung das Abbild des Böſen, das wir vermeiden ſollen? Wo das Abbild des Guten, dem wir nachahmen ſollen? Wer iſt ihr Böſewicht, wer ihr Held? — Alle ſind gut und alle ſind ſchlecht.

Weder Kalugin mit ſeiner glänzenden Tapferkeit — bravoure de gentilhomme — und Ruhmſucht, der Urheber in Aller Handlungen, noch Praßkuchin, der eitle, harmloſe Menſch, obgleich er im

Kampfe für den Glauben und für Thron und
Vaterland gefallen ist, noch Michajlow mit seiner
Schüchternheit, noch Pest, dieses Kind ohne feste
Überzeugung und Grundsätze — sie alle können
nicht die Bösewichter, noch die Helden der Er-
zählung sein.

Der Held meiner Erzählung, den ich mit der
ganzen Kraft meiner Seele liebe, den ich in ganzer
Schöne zu schildern bemüht war, und der immer
schön gewesen ist und immer schön sein wird, —
ist die Wahrheit.

Sewaſtopol im Auguſt 1855

I

Gegen Ende Auguſt fuhr auf der zerklüfteten Sewaſtopoler Heerſtraße zwiſchen Duwanka (der letzten Station vor Sewoſtopol) und Bach= tſchißaraj, in dichtem und heißem Staube, langſam ein Offizierswägelchen (von jener beſondern Art, die man ſonſt nirgends ſieht und die die Mitte hält zwiſchen einer Judenbritſchke, einem ruſſiſchen Wagen und einem Korb).

Vorn im Fuhrwerk hockte ein Offiziersburſche in einem Nankingrock und einer vollſtändig ab= getragenen alten Offiziersmütze und führte die Zügel; hinten ſaß auf Bündeln und Ballen, die mit einem Soldatenmantel bedeckt waren, ein In= fanterieoffizier in einem Sommermantel. Der Offizier war, ſo weit man das bei ſeiner ſitzenden Stellung beurteilen konnte, von mittlerer Geſtalt, aber nicht ſo ſehr in den Schultern, als über Bruſt und Rücken breit und ſtämmig; Hals und Naden waren bei ihm ſehr entwickelt und her= vorſtehend. Eine ſogenannte Taille — den Ein=

schnitt in der Mitte des Rückens — hatte er
nicht, er hatte aber auch keinen Bauch; im Gegenteil, er war eher mager, besonders im Gesicht, das
von einem ungesunden gelblichen Braun bedeckt
war. Sein Gesicht hätte man schön nennen können,
wäre es nicht aufgedunsen gewesen, und hätte es
nicht große, wenn auch nicht greisenhafte Runzeln
gehabt, die die Züge verwischten und vergrößerten
und dem ganzen Gesicht den allgemeinen Ausdruck
mangelnder Frische und Zartheit gaben. Seine
Augen waren klein, grau, ungewöhnlich lebhaft,
sogar stechend; der Schnurrbart sehr dicht, aber
nicht breit und abgebissen, das Kinn, besonders
die Kinnbacken, von einem außerordentlich starken,
üppigen, schwarzen, zwei Tage alten Barte bedeckt.
Der Offizier war am 10. Mai durch einen Bombensplitter am Kopfe verwundet worden und trug
ihn noch immer verbunden. Jetzt, da er sich seit
acht Tagen vollständig gesund fühlte, fuhr er aus
dem Lazarett von Simferopol nach seinem Regiment, das dort irgendwo lag, woher die Schüsse
kamen; ob in Sewastopol selbst, oder auf der
Nordseite, hatte er noch von niemand genau erfahren können. Die Schüsse hörte man, besonders
wenn keine Berge dazwischen lagen und der Wind
sie weitertrug, außerordentlich deutlich, häufig und,
wie es schien, nahe: bald erschütterte eine Explosion
die Luft und machte ihn unwillkürlich erzittern,
bald folgten aufeinander schwächere Töne, wie

Trommelſchlag, der bisweilen durch ein erſchüt-
terndes Getöſe unterbrochen wird; bald verſchmolz
alles in ein rollendes Krachen, Donnerſchlägen ähnlich, wenn das Gewitter am ſtärkſten iſt und ſich
der Platzregen ergießt. Alle ſprachen von einem
fürchterlichen Bombardement, das auch wirklich hörbar war. Der Offizier trieb den Burſchen an, er
wollte, wie es ſchien, ſo ſchnell als möglich an Ort
und Stelle ſein. Ein langer Wagenzug, den Bauern
führten, die Proviant nach Sewaſtopol geſchafft
hatten, kam ihm entgegen; die Wagen kehrten
jetzt von dort zurück und waren von kranken und
verwundeten Soldaten in grauen Mänteln, Matroſen in ſchwarzen Überröden, Freiwilligen in
rotem Fez und bärtigen Landwehrleuten angefüllt.
Das Offiziersfuhrwerk mußte in einer dicken, un-
beweglichen, durch den Wagenzug aufgewirbelten
Staubwolke halten, und der Offizier blinzelte und
verzog das Geſicht von dem Staub, der ihm in
Augen und Mund eindrang, und betrachtete die
Geſichter der an ihm vorüberziehenden Kranken
und Verwundeten.

Ah, das iſt ein kranker Soldat unſerer Kompagnie, rief der Burſche zu ſeinem Herrn gewandt,
und zeigte auf ein mit Verwundeten angefülltes
Fuhrwerk, das eben ganz nahe herangekommen
war.

Vorn auf dem Fuhrwerk ſaß ſeitwärts ein
echtruſſiſcher Breitbart in einem Filzhut und band

die Peitſche zuſammen, deren Stiel er im Arme
hielt. Hinter ihm im Wagen wurden fünf Mann,
in verſchiedenen Stellungen, tüchtig gerüttelt. Der
eine, mit verbundenem Arm, in Hemb und umgewor=
fenem Mantel, ſaß, obwohl blaß und mager, doch
gefaßt in der Mitte des Bauernwagens und wollte,
als er den Offizier ſah, nach der Mütze greifen;
aber er erinnerte ſich wohl, daß er verwundet war
und that, als ob er ſich nur den Kopf kratzen
wollte. Ein anderer lag neben ihm auf dem
Boden des Fuhrwerks: man ſah nur ſeine beiden
Hände, mit denen er ſich an den Wagenrändern
feſthielt, und die in die Höhe geſtreckten Knie,
die wie Lindenbaſt nach allen Seiten ſchwankten.
Ein dritter, mit geſchwollenem Geſicht und ver=
bundenem Kopfe, auf dem eine Soldatenmütze in
die Höhe ragte, ſaß an der Seite, die Beine hielt
er baumelnd nach außen; er ſchien, die Ellbogen auf
die Knie geſtützt, zu ſchlummern. An dieſen wandte
ſich der ankommende Offizier.

Dolſhnikow! ſchrie er.

Ich — o! antwortete der Soldat, indem er
die Augen öffnete und die Mütze abnahm, mit
einem ſo tiefen und lauten Baß, als wenn zwanzig
Mann Soldaten zuſammen ſchrien.

Wann biſt du verwundet worden, Brüderchen?

Die bleiernen, verſchwommenen Augen des
Soldaten belebten ſich: er erkannte augenſcheinlich
ſeinen Offizier wieder.

Wir wünschen Euer Wohlgeboren Gesundheit! sagte er in demselben schwerfälligen Baß.

Wo steht jetzt das Regiment?

Hat in Sewastopol gestanden, wollte am Mittwoch abmarschieren, Euer Wohlgeboren.

Wohin?

Unbekannt ... jedenfalls nach der Nordseite, Euer Wohlgeboren! Jetzt, Euer Wohlgeboren, fügte er mit gedehnter Stimme und die Mütze aufsetzend hinzu, hat er bereits überall zu feuern angefangen, am meisten aus Bomben, sogar die Bucht beschießt er; jetzt trifft er so, daß es ein wahres Unglück ist, sogar ...

Was der Soldat weiter sprach, war nicht zu hören, aber aus dem Ausdrucke seines Gesichts und aus seiner Haltung war ersichtlich, daß er mit der einem leidenden Menschen eigenen Gereiztheit trostlose Dinge erzählte.

Der reisende Offizier, Leutnant Koselzow, war kein Dutzend-Offizier. Er gehörte nicht zu denen, die so leben und so handeln, weil die anderen so leben und so handeln: er that alles, wozu er Lust hatte, und die anderen thaten dasselbe, und waren überzeugt, daß es gut war. Er war von Natur reich ausgestattet mit kleinen Gaben: er sang schön, er spielte die Guitarre, er sprach sehr lebhaft, er schrieb sehr leicht, besonders amtliche Schriftstücke, in deren Abfassung er sich eine große Leichtigkeit angeeignet hatte, als er Bataillons-Adjutant war;

vor allem aber war sein Wesen bemerkenswert durch eine ichsüchtige Energie, die, obgleich sie vor allem auf dieser kleinen Begabung beruhte, an sich ein entscheidender und überraschender Charakterzug war. Er besaß einen Ehrgeiz, der in so hohem Grade mit dem Leben in eins verschmolzen war und der sich am häufigsten in Kreisen von Männern, besonders von Militärs, entwickelt, daß er etwas anderes, als der erste zu sein oder nichts zu sein, gar nicht verstand, und daß sein Ehrgeiz auch der Hebel seiner inneren Triebe war: er in eigener Person war gern der erste unter den Menschen, die er sich gleichstellte.

Wie? ich werde mich gerade um das kümmern, was Moskau*) schwatzt! ... brummte er, und er empfand einen gewissen Druck von Apathie auf dem Herzen und Verschwommenheit im Denken; der Anblick der Verwundeten und die Worte des Soldaten, deren Bedeutung durch die Töne des Bombardements verstärkt und bestätigt wurde, hatten diese Gefühle in ihm zurückgelassen. Dies Moskau ist lächerlich! ... Vorwärts, Nikolajew! Rühr' dich ... Was, du bist eingeschlafen? ... fuhr er den Burschen an, indem er die Schöße seines Mantels in Ordnung brachte.

Nikolajew zog die Zügel an, schnalzte mit der

---

*) In vielen Linienregimentern nennen die Offiziere halb verächtlich, halb schmeichelhaft die Soldaten „Moskau“ oder auch „Eid“.

Zunge, und das Fuhrwerk rollte im Trabe weiter.

Nur einen Augenblick füttern — und ſogleich, heute noch, weiter, ſagte der Offizier.

II

Als Leutnant Koſelzow bereits in eine Straße von Duwanka eingebogen war, an deren Seiten die Trümmerhaufen der ſteinernen Mauern von Tartarenhäuſern ſtanden, wurde er durch einen Wagenzug mit Bomben und Kanonenkugeln, der nach Sewaſtopol ging und ſich auf dem Wege zuſammendrängte, aufgehalten.

Zwei Infanteriſten ſaßen im dichteſten Staube auf den Steinen eines zertrümmerten Zaunes am Wege und aßen eine Waſſermelone und Brot.

Weit her, Landsmann? ſagte der eine von ihnen, während er ſein Brot kaute, zu einem Soldaten, der mit einem kleinen Sack auf dem Rücken bei ihnen ſtehen geblieben war.

Wir gehen zur Kompagnie, kommen aus dem Gouvernement, antwortete der Soldat, indem er von der Waſſermelone fortſah und den Sack auf ſeinem Rücken zurechtſchob. Wir waren dort drei Wochen bei dem Heu der Kompagnie, aber jetzt, ſiehſt du, hat man alle wieder zurückberufen; es iſt uns aber unbekannt, wo das Regiment gegenwärtig ſteht. Es heißt, die Unſrigen ſind in

vergangener Woche nach der Korabelnaja ab-
marschiert. Haben Sie nichts gehört, meine
Herren?

In der Stadt, Brüderchen, steht es, in der
Stadt! sprach der andere, ein alter Trainsoldat,
der mit einem Taschenmesser in der unreifen, weißlichen Wassermelone wühlte. Wir sind erst seit
Mittag von dort fort. Es ist wirklich schrecklich,
mein Brüderchen!

Weshalb denn, meine Herren?

Hörst du denn nicht, wie er jetzt ringsumher
feuert? Es giebt keinen unversehrten Platz. Wieviel er von unsern Leuten getötet hat — das läßt
sich gar nicht sagen.

Und der Sprechende machte mit der Hand eine
abwehrende Bewegung und setzte sich die Mütze
zurecht.

Der wandernde Soldat schüttelte nachdenklich
den Kopf, schnalzte mit der Zunge, nahm dann
aus dem Stiefelschaft eine Pfeife, stocherte, ohne
sie frisch zu stopfen, den angebrannten Tabak in
ihr auf, zündete ein Stück Feuerschwamm bei einem
rauchenden Soldaten an und lüftete die Mütze.

Niemand wie Gott, meine Herren! Bitte um
Verzeihung! sagte er und ging, den Sack auf
dem Rücken, weiter.

Ei, thätest besser zu warten! rief zuredend der
Soldat, der in der Melone stocherte.

Alles eins! brummte der Wanderer, indem er

ſich zwiſchen den Rädern der zuſammengedrängten Fuhrwerke hindurchwand.

III

Die Station war voll von Menſchen, als Koſelzow ſie erreichte. Die erſte Perſon, die ihm ſchon auf der Außentreppe begegnete, war ein magerer, ſehr junger Menſch, der Vorſteher, der ſich mit zwei nachfolgenden Offizieren ſtritt.

Nicht dreimal vierundzwanzig Stunden, ſondern zehnmal vierundzwanzig Stunden werden Sie warten müſſen! ... Auch Generale warten, mein Lieber! rief der Vorſteher. Ich werde mich für Sie nicht einſpannen laſſen.

Niemand kann Pferde bekommen, wenn es keine giebt! . Aber weshalb hat der Bediente da welche bekommen? ſchrie der ältere von den beiden Offizieren, der mit einem Glas Thee in der Hand daſtand; er vermied abſichtlich das Fürwort und wollte damit andeuten, daß man zum Vorſteher ohne weiteres auch du ſagen könnte.

Sie werden doch ſelber einſehen, Herr Vorſteher, entgegnete ſtockend der andere, jüngere Offizier, daß wir nicht zu unſerm eigenen Vergnügen reiſen. Wir ſind ja doch jedenfalls notwendig, da man nach uns verlangt hat. Sonſt werde ich es wahrhaftig dem General ſagen. Was iſt denn

8

das eigentlich? ... Sie achten den Offiziersstand nicht.

Sie verderben immer alles! unterbrach ihn unwillig der ältere: Sie hindern mich nur; man muß mit ihm zu reden verstehen. Er hat alle Achtung vor uns verloren   Pferde, diesen Augenblick, sag' ich.

Würde sie gern geben, Väterchen, aber woher nehmen? ...

Der Vorsteher schwieg eine Weile, dann begann er sich plötzlich zu ereifern und sprach, mit den Händen fuchtelnd:

Ich selbst, Väterchen, verstehe das und weiß alles, aber was will man thun? Lassen Sie mich nur ... (auf den Gesichtern der Offiziere malte sich Hoffnung) lassen Sie mich nur das Ende des Monats abwarten, dann werde ich nicht mehr hier sein.   Lieber will ich auf den Malachow-Hügel gehen, als hier bleiben, bei Gott!   Mögen Sie machen, was Sie wollen.   Auf der ganzen Station giebt es jetzt kein einziges festes Fuhrwerk, und ein Büschel Heu haben die Pferde schon seit drei Tagen nicht gesehen.

Und der Vorsteher verschwand durch die Hausthür.

Roselzow ging mit den Offizieren ins Zimmer.

Was ist da weiter, sagte vollständig ruhig der ältere Offizier zum jüngeren, obgleich er eine Minute vorher wütend gewesen war, drei Monate sind wir schon unterwegs, — warten wir noch. 's ist kein Unglück, wir kommen schon noch zurecht.

Das verräucherte, schmutzige Zimmer war so voll von Offizieren und Koffern, daß Koselzow nur mit Mühe einen Platz am Fenster fand, wo er sich niedersetzte; er betrachtete die Gesichter, hörte die Gespräche an und begann sich eine Cigarette zu drehen.

Rechts von der Thür, um einen schiefen, schmutzigen Tisch, auf dem zwei kupferne Ssamoware standen, die hie und da schon grün geworden waren, und Zucker in verschiedenen Papieren lag, saß die Hauptgruppe: ein junger, bartloser Offizier in einem neuen gesteppten Rock aus buntem Baumwollenzeug; vier gleichfalls junge Offiziere befanden sich in verschiedenen Ecken des Zimmers: der eine schlief, mit einem Pelz unter dem Kopf, auf dem Sofa; ein anderer stand am Tisch und schnitt Hammelbraten für einen an dem Tische sitzenden Offizier, dem ein Arm fehlte. Zwei Offiziere, der eine im Adjutantenmantel, der andere mit einem Infanteriemantel, der aber sehr fein war, und mit einer Tasche über der Schulter, saßen in der Nähe der Ofenbank; und schon daran, wie sie die anderen ansahen, und wie der mit der Tasche seine Cigaretten rauchte, konnte man sehen, daß sie nicht Offiziere von der Linien-Infanterie waren, und daß dies ihnen Selbstbewußtsein gab. Nicht etwa, als ob in ihren Manieren Geringschätzung gelegen

8*

hätte, wohl aber eine gewisse selbstzufriedene
Sicherheit, die sich zum Teil auf ihr Geld, zum
Teil auf ihre nahen Beziehungen zu dem General
stützten — ein Bewußtsein der Vornehmheit, das
sogar bis zu dem Wunsche ging, sie zu verbergen.
Ein noch junger Arzt, mit dicken Lippen, und
ein Artillerist mit deutscher Physiognomie saßen
fast auf den Beinen des auf dem Sofa schlafenden jungen Offiziers. Von den Offiziersburschen
schlummerten die einen, während die anderen mit
Koffern und Bündeln an der Thür hantierten.
Koselzow fand unter allen Gesichtern kein einziges
bekanntes; aber er begann neugierig den Ge-
sprächen zu lauschen. Die jungen Offiziere, die,
wie er auf den ersten Blick erkannte, soeben erst von
der Kriegsschule gekommen waren, gefielen ihm,
und, was die Hauptsache war, sie erinnerten ihn
daran, daß sein Bruder ebenfalls in diesen Tagen
aus der Kriegsschule nach einer der Batterien Sewastopols kommen sollte. An dem Offizier aber
mit der Tasche, dessen Gesicht er irgendwo gesehen
hatte, erschien ihm alles widerwärtig und frech.
Er ging sogar mit dem Gedanken, ihm heimzu-
leuchten, wenn ihm etwa einfallen sollte, ein Wort
zu sagen, von dem Fenster zur Ofenbank und
setzte sich dorthin. Als reiner Liniensoldat und
guter Offizier hatte er überhaupt die „Stabsleute“
nicht gern, und als solche hatte er auf den ersten
Blick diese beiden Offiziere anerkannt.

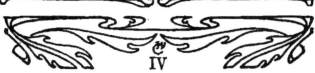

IV

Das ift aber ſchrecklich ärgerlich! ſagte einer der jungen Offiziere, ſchon ſo nahe, und nicht hinkommen können. Vielleicht giebt's heute etwas, und wir ſind nicht dabei.

Aus der kreiſchenden Stimme und den roten Flecken, die das Geſicht des Offiziers belebten, während er das ſagte, ſprach die liebenswürdige, jugendliche Schüchternheit eines Menſchen, der beſtändig in der Furcht iſt, es könnte ihm ein Wort mißglücken.

Der Offizier ohne Arm ſah ihn lächelnd an.

Sie werden ſchon noch zur rechten Zeit hinkommen, glauben Sie nur, ſagte er.

Der junge Offizier ſah dem Kameraden ohne Arm mit Achtung in das abgemagerte Geſicht, in dem plötzlich ein Lächeln aufleuchtete, verſtummte und beſchäftigte ſich wieder mit dem Thee. In der That ſprach aus den Zügen des Offiziers ohne Arm, aus ſeiner Haltung und beſonders aus ſeinem leeren Ärmel jener ruhige Gleichmut, den man ſo erklären kann, als ob er bei jeder Handlung, die er mit anſah, oder bei jedem Geſpräch, das er anhörte, ſagte: „Das iſt alles ſchön, das weiß ich alles, ich kann auch all das thun, wenn ich nur wollte."

Wie machen wir's alſo, ſagte jetzt der junge

Offizier zu ſeinem Kameraden im baumwollenen
Rock: wollen wir hier übernachten oder mit unſerm
eigenen Pferde fahren?

Der Kamerad wollte nicht fahren.

Sie können ſich vorſtellen, Kapitän, fuhr er
fort, nachdem er Thee eingegoſſen; dabei wandte
er ſich zu dem Offizier ohne Arm und hob das
Meſſer auf, das dieſer hatte fallen laſſen, man
hat uns geſagt, daß die Pferde in Sewaſtopol ſehr
teuer ſind, — daher haben wir beide gemeinſam
ein Pferd in Sſimferopol gekauft.

Man wird Sie wohl gehörig gerupft haben?

Ich weiß wirklich nicht, Kapitän; wir haben
für Pferd und Fuhrwerk neunzig Rubel bezahlt.
Iſt das ſehr teuer? fuhr er fort, zu allen und
zu Koſelzow, der ihn anſah, gewandt.

Nicht teuer, wenn das Pferd jung iſt, ſagte
Koſelzow.

Nicht wahr? . . . Und uns hat man geſagt,
daß es teuer iſt. Nur lahmt es ein wenig, das
wird aber vorübergehen. Man hat uns geſagt,
es iſt recht ſtark.

Aus welcher Kriegsſchule ſind Sie? fragte
Koſelzow, der ſich nach ſeinem Bruder erkundigen
wollte.

Wir kommen jetzt aus dem abligen Regiment;
wir ſind unſer ſechs und gehen alle auf unſern
eigenen Wunſch nach Sewaſtopol, antwortete der
redſelige junge Offizier; nur wiſſen wir nicht, wo

unsere Batterien stehen: die einen sagen in Sewastopol, und andere meinen in Odessa.

Und konnten Sie's denn in Ssimferopol nicht
erfahren? fragte Koselzow weiter.

Man weiß es nicht ... Können Sie sich vorstellen, mein Kamerad ist in die Kanzlei gegangen:
Grobheiten hat man ihm da gesagt ... Sie
können sich denken, wie unangenehm uns das war!
... Ist Ihnen eine fertige Cigarette gefällig?
fragte er zugleich den Offizier ohne Arm, der
seine Cigarettentasche hervorholen wollte.

Er war ihm mit einem gewissen leidenschaft-
lichen Entzücken gefällig.

Und Sie sind auch aus Sewastopol? fuhr er
fort. Ach, mein Gott, wie erstaunlich! Wie oft
haben wir alle, in Petersburg, an Sie, an all die
Helden gedacht! rief er, mit Achtung und treu-
herziger Schmeichelei zu Koselzow gewandt.

Wenn Sie nun aber zurückreisen müßten? fragte
der Leutnant.

Sehen Sie, das fürchten wir auch. Können
Sie sich vorstellen, nachdem wir das Pferd gekauft und uns mit dem Notwendigen — einer
Spiritus-Kaffeemaschine und noch verschiedenen
Kleinigkeiten versehen haben, ist uns gar kein Geld
übrig geblieben, sagte er mit leiser Stimme und
nach seinen Kameraden sich umsehend: wenn wir
zurückreisen müßten, wissen wir nicht, was wir thun
sollen.

Haben Sie denn keine Reisegelder erhalten? fragte Roselzow.

Nein, antwortete er flüsternd, man hat uns nur versprochen, daß wir sie hier bekommen.

Und haben Sie eine Bescheinigung?

Ich weiß, die Hauptsache ist eine Bescheinigung; aber in Moskau hat mir ein Senator, mein Onkel, gesagt, als ich bei ihm war, man würde es uns hier geben; sonst hätte er selbst es mir gegeben ... So wird man es uns hier geben?

Ganz bestimmt.

Auch ich glaube, wir werden es hier erhalten, sagte er in einem Tone, der bewies, daß er jetzt, wo er auf dreißig Stationen ein und dasselbe gefragt und überall eine andere Antwort erhalten hatte, niemandem mehr recht glaubte.

V

Wer hat die Kohlsuppe verlangt? rief die ziemlich schmutzige Wirtin, ein dickes Weib von etwa vierzig Jahren, die mit einer Schüssel Suppe ins Zimmer trat.

Das Gespräch verstummte im Augenblick, und alle Anwesenden hefteten ihre Blicke auf die Schenkwirtin. Einer der Offiziere blinzelte sogar, mit einem Blick nach ihr, einem Kameraden zu.

Ach, Roselzow hat sie verlangt! antwortete der junge Offizier: man muß ihn wecken. Steh auf, um zu eſſen! rief er, ging zu dem auf dem Sofa Schlafenden und rüttelte ihn an der Schulter.

Ein junger Menſch von ſiebzehn Jahren, mit muntern ſchwarzen Augen und roten Wangen, ſprang vom Sofa auf und blieb, ſich die Augen reibend, mitten im Zimmer ſtehen.

Ach, entſchuldigen Sie gefälligſt, ſagte er zum Doktor, den er beim Aufſtehen angeſtoßen hatte.

Leutnant Koſelzow hatte ſogleich ſeinen Bruder erkannt und ging auf ihn zu.

Erkennſt du mich nicht? fragte er lächelnd.

Ah—ah—ah! rief der jüngere Bruder, das iſt ja wunderbar! und küßte den Bruder.

Sie küßten ſich dreimal, beim dritten Male aber ſtockten ſie, als wäre beiden der Gedanke gekommen: warum muß es durchaus dreimal ſein?

Wie freue ich mich! ſagte der ältere, indem er den Bruder betrachtete. Gehen wir auf die Außentreppe, — um uns auszuſprechen.

Gehen wir, gehen wir. Ich will keine Suppe . . Iß du ſie, Federſon! ſagte er zu einem Kameraden.

Du wollteſt ja doch eſſen?

Ich will nichts.

Auf der Außentreppe fragte der jüngere den älteren immer wieder: „Sag', wie geht's, wie ſteht's? Erzähle," und wiederholte unaufhörlich, wie er ſich freue, ihn wiederzuſehen, erzählte aber ſelbſt nichts.

Nach fünf Minuten, in denen sie beide geschwiegen hatten, fragte der ältere Bruder den
jüngeren, weshalb er nicht bei der Garde eingetreten wäre, wie dies alle erwartet haben.

Ich wollte schnell nach Sewastopol kommen:
geht es hier gut, so kann man noch besser vorwärts kommen, als bei der Garde, da kann man
zehn Jahre auf den Hauptmann warten; hier
aber hat's Totleben in zwei Jahren vom Oberstleutnant zum General gebracht. Nun, und falle
ich auch, was ist da weiter . . .

Ei, wie du bist, meinte der Bruder lächelnd.

Aber hauptsächlich, weißt du, Bruder, fuhr der
Jüngere lächelnd und errötend fort, als hätte er
etwas sehr Verschämtes zu sagen: das ist alles
Unsinn; hauptsächlich habe ich deshalb drum gebeten, weil man sich doch schämt, in Petersburg
zu leben, wenn hier die Menschen fürs Vaterland
sterben. Und dann, es verlangte mich auch, mit
dir zusammen zu sein, fügte er noch schüchterner
hinzu.

Wie komisch du bist! rief der ältere Bruder,
indem er seine Cigarrentasche hervorholte, ohne
ihn anzusehen. Es ist nur schade, daß wir nicht
zusammen sein werden.

Aber sage mir die Wahrheit, ist es so schrecklich auf den Bastionen? fragte plötzlich der
Jüngere.

Anfangs ist's schrecklich, dann gewöhnt man sich

daran, und es ist weiter nichts. Du wirst selber
sehen.

Aber sag' mir noch das Eine: was glaubst du,
wird man Sewastopol nehmen? Ich glaube, es
wird niemals genommen.

Gott weiß.

Nur das Eine ist ärgerlich ... Stelle dir
vor, welches Unglück ich gehabt habe: unterwegs
ist uns ein ganzes Bündel gestohlen worden, darin
war auch mein Tschako, so daß ich jetzt in einer
fatalen Lage bin und nicht weiß, wie ich mich
melden soll.

Koselzow der Zweite, Wladimir, war seinem
Bruder Michail sehr ähnlich, aber die Ähnlichkeit
war die einer blühenden Rose mit einer abgeblühten
Hedenrose. Er hatte auch blondes Haar, aber
es war dicht und an den Schläfen gelockt. Auf
seinem weißen zarten Nacken hatte er ein blondes
Zöpfchen — ein Zeichen des Glücks, wie die Ammen
sagen. Auf seiner zarten weißen Gesichtsfarbe lag
nicht immer, sondern loderte nur von Zeit zu Zeit
ein vollblütiges jugendliches Rot auf, das jede
Regung der Seele verriet. Er hatte dieselben
Augen wie sein Bruder, aber seine waren offener
und heller, und das kam hauptsächlich daher, weil
sie häufig von einer leichten Feuchtigkeit bedeckt
waren. Ein blonder Flaum sproßte auf den Wangen und über den roten Lippen, die sich sehr
häufig zu einem schüchternen Lächeln falteten und

die weißen glänzenden Zähne sehen ließen. Wie
er so in seiner hohen Gestalt mit seinem breiten
Rücken, in dem offenen Mantel, unter dem ein
rotes Hemd mit einem schrägen Kragen hervor-
schimmerte, mit der Cigarette in der Hand an das
Geländer der Treppe gelehnt, mit der naiven
Freude in den Zügen und im Gebaren, vor seinem
Bruder stand, war er ein so angenehmer, hübscher
junger Mann, daß man ihn immer hätte an-
schauen mögen. Er freute sich außerordentlich mit
dem Bruder, betrachtete ihn mit Achtung und
Stolz und sah in ihm einen Helden; aber in
mancher Beziehung, z. B. in Hinsicht der weltlichen Bildung, des Französischsprechens, des Ver-
kehrs mit gesellschaftlich hochstehenden Leuten, des
Tanzens u. s. w. schämte er sich ein wenig für
ihn, sah von oben auf ihn herab und hatte sogar
die Hoffnung, ihn womöglich fortzubilden. Alle
seine Eindrücke waren noch petersburgisch, sie
stammten aus dem Hause einer Dame, die hübsche
junge Leute gern hatte und ihn an den Feiertagen
zu sich zu laden pflegte, und aus dem Hause eines
Senators in Moskau, wo er einmal auf einem
großen Balle getanzt hatte.

VI

Die Brüder hatten sich nahezu ausgeplaudert
und waren endlich bei dem Gefühl angelangt, das

man oft empfindet, wenn man wenig Gemein-
fames hat, obwohl man einander liebt; fie schwiegen nun ziemlich lange.

So nimm deine Sachen, wir wollen fogleich
fortfahren, entgegnete der Ältere.

Der Jüngere errötete plötzlich und schwieg.

Direkt nach Sewaftopol fahren? fragte er nach
einem minutenlangen Schweigen.

Nun ja. Du haft ja nicht viel Sachen, ich
glaube, wir können fie unterbringen.

Schön! ... Wir wollen fogleich fahren, rief
der Jüngere mit einem Seufzer und wandte fich
nach dem Zimmer.

Aber ohne die Thür zu öffnen, blieb er auf
dem Flur ftehen, ließ traurig den Kopf hängen
und dachte:

„Fogleich direkt nach Sewaftopol, unter die
Bomben; schrecklich! Aber gleichviel, einmal muß
es doch geschehen. Jetzt geschieht's wenigftens mit
dem Bruder zufammen ..."

Die Sache war die. Jetzt erft, bei dem Gedanken, daß er das Fuhrwerk beftieg, um es nie
wieder zu verlaffen, ehe er in Sewaftopol ankomme,
und daß kein Zufall ihn jetzt noch zurückhalten
könne, ftand die Gefahr, die er gefucht hatte, deutlich vor feiner Seele, und er war betrübt bei dem
bloßen Gedanken an ihre Nähe. Als er fich ein
wenig beruhigt hatte, ging er in das Zimmer;

aber es war schon eine Viertelstunde vergangen, und er kam noch immer nicht zu dem Bruder heraus, so daß dieser endlich die Thür öffnete, um ihn zu rufen. Der jüngere Roselzow sprach in der Stellung eines Schülers, der etwas verschuldet hat, mit dem Offizier P. Als der Bruder die Thür öffnete, verlor er vollständig die Fassung.

Ich komme, ich komme gleich! begann er und wehrte den Bruder mit der Hand ab, erwarte mich dort drin.

Eine Minute später kam er wirklich heraus und trat mit einem tiefen Seufzer auf seinen Bruder zu.

Denke dir, ich kann nicht mit dir fahren, Bruder, sagte er.

Wie? . . . Was ist das für Unsinn!

Ich will dir die ganze Wahrheit sagen, Mischa . . . Von uns hat keiner mehr Geld, und wir alle sind in der Schuld bei dem Stabskapitän, den du da gesehen hast. Ich schäme mich schrecklich!

Der ältere Bruder runzelte die Stirn und brach lange Zeit das Schweigen nicht.

Bist du viel schuldig? fragte er und sah von unten herauf den Bruder an.

Ja, viel . . . Nein, nicht sehr viel; aber ich schäme mich schrecklich. Auf drei Stationen hat er für mich bezahlt. Sein ganzer Zucker ist drauf gegangen, so daß ich nicht weiß . . . Auch Pró-

férence haben wir geſpielt — ich blieb ihm etwas
ſchuldig . . .

Das iſt häßlich, Wolodja! Was hätteſt du
denn angefangen, wenn du mich nicht getroffen
hätteſt? ſagte ſtreng der ältere Bruder, ohne den
jüngeren anzuſehen.

Ich glaubte, Bruder, ich würde in Sewaſtopol
das Zehrgeld bekommen. Dann hätte ich es ihm
wiedergegeben. Das kann man doch machen? . . .
So iſt's beſſer, ich komme morgen mit ihm nach.

Der ältere Bruder zog ſeinen Geldbeutel und
nahm mit zitternden Fingern zwei Zehnrubel- und
einen Dreirubelſchein heraus.

Das iſt mein Geld! ſagte er, wieviel biſt du
ſchuldig?

Wenn Koſelzow ſagte, dies ſei all ſein Geld,
ſprach er nicht die volle Wahrheit: er hatte noch
vier Goldſtücke, die er für alle Fälle in ſeinem
Ärmelaufſchlag eingenäht hatte, er hatte ſich aber
das Wort gegeben, ſie nicht anzurühren.

Es zeigte ſich, daß Koſelzow vom Préférence
und für den Zucker im ganzen acht Rubel ſchuldig
war. Der ältere Bruder gab ſie ihm und bemerkte nur, daß man, wenn man kein Geld habe,
nicht noch Préférence ſpielen dürfe.

Worauf haſt du geſpielt?

Der jüngere Bruder ſagte kein Wort. Die
Frage ſeines Bruders erſchien ihm wie ein Zweifel
an ſeiner Ehrenhaftigkeit . . . Der Ärger, den er

gegen ſich ſelbſt empfand, die Scham wegen einer
Handlung, die ſeinem Bruder, den er ſo liebte,
ſolche Verdächtigungen und Beleidigungen abringen
konnten, riefen bei ſeiner eindrucksfähigen Natur
ein ſo ſchmerzliches Gefühl in ihm hervor, daß er
nichts antwortete. Da er empfand, daß er nicht im-
ſtande ſein würde, die vor Thränen zitternden
Laute zu unterdrücken, die ihm die Kehle würgten,
nahm er, ohne hinzuſehen, das Geld und ging zu
den Kameraden.

VII

Nikolajew, der ſich in Duwanka durch zwei
Kannen Branntwein geſtärkt hatte, die er bei
einem Soldaten auf der Brücke gekauft, führte die
Zügel, das Fuhrwerk holperte auf der ſteinigen,
ſtellenweis ſchattigen Straße dahin, die den Belbek
entlang nach Sewaſtopol führte; die Brüder ſtießen
mit den Beinen aneinander, ſchwiegen aber hartnäckig, obwohl ſie beſtändig einer an den andern
dachten.

„Warum hat er mich gekränkt? dachte der
Jüngere, konnte er nicht darüber hinweggehen,
ohne ein Wort zu ſprechen? Gerade als ob er
glaubte, ich ſei ein Dieb, und auch jetzt noch ſcheint
er böſe zu ſein, ſo daß wir für immer auseinander
ſind. Und wie prächtig wäre es für uns geweſen,
zuſammen in Sewaſtopol! Zwei Brüder, die ſich

innig lieben, beide im Kampfe gegen den Feind:
der eine, der Ältere, zwar nicht übermäßig gebildet, aber ein tapferer Krieger, und der andere,
der Jüngere ... doch auch ein braver Soldat
... In der ersten Woche hätte ich allen bewiesen,
daß ich gar nicht mehr so sehr jung bin! Ich werde
dann nicht mehr erröten, in meinen Zügen wird
Männlichkeit liegen, und bis dahin wird mein
Schnurrbart zwar nicht groß, aber doch tüchtig ge-
wachsen sein." Und er zwickte an dem Flaum, der
an den Rändern seines Mundes sproßte. „Vielleicht
komme ich heute hin und sofort in das Gefecht zusammen mit dem Bruder. Und er ist sicher aus-
dauernd und höchst tapfer, so ein Mann, der
nicht viel spricht, aber mehr als die anderen thut.
Ich möchte gern wissen — fuhr er fort — ob er
mich absichtlich oder unabsichtlich an den äußersten
Rand des Wagens drängt. Er fühlt doch gewiß,
daß ich unbequem sitze, und thut so, als ob er
mich nicht bemerkte. Wir kommen also heute an
— fuhr er in seinen Gedanken fort und drückte sich
an den Rand des Wagens; er scheute sich, sich zu
rühren, um den Bruder nicht merken zu lassen,
daß er unbequem sitze — und auf einmal schnurstracks auf die Bastion: ich mit Geschützen, mein
Bruder mit der Kompagnie, und wir ziehen zusammen. Plötzlich stürzen sich die Franzosen auf
uns. Ich schieße: ich töte furchtbar viele; aber
sie kommen gerade auf mich losgestürzt. Da hilft

kein Schießen mehr, ich bin rettungslos verloren;
plötzlich aber stürzt der Bruder hervor, mit dem
Säbel in der Hand, die Franzosen stürzen sich
auf meinen Bruder. Ich renne hin und töte einen
Franzosen, noch einen, und rette den Bruder. Ich
werde an einem Arm verwundet. Ich fasse die
Flinte mit der andern Hand und renne vorwärts.
Da wird mein Bruder neben mir von einer Kugel
hingestreckt, ich stehe einen Augenblick still, sehe
ihn an, so traurig, dann fasse ich mich und rufe:
‚Mir nach! Rache! . . . Ich habe meinen Bruder
über alles in der Welt geliebt‘ — sage ich — ‚und
ich habe ihn verloren. Rächen wir ihn, vernichten
wir den Feind oder bleiben wir alle auf dem
Platze!‘ Alle schreien und stürzen mir nach. Das
ganze Heer der Franzosen kommt heran. Pelissier
selbst. Wir machen alle nieder; aber am Ende
werde ich zum zweiten Male verwundet, zum dritten
Male, und sinke tödlich getroffen zu Boden. Da
kommen alle zu mir herangestürzt, Gortschakow
kommt heran und fragt, was ich will. Ich sage,
ich will nichts, ich wünsche nur, daß man mich
neben meinen Bruder lege, daß ich mit ihm sterben
will. Man nimmt mich auf und legt mich neben
den blutbespritzten Leichnam meines Bruders. Ich
richte mich auf und sage nur: ‚O ja, — ihr habt
zwei Menschen, die ihr Vaterland wahrhaft geliebt haben, nicht zu schätzen gewußt; nun sind
sie beide gefallen; Gott möge euch verzeihen!‘ —

und ich ſterbe. Wer weiß, wie viele von dieſen
Gedanken wahr werden!"

Sag', biſt du ſchon einmal im Handgemenge
geweſen? fragte er plötzlich ſeinen Bruder; er
hatte ganz vergeſſen, daß er nicht mit ihm ſprechen
wollte.

Nein, kein einziges Mal, antwortete der Ältere.
Von unſerm Regiment ſind zweitauſend Mann
gefallen, und alle nur bei den Arbeiten, und auch
ich bin bei der Arbeit verwundet worden. Krieg
wird ganz anders geführt, als du glaubſt,
Wolodja!

Das Wort Wolodja rührte den jüngeren Bruder: er hatte den Wunſch, ſich mit ſeinem Bruder
auseinanderzuſetzen, der auch nicht im entfernteſten
daran dachte, daß er Wolodja gekränkt hätte.

Du biſt mir nicht böſe, Miſcha, ſagte er nach
einem langen Schweigen.

Weshalb?

Ich, ich meinte ſo ... von vorhin, ſo ...
das iſt gut.

Nicht im mindeſten, antwortete der Ältere,
wandte ſich zu ihm und klopfte ihm auf das
Bein.

So vergieb mir, Miſcha, wenn ich dich gekränkt
habe.

Und der jüngere Bruder wandte ſich ab, um
die Thränen zu verbergen, die ihm plötzlich in
die Augen traten.

VIII

Ist dies schon Sewastopol? fragte der jüngere Bruder, als sie oben angekommen waren.

Und vor ihnen lag die Bucht mit den Masten der Schiffe, das Meer mit der entfernten feindlichen Flotte, die weißen Strandbatterien, die Kasernen, Wasserleitungen, die Docks, die Gebäude der Stadt und weißblaue Rauchwolken, die ununterbrochen auf den gelben Höhen aufstiegen, die die Stadt umgaben; der Himmel war blau, und die Sonne, deren Glanz sich im Westen abspiegelte, senkte sich mit rosafarbenen Strahlen zum Horizont des dunklen Meeres nieder.

Wolodja sah ohne das geringste Schaudern diesen Ort der Schrecken, an den er so viel gedacht hatte; er betrachtete vielmehr mit ästhetischem Genuß und dem heroischen Gefühl des Selbstbewußtseins, daß ja auch er in einer halben Stunde dort sein würde, dieses wahrhaft reizvoll-originelle Schauspiel, und betrachtete es mit gespannter Aufmerksamkeit bis zu dem Augenblick, wo sie auf die Nordseite zu dem Train des Regiments seines Bruders gekommen waren; hier mußten sie genau den Standort des Regiments und der Batterie erfahren.

Der Offizier, der den Train kommandierte, wohnte in der Nähe des sogenannten neuen Städtchens — hölzerner, durch Matrosenfamilien errichteter Baracken — in einem Zelt, das mit einer ziemlich großen, aus grünen, noch nicht ganz vertrockneten Eichenzweigen errichteten Hütte verbunden war.

Die Brüder trafen den Offizier vor einem schmutzigen Tische, auf dem ein Glas kalten Thees, ein Brett mit Schnaps, mit Kaviarkörnchen und Brotkrümel stand, bloß mit einem gelblich-schmutzigen Hembe bekleidet; er zählte an einem großen Rechenbrett einen ungeheuren Haufen Banknoten. Ehe wir aber von der Persönlichkeit des Offiziers und seiner Unterhaltung etwas sagen, müssen wir uns genauer das Innere seiner Hütte ansehen und uns ein wenig mit seiner Lebensweise und seiner Beschäftigung bekannt machen. Die neue Hütte war so groß, so dicht geflochten und so gut gebaut, mit Tischen und Bänken versehen, die mit Rasen bebeckt waren, wie man sie nur für Generale und Regimentskommandeure macht; die Seitenwände und die Decke waren, damit die Blätter nicht herunterfallen, mit drei Teppichen behängt, die zwar sehr häßlich, aber neu und jedenfalls teuer waren. Auf dem eisernen Bett, das unter dem Hauptteppich stand, auf dem eine Reiterin abgebildet war, lag eine hellrote Plüschdecke, ein schmutziges, zerrissenes Kissen und ein Schuppenpelz. Auf dem Tisch stand ein Spiegel in einem Silberrahmen; eine silberne, schrecklich schmutzige Bürste, ein zer-

brochener, mit öligen Haaren beſetzter Hornkamm,
ein ſilberner Leuchter, eine Likörflaſche mit einer
rieſigen goldenen roten Marke, eine goldene Uhr
mit dem Bilde Peters des Großen, zwei goldene
Federn, ein Körbchen mit Kapſeln, eine Brotrinde,
ein auseinandergeworfenes altes Kartenſpiel und
unter dem Bett allerlei leere und volle Flaſchen.
Dieſer Offizier hatte den Train des Regiments und
die Verpflegung der Pferde unter ſich. Mit ihm
zuſammen wohnte ſein Buſenfreund, der Kommiſ-
ſionär, der ſich mit den Geſchäften befaßte. Er
ſchlief in dem Augenblick, wo die Brüder eintraten,
in der Hütte, der Train-Offizier aber zählte
Kronsgelder, da das Ende des Monats vor der
Thür ſtand. Die Erſcheinung des Train-Offiziers
war ſehr ſchön und kriegeriſch: eine hohe Geſtalt,
ein tüchtiger Schnauzbart, adelige Stattlichkeit.
Unangenehm war an ihm nur ſein ſchweißiges,
aufgedunſenes Geſicht, das kaum die kleinen grauen
Augen ſehen ließ (als ob es ganz mit Porter be-
goſſen wäre), und die außerordentliche Unſauber-
keit, von dem dünnen, öligen Haar bis zu den
großen nackten Füßen, die er in Hermelin-
pantoffeln trug.

Iſt das Geld! Iſt das Geld! ſagte Roſel-
zow I., als er in die Hütte trat und mit unwill-
kürlicher Gier die Augen auf den Haufen Banknoten richtete. Wenn Sie mir nur die Hälfte
borgen wollten, Waſſilij Michajlytſch!

Der Train-Offizier machte beim Anblick der
Gäſte einen krummen Rücken und grüßte ſie, ohne
aufzuſtehen, indem er das Geld zuſammenſtrich.

Ach, wenn das mein wäre! Es iſt
Kronsgeld, mein Lieber! Wen bringen Sie mit?
fragte er, indem er das Geld in eine neben ihm
ſtehende Schatulle legte und Wolodja anſah.

Das iſt mein Bruder, er iſt von der Kriegsſchule hierher gekommen. Wir wollten von Ihnen
erfahren, wo das Regiment ſteht.

Setzen Sie ſich, meine Herren, ſagte er, erhob
ſich und ging, ohne den Gäſten Aufmerkſamkeit
zu ſchenken, ins Zelt. Wollen Sie nicht etwas
trinken? vielleicht Porter? fragte er im Zelt.

Kann nicht ſchaden, Waſſilij Michajlytſch!

Wolodja war überraſcht von der Würde des
Train-Offiziers, ſeinem ungezwungenen Weſen und
von der Achtung, die ſein Bruder ihm entgegen-
brachte.

„Das muß ein vortrefflicher Offizier ſein, den
alle hochſchätzen: gewiß einfach, aber gaſtfrei und
tapfer,“ dachte er und ſetzte ſich beſcheiden und
ſchüchtern auf das Sofa.

Wo ſteht denn unſer Regiment? fragte von
neuem der ältere Bruder.

Wie?

Er wiederholte die Frage.

Heut iſt Seifer bei mir geweſen: er ſagte, es
iſt auf die fünfte Baſtion gezogen.

Bestimmt?

Wenn ich es sage, ist es jedenfalls bestimmt; übrigens, der Teufel weiß! es kommt ihm auf eine Lüge nicht an. Wie ist's, werden Sie Porter trinken? sagte der Train=Offizier, immer aus dem Zelte heraus.

Ich trinke, sagte Koselzow.

Trinken Sie mit, Ossip Ignatjewitsch? fuhr die Stimme im Zelt fort, jedenfalls zu dem schlafenden Kommissionär gewandt. Sie haben genug geschlafen, — es ist balb fünf Uhr.

Was lassen Sie mich nicht in Ruh! . . . Ich schlafe nicht, antwortete eine faule, dünne Stimme.

Nun, so stehen Sie auf! Ich langweile mich ohne Sie.

Und der Train=Offizier ging zu den Gästen.

Gieb von dem Porter von Ssimferopol! schrie er.

Der Bursche kam, wie es Wolodja schien, mit Stolz in die Hütte, holte den Porter unter der Bank hervor, und stieß dabei Wolodja.

Die Flasche Porter war bereits ausgetrunken, und das Gespräch dauerte noch in der früheren Weise fort, als die Vorhänge des Zeltes aus=einandergeschlagen wurden, und ein kleiner, frischer Mann in einem blauen Schlafrock mit Quasten und in einer Dienstmütze mit rotem Rand und Kokarde aus ihm hervortrat. Er drehte sich beim Eintreten seinen kleinen schwarzen Schnurrbart und beantwortete, indem er immer nach einem Punkt des Teppichs starrte, mit einer kaum bemerklichen Bewegung der Schulter den Gruß der Offiziere.

Laßt mich auch ein Gläschen trinken! sagte er, indem er sich an den Tisch setzte. Sie kommen wohl aus Petersburg, junger Mann? sagte er, sich freundlich zu Wolodja wendend.

Ja, ich gehe nach Sewastopol.

Haben Sie selber darum gebeten?

Ja.

Ich begreife nicht, was Sie davon haben, meine Herren! fuhr der Kommissionär fort. Ich würde jetzt, glaube ich, gern zu Fuß nach Petersburg gehen, wenn man mich fortließe. Ich habe, bei Gott, dies verfluchte Leben satt!

Was fehlt Ihnen hier? fragte der ältere Koselzow, sich zu ihm wendend: wenn Sie hier kein gutes Leben führen!

Der Kommissionär sah ihn an und wandte sich ab.

Diese Gefahren, Entbehrungen, man kann nichts bekommen . . . fuhr er fort, zu Wolodja gewandt. Und was Sie davon haben, begreife ich entschieden nicht, meine Herren! Wenn Sie noch irgend welche Vorteile davon hätten, aber so! Ist es etwa gut, in Ihren Jahren, plötzlich fürs ganze Leben zum Krüppel zu werden?

Der eine macht Geschäfte, der andere dient der

Ehre halber . . . mischte sich im Tone des Unwillens der ältere Koselzow wieder ein.

Schöne Ehre, wenn man nichts zu essen hat, sagte der Kommissionär mit verächtlichem Lachen, zu dem Train-Offizier gewandt, der auch darüber lachte.

Stell' sie auf „Lucia“, wir hören zu, sagte er und zeigte auf eine Spieldose. Ich höre sie gern.

Ist er ein guter Mensch, dieser Wassilij Michajlytsch? fragte Wolodja seinen Bruder, als sie, bereits in der Dämmerung, die Hütte verließen und nach Sewastopol weiter fuhren.

Es geht an, aber er ist ein schrecklicher Geizhals! Und diesen Kommissionär kann ich nicht ausstehen . . . Den prügele ich noch einmal durch.

IX

Wolodja war zwar nicht in schlechter Stimmung, als er, bereits bei Anbruch der Nacht, zu der großen, über die Bucht führenden Brücke kam, fühlte aber eine gewisse Beklommenheit im Herzen. Alles, was er sah und hörte, wich sehr ab von den früheren, eben erst verlassenen Eindrücken: dem hellen, getäfelten Prüfungssaal, dem lustigen, harmlosen Lachen der Kameraden, der neuen Uniform, dem geliebten Zaren, den er sieben Jahre hindurch gesehen und der sie Kinder genannt, als

er mit Thränen in den Augen von ihnen Abſchied
nahm — ſo wenig glich alles ſeinen ſchönen, bunt-
ſchillernden, hochherzigen Träumen.

Nun, ſieh, wir ſind an Ort und Stelle! ſagte
der ältere Bruder, als ſie zur Michajlow-Batterie
kamen und aus dem Fuhrwerk ſtiegen. Wenn
man uns über die Brücke läßt, gehen wir ſogleich
in die Nikolajew-Kaſerne. Dort bleibſt du bis
morgen früh; und ich werde zum Regiment gehen,
um zu erfahren, wo deine Batterie ſteht; morgen
werde ich dich abholen.

Warum denn? gehen wir lieber zuſammen,
meinte Wolodja. Ich werde mit dir auf die
Baſtion gehen. Es iſt ja jetzt ganz gleich: ich
muß mich daran gewöhnen. Wenn du gehſt, kann
ich es auch.

Beſſer iſt es, du gehſt nicht.

Aber ich bitte dich! So werde ich wenigſtens
kennen lernen, wie . . .

Ich rate dir, geh nicht; aber willſt du . . .

Der Himmel war wolkenfrei und dunkel; die
Sterne und die unaufhörlich leuchtenden Feuer
der Bomben und Schüſſe glänzten hell in der
Finſternis. Das große, weiße Gebäude der Batterie und der Anfang der Brücke traten aus der
Dunkelheit hervor. Buchſtäblich jede Sekunde erſchütterten einige Gewehrſchüſſe und Exploſionen,
entweder ſchnell aufeinander folgend oder zuſammen, lauter und deutlicher die Luft. Dieſem

Getöse folgte, wie eine Begleitung, das dumpfe
Brausen der Bucht. Vom Meere her wehte ein
schwacher Wind und trug Feuchtigkeit daher. Die
Brüder gingen an die Brücke. Ein Landwehrmann
schlug schwerfällig mit dem Gewehr auf und rief:

Wer da?

Soldat.

Ist verboten, durchzulassen.

Was? wir müssen . . .

Fragen Sie den Offizier.

Der Offizier, der auf einem Aderfeld sitzend ge-
schlummert hatte, erhob sich und befahl, sie durchzulassen.

Dorthin ist es erlaubt, aber nicht von dorther.
Wo wollt ihr hin? Alle auf einmal! schrie er
den mit Schanzkörben beladenen Regimentsfuhr-
werken zu, die sich vor der Brücke zusammengedrängt hatten.

Die Brüder stiegen zum ersten Ponton nieder
und stießen auf Soldaten, die in lauter Unterhaltung von der anderen Seite her kamen.

Wenn er das Geld zur Ausrüstung bekommen
hat, dann hat er nichts mehr zu fordern.

Ach Brüderchen! sagte eine andere Stimme,
wenn man auf die Nordseite hinübergeht, da sieht
man die Welt, bei Gott! Eine ganz andere Luft!

Schwatz' nur immer zu! . . . sagte der erste,
vor kurzem kam so eine Verfluchte herübergeflogen;
zwei Matrosen hat sie die Beine weggerissen . . .

Die Brüder gingen über das erſte Ponton
und blieben, ihr Fuhrwerk erwartend, auf dem
zweiten ſtehen, das ſtellenweiſe bereits über=
ſchwemmt war. Der Wind, der landeinwärts
ſchwach erſchien, war hier ſehr ſtark und reißend;
die Brücke ſchaukelte, und die Wellen, die mit
Geräuſch an die Balken ſchlugen und an den
Ankern und Tauen ſich brachen, überſchwemmten
die Bretter des Pontons. Rechts rauſchte und
dunkelte in verräteriſchen Nebel gehüllt die See
und hob ſich durch einen ſchweren Streif von dem
geſtirnten lichtgrau ſtrahlenden Horizont ab; in
der Ferne glänzten Lichter auf der feindlichen
Flotte. Links zeigten ſich die ſchwarzen Maſte
eines unſerer Schiffe, und man hörte die Wellen
an ſeinen Bord anſchlagen. Ein Dampfer ward
ſichtbar, der geräuſchvoll und ſchnell von der Nord=
ſeite herankam. Das Feuer einer in ſeiner Nähe
platzenden Bombe erhellte auf einen Augenblick
die auf dem Verdeck hoch aufgeſchichteten Schanz=
körbe, die beiden Leute, die oben ſtanden, und
den weißen Schaum und den Sprühregen der von
dem Dampfer durchſchnittenen grünlichen Wellen.
Am Rande der Brücke ſaß, mit den Füßen im
Waſſer, ein Mann im bloßen Hemd und machte
etwas auf dem Ponton. Vor ihnen, über Sewa=
ſtopol, ließ ſich das frühere Feuer hören, und
immer lauter drangen von da ſchreckliche Töne
herüber. Eine hoch aufſpritzende Welle ergoß ſich

über die rechte Brückenseite und machte Wolodjas
Füße naß; zwei Soldaten gingen, im Wasser
watend, an ihm vorbei. Plötzlich beleuchtete etwas
unter Krachen die Brücke, das vorn auf ihr
fahrende Fuhrwerk und einen Reiter, und die
Bombensplitter fielen, mit Pfeifen Schaum auf-
werfend, ins Wasser.

Ah, Michajlo Ssemjonytsch! sagte der Reiter,
indem er sein Pferd vor dem älteren Koselzow
hielt: sind Sie schon vollständig wieder hergestellt?

Wie Sie sehen. Wohin führt Sie Gott?

Auf die Nordseite, nach Patronen: ich ver-
trete ja jetzt den Regimentsadjutanten . . . Sturm
erwarten wir von Stunde zu Stunde.

Und wo ist Marzow?

Gestern ist ihm ein Fuß fortgerissen worden
. . . Er schlief in der Stadt im Zimmer . . . Sie
kennen ihn wohl?

Das Regiment steht auf der Fünften, nicht
wahr?

Ja, es ist an Stelle des M.-Regimentes dorthin gekommen. Gehen Sie nach dem Verbandort:
dort finden Sie welche von uns, die werden Sie
führen.

Nun, und mein Quartier auf der Seestraße,
ist das unbeschädigt?

J, mein Lieber! Schon längst ganz von Bomben zertrümmert . . . Sie erkennen jetzt Sewastopol

nicht mehr wieder: keine Seele von einem Frauenzimmer, keinen Gastwirt, keine Musik giebt es mehr.
Gestern ist der letzte Ausschank fortgezogen. Jetzt
ist es schrecklich öde ... Leben Sie wohl!

Und der Offizier ritt im Trabe weiter.

Wolodja wurde plötzlich ganz trübselig zu Mut:
es schien ihm immer, als ob augenblicklich eine
Kanonenkugel oder ein Bombensplitter geflogen
kommen und ihn gerade an den Kopf treffen
müßte.

Dieser feuchte Nebel, alle diese Stimmen, besonders das grollende Plätschern der Wellen,
schienen ihm zu sagen, er solle nicht weiter gehen,
es harre seiner hier nichts Gutes, sein Fuß würde
nie wieder den Boden jenseits der Bucht betreten,
er möchte auf der Stelle umkehren und fliehen
— weit, weit von diesem furchtbaren Orte des
Todes. „Aber vielleicht ist es schon zu spät, vielleicht ist es schon so beschlossen," dachte er und
erbebte, teils über diesen Gedanken, teils, weil
ihm das Wasser durch die Stiefel drang und seine
Füße feucht machte.

„Herr! werde ich wirklich fallen, — gerade
ich? Herr, erbarme dich meiner!" murmelte er
flüsternd und bekreuzte sich.

Nun, gehen wir, Wolodja! sagte der ältere
Bruder, als ihr Fuhrwerk auf die Brücke gekommen war. Hast du die Bombe gesehen?

Auf der Brücke begegneten den Brüdern Wagen

mit Verwundeten, mit Schanzkörben, und einer mit Möbeln, den eine Frau führte. Auf der andern Seite der Bucht wurden sie von niemand zurückgehalten.

Die Brüder hielten sich instinktiv dicht an die Wand der Nikolajew-Batterie und kamen, indem sie schweigend auf die Töne der hier über ihren Köpfen platzenden Bomben und das Brausen der niederfallenden Sprengstücke hörten, zu dem Platz der Batterie, wo das Heiligenbild stand. Hier erfuhren sie, daß die fünfte leichte, der Wolodja zugeteilt war, in der Korabelnaja stand, und beschlossen, trotz der Gefahr, zum ältern Bruder auf die fünfte Bastion übernachten zu gehen und von dort, am folgenden Tage, nach der Batterie. Sie bogen in den Flur ein, schritten über die Beine schlafender Soldaten, die längs der ganzen Batteriewand lagen, hinweg und kamen endlich zum Verbandplatz.

X

Sie traten in das erste Zimmer, das voll von Pritschen war, auf denen Verwundete lagen, und das von einem beklemmenden, widerwärtigen Lazarettgeruch erfüllt war, und trafen zwei barmherzige Schwestern, die ihnen entgegenkamen.

Die eine, eine Frau von ungefähr fünfzig Jahren, mit dunklen Augen und strengen Gesichtszügen, trug Binden und Charpie, und erteilte einem jungen Burschen, einem Feldscher, der hinter ihr ging, ihre Befehle; die andere, ein sehr hübsches Mädchen von ungefähr zwanzig Jahren, mit einem zarten, blonden Gesichtchen, das außerordentlich reizvoll in seiner Hilflosigkeit unter dem weißen Häubchen hervorsah, ging, die Hände in den Schürzentaschen, neben der Alten und schien zu fürchten, sie könnte hinter ihr zurückbleiben.

Koselzow wandte sich an sie mit der Frage, ob sie nicht wüßten, wo Marzow liege, der gestern ein Bein verloren habe.

Er ist wohl vom P.-Regiment? fragte die Alte, ist er ein Verwandter von Ihnen?

Nein, ein Kamerad.

Führen Sie die Herren, sagte sie zu der jungen Schwester französisch, ... hierherum, und sie ging selbst mit dem Feldscher auf den Verwundeten zu.

Gehen wir nur ... was zauderst du? rief Koselzow zu Wolodja, der die Augenbrauen mit einem Ausdruck des Schmerzes in die Höhe zog und nicht die Kraft hatte, seinen Blick von den Verwundeten abzuwenden. Gehen wir nur!

Wolodja ging mit dem Bruder, sah sich aber immer um und wiederholte unbewußt:

Ach, mein Gott! Ach, mein Gott!

Sie sind gewiß noch nicht lange hier? fragte die Schwester Koselzow, indem sie auf Wolodja

10

wies, der Ach! rufend und seufzend im Zwischen-
gange hinter ihnen schritt.

Er ist soeben erst angekommen.

Die hübsche Schwester sah Wolodja an und
brach plötzlich in Thränen aus. „Mein Gott,
mein Gott! wann wird das alles ein Ende haben,“
sagte sie in verzweifelndem Tone. Sie kamen in
den Krankensaal der Offiziere. Marzow lag auf
dem Rücken, die sehnigen, bis zu den Ellbogen ent-
blößten Arme über den Kopf lang ausgestreckt,
in seinem gelben Gesicht malte sich der Ausdruck
eines Menschen, der die Zähne zusammenpreßt,
um vor Schmerz nicht zu schreien. Das gesunde
Bein, mit einem Strumpfe bekleidet, war unter
der Decke hervorgestreckt, und man sah, wie er
krampfhaft die Zehen hin- und herbewegte.

Nun, wie geht es Ihnen? fragte die Schwester,
indem sie mit ihren dünnen zarten Fingern —
an dem einen bemerkte Wolodja einen Ring —
seinen etwas kahlen Kopf in die Höhe hob und
das Kissen zurechtrückte. Kameraden von Ihnen
sind gekommen, Sie zu besuchen.

Natürlich habe ich Schmerzen! sagte er ärgerlich. Lassen Sie's nur, so ist's gut! ... Die
Zehen im Strumpfe bewegten sich noch schneller.
Guten Tag! Wie heißen Sie? Entschuldigen Sie,
sprach er zu Koselzow gewandt ... Ach, ja, Sie
müssen verzeihen, — hier vergißt man alles, fuhr
er fort, als dieser ihm seinen Namen gesagt hatte.

Habe ich nicht mit dir zuſammen gewohnt? fügte
er hinzu, indem er, ohne jeglichen Ausdruck der
Freude, Wolodja fragend anſah.

Das iſt mein Bruder, er iſt heute von Peters=
burg gekommen.

Hm! . . . Ich habe mir die volle Penſion ver=
dient   ſagte er mit gerunzelter Stirn.   Ach,
was für Schmerzen! . . . Ja, es wäre am beſten,
wenn's bald zu Ende wäre . . .

Er zog die Beine in die Höhe, bewegte die
Zehen mit vermehrter Schnelligkeit hin und her
und bedeckte das Geſicht mit beiden Händen.

Wir müſſen ihn verlaſſen, ſagte flüſternd die
Schweſter, mit Thränen in den Augen, er befindet
ſich ſchon ſehr ſchlecht.

Noch auf der Nordſeite hatten die Brüder be=
ſchloſſen, auf die fünfte Baſtion zu gehen; als ſie
aber die Nikolajew=Batterie verließen, beſchloſſen
ſie, — als ob ſie ſich verabredet hätten, ſich keiner
unnützen Gefahr auszuſetzen, ohne daß ſie nur ein
Wort miteinander darüber geſprochen hatten, —
jeder einzeln zu gehen.

Aber . . . wie wirſt du dich zurechtfinden, Wo=
lodja? ſagte der Ältere.   Übrigens kann dich Niko=
lajew nach der Korabelnaja begleiten, ich werde
allein gehen und morgen bei dir ſein.

Weiter wurde kein Wort geſprochen bei dieſem
letzten Abſchied der beiden Brüder.

XI

Der Kanonendonner dauerte mit der früheren
Stärke fort, aber die Katharinenſtraße, durch die
Wolodja mit dem ihm ſchweigend folgenden Nikolajew ging, war ſtill und öde. In der Dunkelheit ſah er nur die breite Straße, mit den weißen,
an vielen Stellen zertrümmerten Mauern großer
Häuſer, und das Steintrottoir, auf dem er ging;
bisweilen trafen ſie Soldaten und Offiziere. Er
ging auf der linken Seite der Straße und ſah
bei dem Schein eines hellen Feuers, das hinter
einer Mauer brannte, die längs des Trottoirs
gepflanzten Akazien mit ihren grünen Pfählen und
ihren verkümmerten, beſtaubten Blättern. Deutlich hörte er ſeine Schritte und die Nikolajews,
der hinter ihm ging und ſchwer atmete. Er dachte
an nichts. Die hübſche Schweſter, Marzows Bein
mit den beweglichen Zehen unter dem Strumpf,
die Dunkelheit und die mannigfachen Formen des
Todes zogen traurig an ſeinem Geiſte vorüber.
Seine ganze junge, eindrucsfähige Seele krampfte
und preßte ſich zuſammen unter dem Einfluſſe des
Gefühls der Verlaſſenheit und der allgemeinen
Gleichgültigkeit gegen ſein Schickſal in der Gefahr!
„Ich kann getötet werden, Qualen erdulden, leiden,
und niemand weint um mich.“ Und all das ſtatt
des thatenreichen und bewunderten Lebens eines

Helden, das er sich so herrlich ausgemalt hatte. Näher und näher platzten und pfiffen die Bomben. Nikolajew seufzte noch häufiger, ohne jedoch das Schweigen zu unterbrechen. Als er über die Brücke ging, die nach der Korabelnaja führte, sah Wolodja, wie unweit von ihm etwas pfeifend in die Bucht flog, auf eine Sekunde die blauen Wellen purpurrot beleuchtete und dann mit Schaum wieder in die Höhe flog.

Sieh, sie ist nicht erstickt! . . . rief heiser Nikolajew.

Ja, antwortete er ganz unwillkürlich und sich selbst unerwartet mit dünner, piepsender Stimme.

Sie begegneten Tragbahren mit Verwundeten und wiederum Regimentswagen mit Schanzkörben. Auf der Korabelnaja trafen sie ein Regiment, und Reiter ritten vorüber. Einer von ihnen war ein Offizier in Begleitung eines Kosaken. Er ritt im Trab, als er aber Wolodja bemerkte, hielt er neben ihm, sah ihm ins Gesicht, wandte um, gab dem Pferde einen Schlag und ritt davon. „Allein, allein; es ist allen ganz gleichgültig, ob ich da bin oder nicht," dachte der Jüngling und hatte ernstlich Lust zu weinen.

Er schritt bergauf, an einer weißen Mauer vorüber, und kam in eine Straße zerstörter, unaufhörlich von Bomben beleuchteter Häuschen. Da stieß er auf ein betrunkenes, zerlumptes Weib,

das mit einem Matrosen aus einem Pförtchen
herauskam.

Denn, w—w—wenn er ein Ehrenm—m—mann
w—wäre, — lallte sie — pardon, Ew. Wohlgeboren, Herr Offizier!

Dem armen Jüngling ward das Herz immer
mehr und mehr bedrückt; und am schwarzen Horizont flammten immer häufiger Blitze auf, und
immer häufiger pfiffen und krachten Bomben in
seiner Nähe. Nikolajew seufzte auf und begann
plötzlich, wie es Wolodja schien, mit bestürzter,
gepreßter Stimme:

Und da haben sie sich beeilt, das Gouvernement zu verlassen! Hierher, nur hierher!
Das verlohnt sich gerade!

Warum nicht, der Bruder ist ja jetzt wieder
gesund, antwortete Wolodja, in der Hoffnung,
wenigstens durch ein Gespräch das schreckliche Gefühl, das ihn beherrschte, zu verscheuchen.

Gesund . . . Schöne Gesundheit, wenn er ganz
und gar krank ist!? Auch wer wirklich gesund ist,
thäte am besten, in solcher Zeit im Lazarett zu
leben. Giebt's hier etwa viel Freude? Entweder
wird einem das Bein oder der Arm abgerissen —
das ist alles! Ein Unglück ist schnell geschehen!
Hier, in der Stadt, ist es noch nicht so wie auf
der Bastion, dort geht es wahrhaft schrecklich zu.
Wenn man geht, thut man weiter nichts, als beten.
Sieh, die Bestie, wie sie an einem vorbeihuscht!

fügte er hinzu, und richtete seine Aufmerksamkeit auf einen nahe vorbeisausenden Bombensplitter. Jetzt hat man mir befohlen, fuhr Nikolajew fort, Ew. Wohlgeboren zu führen. Wie's unsereinem geht, das weiß man ja: was befohlen wird, muß man ausführen; da überläßt man dem ersten besten Soldaten den Wagen, und das Bündel ist offen. Aber du geh, geh mit; und was an Sachen verloren geht — Nikolajew, steh dafür ein!

Noch einige Schritte weiter, und sie kamen auf einen Platz. Nikolajew schwieg und seufzte.

Da steht Ihre Artillerie, Ew. Wohlgeboren! sagte er plötzlich, fragen Sie den Posten, er wird Ihnen den Weg zeigen.

Als Wolodja einige Schritte weiter gegangen war, hörte er die Seufzertöne Nikolajews nicht mehr hinter sich.

Er fühlte sich plötzlich vollständig, ganz und gar allein. Dieses Bewußtsein der Vereinsamung in der Gefahr vor dem Tode, wie er glaubte, lag ihm wie ein entsetzlich schwerer, kalter Stein auf der Brust. Er blieb mitten auf dem Platze stehen und schaute sich um, ob ihn nicht jemand sehe, griff sich an den Kopf, sprach vor sich hin und dachte mit Entsetzen: „Herr Gott! Bin ich denn ein Feigling, ein elender, abscheulicher, niedriger Feigling — gilt es nicht das Vaterland, den Zaren, für den ich gestern noch mit Wonne zu sterben wähnte? Nein, ich bin ein unglückliches, bejam-

mernswertes Geschöpf! Und mit einem wahren Ge=
fühl der Verzweiflung und der Enttäuschung über
sich selbst, fragte Wolodja den Posten nach dem
Hause des Batteriekommandeurs und ging in der
Richtung, die er ihm wies.

XII

Die Wohnung des Batteriekommandeurs, die
ihm der Posten gezeigt hatte, war ein kleines,
zweistöckiges Haus, mit dem Eingange vom Hofe
her. Durch das mit Papier verklebte Fenster schim=
merte das schwache Licht einer Kerze. Der Bursche
saß auf der Außentreppe und rauchte seine Pfeife.
Er ging dem Batteriekommandeur Meldung zu
machen und führte Wolodja ins Zimmer. Im
Zimmer standen, zwischen zwei Fenstern, unter
einem zerbrochenen Spiegel, ein mit amtlichen Pa=
pieren über und über bedeckter Tisch, einige Stühle
und eine eiserne Bettstelle mit reiner Bettwäsche
und einem kleinen Teppich davor.

Dicht an der Thür stand ein hübscher Mann
mit starkem Schnurrbart — der Feldwebel, mit
dem Seitengewehr und einem Mantel, auf dem
ein Kreuz und die Medaille für den ungarischen
Feldzug hingen. In der Mitte des Zimmers
ging ein kleiner, etwa vierzigjähriger Stabsoffizier,
mit einer verbundenen, geschwollenen Backe, in
einem dünnen, alten Mantel hin und her.

Ich habe die Ehre, mich zu melden, zur fünften Leichten kommandiert, Fähnrich Koselzow II! sagte Wolodja seine eingelernte Phrase her, als er ins Zimmer trat.

Der Batteriekommandeur beantwortete kühl seinen Gruß und forderte Wolodja, ohne ihm die Hand zu geben, auf, sich zu setzen.

Wolodja ließ sich schüchtern auf einen Stuhl neben dem Schreibtisch nieder und spielte mit einer Schere, die ihm in die Hand fiel. Der Batteriekommandeur ging, mit gesenktem Kopf, die Hände auf dem Rücken, unaufhörlich, ohne ein Wort zu sprechen, im Zimmer auf und nieder, mit dem Aussehen eines Menschen, der sich etwas in Erinnerung rufen will, und warf nur von Zeit zu Zeit einen Blick auf die Hände, die mit der Schere spielten.

Der Batteriekommandeur war ein ziemlich beleibter Mann mit einer großen Glatze auf dem Wirbel, einem dichten Schnauzer, der gerade heruntergekämmt war und den Mund bedeckte, und mit freundlichen grauen Augen; er hatte schöne, reine, rundliche Hände, seine Beine waren stark nach außen gekehrt, er trat mit Zuversicht und einer gewissen Stutzerhaftigkeit auf, die andeutete, daß der Batteriekommandeur nicht gerade schüchtern war.

Ja, sagte er und blieb vor dem Feldwebel stehen, der Geschützmannschaft wird man von morgen ab noch einen Topf zugeben müssen, sie werden zu schlecht behandelt. Was meinst du?

Gewiß, man kann ihnen noch was geben, Euer Hochwohlgeboren! Jetzt ist der Hafer billiger geworden, antwortete der Feldwebel und bewegte dabei die Finger an den Händen, die er an den Näten hielt, die aber offenbar gern seine Rede mit ihrer Gebärde unterstützten. Gestern hat mir auch unser Fourageur Frantschuk vom Train ein Schreiben geschickt, Euer Hochwohlgeboren, wir müßten unbedingt dort Ochsen kaufen, meint er. Es heißt, sie sollen billig sein. Wenn Sie befehlen?

Nun ja, kaufen wir: er hat das Geld. Und der Batteriekommandeur begann wieder im Zimmer auf und nieder zu gehen. — Und wo sind Ihre Sachen? fragte er plötzlich Wolodja und blieb vor ihm stehen.

Den armen Wolodja hatte der Gedanke, daß er ein Feigling sei, so niedergedrückt, daß er in jedem Augenblick, in jedem Wort Verachtung gegen sich, als einen kläglichen Feigling, sah. Es war ihm, als hätte der Batteriekommandeur schon sein Geheimnis durchschaut und spotte seiner. Er antwortete verlegen, die Sachen seien auf der Grafskaja und der Bruder hätte versprochen, sie ihm morgen zu schicken.

Der Oberst aber hörte kaum auf ihn und fragte, zu dem Feldwebel gewandt:

Wo werden wir den Fähnrich unterbringen?

Den Fähnrich? ſagte der Feldwebel, und machte Wolodja noch mehr verlegen durch den flüchtigen Blick, den er ihm zuwarf und der gewiſſermaßen die Frage ausdrückte: „Was iſt das für ein Fähnrich?" — Ja, unten, Euer Hochwohlgeboren, beim Stabskapitän können Seine Wohlgeboren ſich einquartieren, fuhr er fort, nachdem er ein wenig nachgedacht hatte; der Stabskapitän ſind jetzt auf der Baſtion, ſo daß ſeine Pritſche leer ſteht.

Beliebt es Ihnen einſtweilen ſo? fragte der Batteriekommandeur. Sie müſſen, denk' ich, müde ſein; morgen werden wir es beſſer einrichten.

Wolodja ſtand auf und verbeugte ſich.

Iſt Ihnen nicht Thee gefällig? fragte der Batteriekommandeur, als er bereits bis zur Thür gegangen war. Man kann eine Theemaſchine aufſtellen.

Wolodja verbeugte ſich und ging hinaus. Der Burſche des Oberſten begleitete ihn nach unten und führte ihn in ein kahles, ſchmutziges Zimmer, in dem allerlei Gerümpel umherlag und ein eiſernes Bett ohne Wäſche und Decke ſtand. Auf dem Bett, mit einem dicken Mantel zugedeckt, ſchlief jemand in einem roſa Hemd.

Wolodja hielt ihn für einen gemeinen Soldaten.

Peter Nikolajewitſch! rief der Offiziersburſche, indem er den Schläfer an der Schulter rüttelte. Hier werden ſich der Fähnrich hinlegen . . . Das ist unser Junker, fügte er, zum Fähnrich gewandt, hinzu.

Ach, lassen Sie sich nicht stören, bitte! sagte Wolodja; aber der Junker, ein hochgewachsener, stattlicher junger Mann mit hübschen, aber sehr dummen Zügen, stand vom Bett auf, warf sich den Mantel um und ging, augenscheinlich noch halb im Schlafe, aus dem Zimmer.

Schadet nichts, ich werde mich draußen hinlegen, brummte er.

XIII

Als Wolodja mit seinen Gedanken allein geblieben war, war sein erstes Gefühl die Angst vor dem wirren, trostlosen Zustand, in dem sich sein Gemüt befand. Er hatte den Wunsch, einzuschlafen und alles ringsumher, vor allem aber sich selbst, zu vergessen. Er löschte das Licht, legte sich auf das Bett und zog seinen Mantel über den Kopf, um sich zu schützen gegen die Angst vor der Dunkelheit, die ihm seit frühester Jugend anhaftete. Plötzlich aber fiel ihm ein, es könnte eine Bombe geflogen kommen, das Dach durchschlagen und ihn töten . . . Er horchte auf; gerade über ihm erklangen die Schritte des Batteriekommandeurs.

„Übrigens, wenn eine geflogen kommt — dachte er — trifft sie erst oben und dann mich — also

wenigſtens nicht mich allein.“ Dieſer Gedanke be-
ruhigte ihn ein wenig, er war im Begriff, einzu-
ſchlummern. „Wie aber, wenn plötzlich in der
Nacht Sewaſtopol genommen wird, und die Franzoſen hier eindringen? Womit werde ich mich ver-
teidigen?“ Er ſtand wieder auf und ging im
Zimmer auf und nieder. Die Angſt vor der wirk-
lichen Gefahr hatte die geheimnisvolle Angſt vor
der Finſternis verſchlungen. Außer einem Sattel
und einem Sſamowar war im Zimmer nichts
Feſtes. „Ich bin ein Elender, ein Feigling, ein
abſcheulicher Feigling,“ dachte er plötzlich, und
wieder überkam ihn das drückende Gefühl der Verachtung, des Abſcheus ſogar vor ſich ſelbſt. Er
legte ſich wieder hin und gab ſich Mühe, nichts
zu denken. Da tauchten unwillkürlich die Eindrücke
des Tages in ſeiner Phantaſie wieder auf, begleitet von ununterbrochenen Tönen, die die Scheiben in dem einzigen Fenſter klirren machten, und
erinnerten ihn wieder an die Gefahr. Bald phan-
taſierte er von Verwundeten und von Blut, bald
von Bomben und Splittern, die ins Zimmer
fliegen, bald von der hübſchen, barmherzigen
Schweſter, die ihm, dem Sterbenden, einen Verband anlegt und über ihn weint, bald von ſeiner
Mutter, die in der Kreisſtadt an ſeiner Seite
geht und inbrünſtig unter Thränen vor dem
wunderthätigen Bilde betet, und wieder ſcheint
ihm der Schlaf unmöglich. Plötzlich trat der Ge-

danke an Gott, den Allmächtigen, der alles wirken und jedes Gebet erhören kann, klar vor seine Seele. Er kniete nieder, bekreuzte sich und faltete die Hände, ganz so, wie man ihn in der Kindheit beten gelehrt hatte. Diese Gebärde versetzte ihn mit einem Schlage in eine längst vergangene, tröstliche Stimmung.

„Wenn ich sterben muß, wenn es sein muß, daß ich vergehe, laß es geschehen, Herr — dachte er — laß es schnell geschehen! ... Bedarf es aber der Tapferkeit, bedarf es der Standhaftigkeit, die ich nicht habe, so gieb sie mir, schütze mich vor Schmach und Schande, die ich nicht ertragen kann, lehre mich, was ich zu thun habe, um Deinen Willen zu erfüllen."

Seine kindliche, eingeschüchterte, geängstigte Seele ward plötzlich von Mannesmut erfüllt. Sie wurde heller und sah neue, weite, lichte Horizonte. Noch vieles dachte und empfand er in diesem kurzen Augenblick, den diese Stimmung währte; er schlief bald ruhig und furchtlos ein, mitten unter den Tönen des fortdauernden Getöses des Bombardements und des Klirrens der Scheiben.

Großer Gott! Nur du allein hast gehört und kennst die einfältigen, aber inbrünstigen und verzweifelten Gebete der Unwissenheit und irrenden Reue, die Bitten um Heilung des Körpers und Erleuchtung der Seele, die zu dir von diesem schreck-

lichen Orte des Todes emporgeſtiegen ſind, aus
dem Herzen des Generals, der eben an das Georgs=
kreuz gedacht hat und mit Bangen Deine Nähe
ahnt, wie des einfachen Soldaten, der ſich auf dem
nackten Boden der Nikolajew=Batterie wälzt und
Dich bittet, ihm im Jenſeits Belohnung zu ge=
währen für alle Leiden! . . .

XIV

Der ältere Koſelzow hatte auf der Straße
einen Soldaten ſeines Regiments getroffen und
ging zuſammen mit ihm geradewegs nach der fünf=
ten Baſtion.

Halten Sie ſich an die Mauer, Euer Wohlgeboren! ſagte der Soldat.

Weshalb?

Es iſt gefährlich, Euer Wohlgeboren: ſehen
Sie, da fliegt ſie ſchon hinüber! ſagte der
Soldat, indem er auf den pfeifenden Ton einer
Kanonenkugel horchte, die auf dem trockenen
Weg auf der anderen Seite der Straße ein=
ſchlug.

Koſelzow ging, ohne auf den Soldaten zu
hören, kühn in der Mitte der Straße.

Es waren dieſelben Straßen, dasſelbe ſogar
noch häufigere Feuern, dasſelbe Stöhnen, Vor-
übertragen von Verwundeten und dieſelben Batterien, Bruſtwehren und Laufgräben, wie im Früh=

jahr, da er in Sewaſtopol geweſen; aber das
alles war jetzt noch trauriger und zugleich ener-
giſcher: es gab noch mehr durchgeſchlagene Dächer,
Licht in den Fenſtern war gar nicht mehr ſichtbar,
außer in Kuſchtſchins Hauſe (dem Lazarett),
Frauen ſah man gar nicht mehr auf der Straße,
auf allem lag nicht mehr der frühere Charakter
des Alltäglichen und der Sorgloſigkeit, ſondern
der Stempel einer bangen Erwartung und
Müßigkeit.

Aber da iſt ſchon der letzte Laufgraben, da
tönt auch die Stimme eines Soldaten vom P.-
Regiment, der ſeinen früheren Hauptmann erkannt
hat; da ſteht auch das dritte Bataillon in der
Dunkelheit, an die Wand gelehnt, bisweilen auf
einen Augenblick durch Schüſſe beleuchtet und ſeine
Gegenwart nur durch gedämpftes Murmeln und
das Klirren der Gewehre verratend.

Wo iſt der Regimentskommandeur? fragte
Koſelzow.

In der Blindage, Euer Wohlgeboren, bei den
Seeleuten, antwortete ein dienſtfertiger Soldat.
Bitte, ich werde Sie führen.

Von Laufgraben zu Laufgraben führte der
Soldat Koſelzow zu einem kleinen Graben in einem
Laufgraben. Im Graben ſaß ein Matroſe, der
ſeine Pfeife rauchte; hinter ihm war eine Thür
ſichtbar, durch deren Spalt Licht ſchimmerte.

Darf man eintreten?

Werde Sie ſogleich melden! und der Soldat
trat zur Thür ein.

Drinnen ſprachen zwei Stimmen.

Wenn Preußen die Neutralität bewahrt, ſagte
die eine Stimme, ſo wird auch Öſterreich

Ach was, Öſterreich, ſagte die andere, wenn
die ſlaviſchen Völker . . . Laß eintreten.

Koſelzow war nie in dieſer Blindage geweſen.
Sie frappierte ihn durch ihren Luxus. Der Fußboden war getäfelt, an der Thür hielt eine ſpaniſche
Wand den Wind ab. Zwei Betten waren an den
Wänden aufgeſtellt; in einer Ecke ſtand ein großes
Bild der Gottesmutter in goldenen Gewändern,
und vor ihm brannte eine roſa Lampe. Auf dem
einem Bett ſchlief ein Marineoffizier, vollſtändig
angekleidet; auf dem andern ſaßen vor einem
Tiſch, auf dem zwei halbvolle Flaſchen Wein ſtanden, der neue Regimentskommandeur im Geſpräch
mit ſeinem Adjutanten. Obgleich Koſelzow durchaus kein Feigling war und ſich weder der Behörde,
noch dem Regimentskommandeur gegenüber einer
Schuld bewußt war, wurde er doch zaghaft bei
dem Anblick des Hauptmanns, der vor kurzem
noch ſein Kamerad geweſen war; ſo ſtolz erhob
ſich dieſer Hauptmann, um ihn auszufragen. „Sonderbar, dachte Koſelzow, während er ſeinen Kommandeur anſah, ſieben Wochen ſind es erſt, daß
er das Regiment bekommen hat, und wie deutlich
ſpricht ſchon aus allem, was ihn umgiebt, aus ſeiner

Kleidung, aus seinem Gebahren, aus seinem Blick, die Würde des Regimentskommandeurs. Vor kurzem — dachte er — hat dieser Batteriechef noch mit uns gezecht, an Wochentagen ein dunkles Zißhemd getragen, das länger rein hält, nie jemand zu sich eingeladen, und immer und ewig Klops und Quarkpiroggen gegessen, und jetzt? . . . Und im Blick dieser Ausbruck kalten Hochmuts, der zu sagen scheint: wenn ich auch dein Kamerad bin, weil ich Regimentskommandeur neuer Schule bin, glaube nur, ich weiß, wie gern du dein halbes Leben hingäbeft, um an meiner Stelle zu sein!"

Sie haben sich recht lange kurieren lassen, sagte der Oberst zu Koselzow und sah ihn kühl an.

Ich bin krank gewesen, Oberst! Die Wunde ist jetzt noch nicht ganz geschlossen.

So sind Sie unnütz gekommen, sagte der Oberst und betrachtete mißtrauisch die volle Gestalt des Offiziers. Sie können aber doch den Dienst versehen?

Gewiß kann ich das!

Nun, ich freue mich sehr. So übernehmen Sie vom Fähnrich Sajzow die neunte Kompagnie — Ihre frühere; sogleich werden Sie die Ordre erhalten.

Zu Befehl!

Wollen Sie die Güte haben, wenn Sie fortgehen, den Regimentsadjutanten zu mir zu schicken, schloß der Regimentskommandeur, und gab durch eine leichte Verbeugung zu verstehen, daß die Audienz beendet sei.

Während Koselzow aus der Blindage herausging, brummte er etwas vor sich hin und zog die Schultern hoch, als bereite ihm etwas Schmerz, Unbehagen oder Ärger — Ärger nicht über den Regimentskommandeur (der hatte ihm keinen Grund gegeben); er war mit sich selbst, mit allem, was um ihn her vorging, unzufrieden.

XV

Bevor Koselzow sich zu seinen Regimentskameraden begab, ging er, seine Kompagnie zu begrüßen und zu sehen, wo sie stand. Die aus Schanzkörben gebildeten Brustwehren, die Anlage der Laufgräben, die Kanonen, an denen er vorbeikam, sogar die Splitter der Bomben, über die er unterwegs stolperte, — das alles, unaufhörlich durch das Feuer der Schüsse erhellt, war ihm bekannt; das alles hatte sich vor drei Monaten, im Verlauf der vierzehn Tage, die er ununterbrochen auf derselben Bastion zugebracht, seinem Gedächtnisse lebhaft eingeprägt. Obwohl viel Schreckliches in der Erinnerung lag, hatte sie doch auch den großen Zauber des Vergangenen, und er sah mit Vergnügen, als wären die hier zugebrachten vierzehn Tage angenehme gewesen, die bekannten Orte und Gegenstände wieder. Die

Kompagnie lag an der Verteidigungswand, bei der sechsten Bastion.

Koselzow ging in eine lange, vom Eingange her vollständig offene Blindage, in der, wie man ihm sagte, die neunte Kompagnie stand. In der ganzen Blindage war buchstäblich kein Fuß breit Platz: so voll war sie vom Eingang ab von Soldaten. Auf der einen Seite brannte ein kurzes Talglicht. Das Licht hielt, liegend, ein Soldat und beleuchtete ein Buch, das ein anderer buchstabierend las. Um das Licht waren in dem trüben Halbdunkel der Blindage erhobene Köpfe sichtbar, die gespannt dem Leser zuhörten. Das Buch war ein ABC-Buch. Als Koselzow in die Blindage eintrat, hörte er folgendes:

„Ge—bet nach Be—en—di—gung des Un—terrichts. Ich dan—ke Dir Schöp—fer . . .“

Putzt doch das Licht! rief eine Stimme. Das Buch ist prächtig . . . „Mein . . . Gott . . .“ fuhr der Vorleser fort.

Als Koselzow nach dem Feldwebel fragte, verstummte der Vorleser, die Soldaten gerieten in Bewegung, husteten, schnäuzten sich, wie stets nach einem anhaltenden Schweigen. Der Feldwebel erhob sich, seinen Mantel zuknöpfend, von seinem Platz in der Nähe des Vorlesers und kam, über die Füße und auf den Füßen derer, die nicht Zeit hatten, sie wegzuziehen, schreitend, an den Offizier heran.

Guten Tag, Brüderchen! Iſt das alles unſere
Kompagnie?

Wir wünſchen Geſundheit! Wir gratulieren zur
Ankunft, antwortete der Feldwebel, indem er heiter
und freundlich Koſelzow anſah. — Hat ſich Ihr
Befinden gebeſſert? Nun Gott ſei Dank. Wir
haben uns ſehr nach Ihnen geſehnt.

Man ſah gleich, daß Koſelzow bei der Kompagnie beliebt war.

Im Hintergrunde der Blindage ließen ſich
Stimmen hören: der frühere Kompagniekommandeur iſt wieder da, der verwundet war, Koſelzow,
Michail Sſemjonytſch iſt wieder da u. dgl.; einige
gingen ſogar auf ihn zu, der Trommler begrüßte ihn.

Guten Tag, Obantſchuk? ſagte Koſelzow. Un-
verſehrt? . . . Wünſch' euch Geſundheit, Kinder,
rief er darauf mit erhobener Stimme.

Wir wünſchen Ihnen Geſundheit! tönte es
toſend in der Blindage.

Wie geht's euch, Kinder?

Schlecht, Euer Wohlgeboren; der Franzoſe hat
die Oberhand, — er ſchießt ſo bös von den Schanzen her — und damit baſta, ins Feld wagt er ſich
nicht.

Vielleicht giebt's Gott, zu meinem Glück, daß
ſie auch ins Feld kommen, Kinder! erwiderte Koſelzow. Ich bin ja nicht das erſtemal bei euch: wir
werden ſie wieder ausklopfen.

An uns soll's nicht fehlen, Euer Wohlgeboren! antworteten einige Stimmen.

Na, aber sie sind tapfer! sagte eine Stimme.

Furchtbar tapfer! sagte der Trommler nicht laut, aber so, daß es hörbar war, zu einem anderen Soldaten gewandt, als wenn er vor diesem die Worte des Kompagnieführers rechtfertigen und ihn überzeugen wollte, daß in diesen Worten nichts Prahlerisches und Unwahrscheinliches liege.

Von den Soldaten ging Koselzow in die Kaserne der Verteidigungstruppen zu den Offizieren, seinen Kameraden.

XVI

In dem großen Zimmer der Kaserne waren eine Menge Leute: Marine-, Artillerie- und Infanterieoffiziere. Die einen schliefen, andere unterhielten sich, auf dem Pulverkasten und der Lafette einer Festungskanone sitzend; die dritten bildeten im Alkoven eine große und laute Gruppe, sie saßen auf der Diele auf zwei ausgebreiteten Filzmänteln, tranken Porter und spielten Karten.

Ah, Koselzow, Koselzow ... Gut, daß du gekommen bist. Brav! ... Was macht die Wunde? ließ sich von verschiedenen Seiten hören. Auch hier konnte man sehen, daß man ihn gern hatte und sich über seine Ankunft freute.

Koselzow schüttelte seinen Bekannten die Hand

und geſellte ſich zu der lauten Gruppe, die aus mehreren Offizieren beſtand, die Karten ſpielten. Es waren auch Bekannte von ihm darunter. Ein hübſcher, magerer, brünetter Mann mit einer langen, hageren Naſe und einem ſtarken Schnauz= bart, der lang von den Wangen herabhing, hielt die Bank mit ſeinen weißen, hageren Fingern, auf einem der Finger trug er einen großen goldenen Siegelring mit einem Wappen. Er legte die Karten gerade vor ſich hin, ohne Sorgfalt, er war offenbar erregt und wollte nur ſorglos erſcheinen. Neben ihm zur Rechten war, auf den Ellbogen ge= ſtützt, ein grauköpfiger Major hingeſtreckt, ſetzte mit erheuchelter Kaltblütigkeit immer einen halben Rubel und zahlte ſofort aus. Zur linken Hand ſaß lauernd ein hübſcher junger Offizier mit ſchweißigem Geſicht, lächelte gezwungen und ſcherzte. Wenn ſeine Karte dran war, bewegte er unaufhör= lich die eine Hand in ſeiner leeren Hoſentaſche. Er ſpielte um hohen Einſatz, aber offenbar nicht mehr um Tauſende, was den hübſchen, brünetten Herrn wurmte. Ein kahlköpfiger Offizier mit rieſiger Naſe und großem Mund, ein hagerer und blaſſer Mann, ging im Zimmer auf und nieder, hielt einen großen Haufen Banknoten in der Hand, ſpielte immer mit barem Gelde va banque und gewann immer.

Koſelzow trank einen Schnaps und ſetzte ſich zu den Spielern.

Setzen Sie doch, Michail Ssemjonytsch! sagte
der Bankhalter zu ihm. Geld, meine ich, müssen
Sie die Menge mitgebracht haben.

Wie soll ich zu Geld kommen? Im Gegenteil,
ich habe das letzte in der Stadt gelassen.

Wie? Sie haben doch gewiß jemanden in
Ssimferopol aufsitzen lassen.

Wahrhaftig, ich habe nicht viel, sagte Koselzow,
aber er wünschte offenbar nicht, daß man ihm
glaube, knöpfte den Rock auf und nahm die alten
Karten zur Hand.

Ein Versuch kann nicht schaden. Man muß
das Schicksal versuchen! Jedes Tierchen hat sein
Plaisierchen! ... Sie müssen nur eins trinken,
sich Mut zu machen.

Er trank ein zweites Gläschen Schnaps und
etwas Porter, und hatte in kurzer Zeit seine letzten
drei Rubel verspielt.

Der kleine schweißige Offizier war mit hundert-
fünfzig Rubel in der Kreide.

Nein, es will nicht glücken, sagte er und griff
nachlässig nach einer neuen Karte.

Wollen Sie einsetzen, sagte der Bankhalter zu
ihm, hielt einen Augenblick inne und sah ihn an.

Gestatten Sie mir, morgen zu setzen, antwortete
der schweißige Offizier, erhob sich und bewegte
noch lebhafter seine Hand in der leeren Tasche.

Hm ... brummte der Bankhalter, warf sich
ärgerlich nach rechts und nach links und führte die

Taille zu Ende. — Aber nein, so geht's nicht, sagte
er und legte die Karten hin. Ich passe. So
geht's nicht, Sachar Iwanytsch, fügte er hinzu.
Wir haben auf bar gespielt und nicht auf
Kreide.

Wie, zweifeln Sie an mir? . . . Merkwürdig,
wahrhaftig!

Von wem wünschen Sie Geld? brummte der
Major, der etwa acht Rubel gewonnen hatte. Ich
habe schon mehr als zwanzig Rubel gesetzt, und
habe gewonnen, aber ich bekomme nichts.

Woher soll ich denn zahlen, sagte der Bankhalter, wenn kein Geld auf dem Tische ist.

Was kümmert das mich? schrie der Major
und erhob sich, ich spiele mit Ihnen und nicht
mit dem da.

Der schweißige Offizier wurde plötzlich hitzig.

Ich sage, ich bezahle morgen — wie können
Sie es wagen, mir Grobheiten zu sagen.

Ich sage, was ich will! So handelt man nicht,
wissen Sie's nun? schrie der Major.

Lassen Sie gut sein, Fjodor Fjodorytsch, begannen alle und hielten den Major zurück.

Aber senken wir schnell den Vorhang über dieses Schauspiel. Morgen, heute schon wird vielleicht jeder dieser Menschen heiter und stolz dem
Tode entgegengehen und standhaft und ruhig sterben; aber der einzige Lebenstrost in diesen, auch
die kühlste Einbildungskraft entsetzenden Verhält-

niſſen des Mangels alles Menſchlichen und der
Ausſichtsloſigkeit einer Beſſerung, der einzige Troſt
iſt Vergeſſen, Vernichtung des Bewußtſeins. Auf
dem Grunde der Seele eines jeden ruht der edle
Funke, der einen Helden aus ihm macht; aber
dieſer Funke hört auf hell zu glimmen — kommt
die entſcheidende Stunde, dann lodert er flam-
mend auf und beleuchtet große Thaten.

XVII

Am folgenden Tage dauerte das Bombarbe-
ment mit gleicher Stärke fort. Gegen elf Uhr
morgens ſaß Wolodja Koſelzow in dem Kreiſe
der Batterieoffiziere; er hatte ſich ſchon ein wenig
an ſie gewöhnt und betrachtete die neuen Geſichter,
beobachtete, fragte und erzählte. Das beſcheidene,
in gewiſſem Sinne auf Gelehrſamkeit Anſpruch
machende Geſpräch der Artillerieoffiziere flößte ihm
Achtung ein und gefiel ihm. Das ſchamhafte, un-
ſchuldige und hübſche Äußere Wolodjas machte
ihm die Offiziere geneigt. Der älteſte Offizier
in der Batterie, ein Kapitän, ein Mann von kleiner
Geſtalt und rötlichem Haar mit einem Schopf und
glattgekämmten Schläfen, in den alten Überlieferungen der Artillerie aufgewachſen, ein Ritter der
Damen und ſozuſagen ein Gelehrter, fragte Wolodja nach ſeinen Kenntniſſen in der Artillerie und
nach neuen Erfindungen, ſpöttelte liebenswürdig

über ſein hübſches Geſichtchen und ging mit ihm
im allgemeinen wie ein Vater mit ſeinem Sohne
um, was Wolodja ſehr wohl that. Der Unterleutnant Djadjenko, ein junger Offizier, der mit
kleinruſſiſchem Accent ſprach, in einem zerriſſenen
Mantel und mit zerzauſtem Haar, ſprach zwar
ſehr laut, ſuchte immer eine Gelegenheit, giftig
zu ſein und hatte eckige Bewegungen, gefiel aber
trotzdem Wolodja, der unter dieſer herben Außen-
ſeite natürlich einen ſehr prächtigen und guten
Menſchen ſah. Djadjenko bot Wolodja fortwährend ſeine Dienſte an und ſetzte ihm auseinander,
daß alle Geſchütze in Sewaſtopol nicht regelrecht
aufgeſtellt ſeien. Leutnant Tſchernowizkij mit den
hochgezogenen Brauen gefiel Wolodja nicht, er
war zwar höflicher als die anderen und trug einen
ziemlich ſauberen, wenn auch nicht neuen, doch
aber ſorgfältig geflickten Rock und ließ auf ſeiner
Atlasweſte eine goldene Kette ſehen. Er wurde
nicht müde zu fragen, was der Kaiſer und der
Kriegsminiſter machen, und erzählte ihm unaufhörlich mit erkünſtelter Begeiſterung von den Heldenthaten vor Sewaſtopol, klagte darüber, daß es
ſo wenig Patrioten gebe und ließ überhaupt viel
Wiſſen, Geiſt und edles Empfinden durchblicken;
aber es berührte doch alles Wolodja unangenehm
und unnatürlich. Vor allem bemerkte er, daß
die übrigen Offiziere mit Tſchernowizkij faſt gar
nicht ſprachen. Der Junker Wlang, den er geſtern

gewedt hatte, war ebenfalls da. Er sprach nichts,
sondern saß bescheiden in einer Ecke und lachte,
wenn etwas Spaßhaftes erzählt und dabei etwas
vergessen wurde, dessen er sich erinnerte, reichte
Branntwein herum und machte für alle Offiziere
Cigaretten. Mochte das bescheidene, höfliche Be-
tragen Wolodjas, der mit ihm gerade so verkehrte,
wie mit den Offizieren, und ihn nicht wie einen
Knaben behandelte, oder sein angenehmes Äußere
„Wlanga“, wie ihn die Soldaten nannten, indem
sie seinen Namen zu einem Femininum umbildeten,
fesseln, er konnte seine gutmütigen, großen Augen
von dem Gesicht des neuen Offiziers nicht ab-
wenden, indem er alle seine Wünsche zu erraten
und ihnen zuvorzukommen suchte, und sich ununterbrochen in einer Ertase der Verliebtheit befand,
die natürlich von den Offizieren bemerkt und ver-
spottet wurde.

Vor dem Mittagessen wurde ein Stabskapitän
von der Bastion abgelöst und schloß sich ihrer
Gesellschaft an. Stabskapitän Kraut war ein blonder, hübscher, fescher Offizier mit großem rötlichen
Schnurrbart und Backenbart; er sprach das Russische vortrefflich, aber zu regelrecht und schön für
einen Russen. Im Dienst und im Leben war er
ganz wie in seiner Sprache: im Dienst ausgezeichnet,
ein vortrefflicher Kamerad, der zuverlässigste Mann
in Geldangelegenheiten, aber einfach als Mensch,
und gerade deshalb, weil alles in einem gewissen

Sinne gut an ihm war, fehlte ihm etwas. Wie alle ruſſiſchen Deutſchen war er, ein ſonderbarer Gegenſatz zu den „idealen" Deutſchen, im höchſten Grade „praktiſch".

Da erſcheint unſer Held! rief der Kapitän, als Kraut, die Arme ſchwenkend und mit den Sporen klirrend, ins Zimmer kam.

Was wünſchen Sie, Thee oder Schnaps?

Ich habe ſchon befohlen, den Ssamowar aufzuſtellen, antwortete er. Aber einen Schnaps kann man inzwiſchen ſchon genehmigen, denn der erfreut des Menſchen Herz. Freut mich ſehr, Ihre Bekanntſchaft zu machen; ich bitte Sie, uns Freund und Gönner zu ſein, ſagte er zu Wolodja, der aufgeſtanden war und ſich vor ihm verneigte. Stabskapitän Kraut ... Der Feuerwerker hat mir auf der Baſtion geſagt, daß Sie ſchon geſtern angekommen ſind.

Ich danke Ihnen ſehr für Ihr Bett; ich habe die Nacht darauf geſchlafen.

Aber auch gut? . . . Ein Fuß iſt abgebrochen, und beim Belagerungszuſtande findet ſich niemand, ihn auszubeſſern, — man muß was unterlegen.

Nun, wie war's, haben Sie glücklichen Tagesdienſt gehabt? fragte Djadjenko.

Ja, es war weiter nichts; nur Skworzow hat was abbekommen, auch eine Lafette mußte ausgebeſſert werden: ihre Wand iſt in tauſend Stücke geſchoſſen worden.

Er erhob sich von seinem Platz und begann hin- und herzugehen: es war ihm anzumerken, daß er sich unter dem Einflusse der angenehmen Stimmung eines Menschen befand, der soeben einer Gefahr entronnen ist.

Na, Dmitrij Gawrilytsch, sagte er und klopfte dem Kapitän auf die Knie. Wie geht's, Väterchen? Noch keine Antwort auf den Vorschlag zur Beförderung?

Noch nichts.

Es kommt auch nichts, begann Djabjenko, ich habe es Ihnen vorher klar gemacht.

Warum denn nicht?

Warum? weil die Relation nicht so abgefaßt ist.

Ach Sie, Sie sind ein Streithahn, ein rechter Streithahn! sagte Kraut und lächelte fröhlich. Ein echter, hartnäckiger Chacholl (Spitzname für die Kleinrussen), aber Ihnen zum Possen wird der Leutnant herauskommen.

Nein, er wird nicht herauskommen.

Wlang! bringen Sie mir doch meine Pfeife her und stopfen Sie sie mir, sagte er zu dem Junker gewandt, der sofort bereitwillig nach der Pfeife lief.

Kraut brachte Leben in die Gesellschaft. Er erzählte vom Bombardement, fragte, was in seiner Abwesenheit geschehen war und plauderte mit allen.

XVIII

Na, wie haben Sie sich bei uns schon ein= gerichtet? fragte Kraut Wolodja. Verzeihen Sie, wie ist Ihr Vor= und Vatersname? Bei uns in der Artillerie ist es einmal so Sitte Haben Sie schon ein Reitpferd angeschafft?.

Nein, sagte Wolodja, ich weiß nicht, was wer= den wird. Ich habe dem Kapitän gesagt . . . ich habe kein Pferd, ich habe aber auch kein Geld, so lange ich nicht Zehr= und Reisegelder bekomme.

Apollon Sergjeitsch? — er brachte mit den Lippen einen Laut hervor, der starken Zweifel ausdrückte und sah den Kapitän an, — kaum!

Je nun, schlägt er's ab, ist's auch kein Unglück, sagte der Kapitän, hier braucht man eigentlich kein Pferd, aber man kann's immerhin versuchen, ich will heute fragen.

Wie, kennen Sie ihn nicht? mischte sich Dja= bjenko ein, etwas anderes kann er abschlagen, aber Ihnen wird er keineswegs Wollen Sie wetten?

Na ja, Sie müssen natürlich immer wider= sprechen.

Ich widerspreche, weil ich weiß: in anderen Dingen ist er geizig, aber ein Pferd giebt er, er hat ja auch keinen Vorteil von der Ablehnung.

Gewiß hat er Vorteil davon, wenn ihm hier

der Hafer acht Rubel zu stehen kommt, sagte Kraut. Man hat Vorteil, wenn man keine überflüssigen Pferde hält.

Bitten Sie um den Staar, Wladimir Ssemjonytsch, sagte Wlang, der mit Krauts Pfeifchen zurückkam, ein ausgezeichnetes Pferd!

Mit dem Sie in Ssoroki in den Graben gefallen sind, Wlanga, hm? bemerkte der Stabskapitän.

Nein, aber was sprechen Sie da, acht Rubel der Hafer, fuhr Djadjenko fort im Streit, wo er seine Rechnung mit zehneinhalb macht? Natürlich, hat er keinen Vorteil davon.

Das wäre schön, wenn ihm nicht noch was übrig bliebe! Wenn Sie, so Gott will, Batteriekommandeur sind, so geben Sie kein Pferd, nach der Stadt zu reiten.

Wenn ich Batteriekommandeur bin, Väterchen, soll jedes Pferd vier Maß Futter haben, ich werde keine Gelder zusammenscharren, haben Sie keine Sorge.

Wer's erlebt, wird's sehen ... sagte der Stabskapitän. Und Sie werden ebenso handeln, und Sie auch, wenn Sie eine Batterie kommandieren werden, fügte er hinzu und zeigte auf Wolodja.

Warum glauben Sie, Friedrich Christianytsch, daß auch Sie Profit machen wollen? mischte sich Tschernowizkij ein. Vielleicht haben Sie Vermögen, wozu sollten Sie Vorteil suchen?

Nicht doch, ich halte ... Verzeihen Sie mir,
Kapitän, sagte Wolodja und wurde bis über die
Ohren rot, ich halte das für unehrenhaft.

Aha, wie heikel er ist! sagte Kraut.

Das ist ganz gleich: ich meine nur, wenn es
nicht mein Geld ist, darf ich's auch nicht nehmen.

Und ich sage Ihnen nur so viel, junger Mann,
begann der Stabskapitän in ernsterem Ton, Sie
müssen wissen, wenn Sie eine Batterie kommandieren, wenn Sie da Ihre Sache gut machen,
dann ist alles in Ordnung; in die Ernährung der
Truppen mischt sich der Batteriekommandeur nicht:
das wird in der Artillerie von altersher so gehalten. Sind Sie ein schlechter Wirt, so behalten
Sie nichts übrig. Hier müssen Sie Ausgaben
machen, im Widerspruch mit Ihren Verhältnissen,
für Hufbeschlag — das ist eins (er bog einen
Finger ein), für die Apotheke — das ist zwei
(er bog einen zweiten Finger ein), für die Kanzlei,
drei, für Handpferde an die fünfhundert zahlen,
Väterchen — das ist vier, Sie müssen den Soldaten neue Kragen geben, Kohlen brauchen Sie
viel, Tisch für die Offiziere müssen Sie halten.
Sind Sie Batteriekommandeur, so müssen Sie anständig leben, Sie müssen einen Wagen haben,
einen Pelz und noch zwei, drei, zehn andere Dinge
... Was ist da viel zu reden!

Die Hauptsache aber, fiel der Kapitän ein,
der die ganze Zeit geschwiegen hatte, die Haupt-

sache, Wladimir Ssemjonytsch, ist die: stellen Sie
sich vor, ein Mensch, wie ich zum Beispiel, dient
zwanzig Jahre, erst für zwei-, dann für dreihundert Rubel Gehalt; soll man ihm für seinen
Dienst nicht wenigstens ein Stück Brot im Alter
geben?

Ach, was soll das! begann wieder der Stabskapitän, urteilen Sie nicht voreilig, kommt Zeit,
kommt Rat, leisten Sie nur Ihren Dienst.

Wolodja überkam eine schreckliche Scham, weil
er so unüberlegt gesprochen hatte, er brummte
etwas in den Bart und dann hörte er weiter
schweigend zu, wie Djadjenko im höchsten Eifer
wieder zu streiten begann und das Entgegengesetzte
behauptete.

Der Streit wurde durch den Eintritt des Haupt-
mannsburschen unterbrochen, der zum Essen rief.

Aber sagen Sie heute Appollon Sergjeewitsch,
er solle Wein geben, sagte Tschernowizkij zum Kapitän und knöpfte sich den Rock zu. Was knausert
er? Sind wir erst tot, kriegt keiner was!

Sagen Sie's ihm selbst.

Das geht nicht. Sie sind der älteste Offizier.
Alles muß seine Ordnung haben.

XIX

In dem Zimmer, in dem sich Tags zuvor
Wolodja beim Obersten gemeldet hatte, war der

Tiſch von der Wand abgerückt und mit einem
ſchmutzigen Tiſchtuch bedeckt. Diesmal gab ihm
der Batteriekommandeur die Hand und fragte ihn
über Petersburg und ſeine Reiſe aus.

Nun, meine Herren, wer Branntwein trinkt,
den bitte ich zuzugreifen. Die Fähnriche trinken
keinen, fügte er lächelnd hinzu.

Überhaupt zeigte ſich der Batteriekommandeur
heute durchaus nicht ſo mürriſch, wie Tags zuvor:
er hatte im Gegenteil das Benehmen eines guten,
gaſtfreien Wirts und eines älteren Kameraden
unter den Offizieren. Aber trotzdem bezeigten ihm
alle Offiziere die größte Achtung, vom alten Kapitän an bis zum Fähnrich Djadjenko, die ſich
darin kundgab, wie ſie mit einem höflichen Blick
auf den Kommandeur ſprachen und wie ſie einer
nach dem andern zögernd herantraten und den
Schnaps tranken.

Das Mittageſſen beſtand aus einer großen
Schüſſel Kohlſuppe, in der fette Stücke Rindfleiſch
ſchwammen, und die mit einer ungeheuren Menge
von Pfeffer und Lorbeerblättern gewürzt war,
aus polniſchen Zrazy mit Senf und aus Kaldaunen
mit nicht ganz friſcher Butter. Servietten gab es
nicht, die Löffel waren aus Blech und Holz, Gläſer
gab es zwei, und auf dem Tiſche ſtand eine Karaffe
Waſſer mit abgebrochenem Halſe; aber das Mit-
tagmahl war recht heiter: die Unterhaltung verſtummte keinen Augenblick. Zuerſt war von dem

Treffen bei Inkermann die Rede, an dem die
Batterie teilgenommen hatte, und jeder erzählte
seine Eindrücke und sprach seine Meinung über
die Ursache des Mißerfolges aus und verstummte,
sobald der Batteriekommandeur selbst zu sprechen
begann; dann ging das Gespräch ungezwungen
auf die Unzulänglichkeit des Kalibers der leichten
Geschütze über, zu den neuen leichteren Kanonen,
und Wolodja hatte dabei Gelegenheit, seine Kennt=
nisse in der Artillerie zu zeigen. Aber bei der
gegenwärtigen, entsetzlichen Lage Sewastopols blieb
das Gespräch nicht stehen, als ob jeder viel zu
sehr an diesen Gegenstand dachte, als daß er noch
darüber sprechen sollte. Auch von den Pflichten
des Dienstes, die Wolodja auf sich nehmen sollte,
war zu seinem Erstaunen und Verdruß gar nicht
die Rede, als ob er nach Sewastopol gekommen
wäre, nur um über die leichteren Geschütze zu plau=
dern und bei dem Batteriekommandeur Mittag
zu speisen. Während des Essens fiel unweit des
Hauses, in dem sie saßen, eine Bombe nieder. Der
Fußboden und die Wände zitterten, wie von einem
Erdbeben, und die Fenster wurden vom Pulver=
dampf verdunkelt.

Das haben Sie wohl in Petersburg nicht ge=
sehen, hier sind solche Überraschungen häufig, sagte
der Batteriekommandeur. Wlang, sehen Sie nach,
wo sie geplatzt ist.

Wlang sah nach und meldete: auf dem Platze,

und weiter war von der Bombe nicht mehr die Rede.

Kurz vor Ende des Mittagessens kam ein alter Batterieschreiber ins Zimmer mit drei versiegelten Briefen und übergab sie dem Batteriekommandeur.

Das hier ist sehr dringlich, soeben hat es ein Kosak vom Oberbefehlshaber der Artillerie überbracht.

Alle Offiziere blickten mit ungeduldiger Erwartung auf die in solchen Dingen geübten Finger des Batteriekommandeurs, die das Siegel erbrachen und das „sehr dringliche" Schriftstück herauszogen. „Was kann das wohl sein?" stellte sich jeder die Frage. Es konnte der Befehl zum Ausmarsch aus Sewastopol sein, um auszuruhen, es konnte aber auch die Beorderung der ganzen Batterie auf die Bastionen sein.

Wieder! sprach der Batteriekommandeur und warf zornig das Papier auf den Tisch.

Was enthält es, Apollon Ssergjeewitsch? fragte der älteste Offizier.

Man verlangt einen Offizier mit Bedienungsmannschaft für eine Mörserbatterie . . . Ich habe im ganzen nicht mehr als vier Offiziere, und meine Bedienungsmannschaft ist nicht vollzählig, brummte der Batteriekommandeur, und da verlangt man noch das! Aber einer muß gehen, meine Herren, rief er nach einem kurzen Schweigen. Der Befehl lautet, um sieben Uhr auf der Schanze sein

Den Feldwebel herschicken! Wer geht, meine Herren? entscheiden Sie, wiederholte er.

Nun, Sie sind ja noch nirgends gewesen, sagte Tschernowizkij auf Wolodja zeigend.

Der Batteriekommandeur antwortete nichts.

Ja, ich gehe gern, sagte Wolodja und fühlte, wie ihm kalter Schweiß auf dem Rücken und am Halse hervortrat.

Nein, weshalb! fiel der Kapitän ein. Natürlich wird sich niemand weigern, aber es ist kein Grund, sich selbst anzubieten; da es uns Apollon Ssergjeewitsch freistellt, so wollen wir losen, wie wir es damals getan haben.

Alle waren einverstanden. Kraut schnitt Papierstreifen, rollte sie zusammen und warf sie in eine Mütze. Der Kapitän scherzte dabei und entschloß sich sogar bei dieser Gelegenheit, den Oberst um Branntwein zu bitten, „um tapfer zu bleiben", wie er sich ausdrückte. Djabjenko saß finster da, Wolodja lächelte, Tschernowizkij behauptete, es werde bestimmt ihn treffen. Kraut war vollständig ruhig.

Wolodja ließ man zuerst wählen. Er nahm einen Papierstreifen, der war sehr lang; da fiel es ihm ein, einen andern zu wählen, — er zog einen zweiten, kleineren und dünneren, entfaltete ihn und las: „gehen".

Ich! sagte er seufzend.

Nun, mit Gott. So bekommen Sie bald Ihre

Feuertaufe, ſagte der Kommandeur, indem er mit einem gutmütigen Lächeln dem Fähnrich in das verlegene Geſicht ſah, machen Sie ſich nur bald fertig. Und damit Sie ſich nicht langweilen, wird Wlang als Feuerwerker mit Ihnen gehen.

XX

Wlang war mit dieſem Befehl außerordentlich zufrieden, er machte ſich ſchnell fertig, um Wolodja zu helfen, und redete ihm zu, das Bett, den Pelz, eine alte Nummer der „Vaterländiſchen Annalen“, die Spiritusmaſchine zum Kaffeekochen und andere unwichtige Dinge mitzunehmen. Der Kapitän riet Wolodja, zunächſt im „Handbuch“*) den Abſchnitt über das Schießen aus Mörſern zu leſen und ſich die Schießtabellen herauszuſchreiben. Wolodja ging ſofort ans Werk und bemerkte zu ſeiner Verwunderung und Freude, daß, obwohl das Gefühl der Furcht vor der Gefahr und noch mehr davor, ſich feig zu erweiſen, ihn noch immer ein wenig beunruhigte, dies doch nicht in dem Grade der Fall war, wie am Abend vorher. Zum Teil lag das an den Eindrücken des Tages und ſeiner Thätigkeit, zum Teil, und zwar zum größeren Teil daran, daß die Furcht, wie jedes ſtarke Gefühl, nicht lange in gleichem Grade dauern kann. Mit

*) „Handbuch für die Offiziere der Artillerie“ von Beʒaque.

einem Worte, er war schon so weit, daß er den Furchthöhepunkt hinter sich hatte. In der siebenten Stunde, da sich eben die Sonne hinter der Nikolajewkaserne verbarg, kam der Feldwebel zu ihm mit der Meldung, die Leute seien bereit und warten.

Ich habe „Wlanga" die Namensliste übergeben. Belieben Sie, ihn zu fragen, Euer Wohlgeboren! sagte er.

Zwanzig Artilleristen mit Seitengewehren, ohne Lederzeug, standen an einer Ecke des Hauses. Wolodja ging mit dem Junker an sie heran. Ob man ihnen eine kleine Rede hält oder einfach sagt: Wünsch' euch Gesundheit, Kinder! — oder sagt man gar nichts? dachte er. Aber warum soll man nicht einfach sagen: Wünsch' euch Gesundheit! Das ist sogar das Richtige. Und er rief keck mit seiner klangvollen, jugendlichen Stimme: Wünsch' euch Gesundheit, Kinder!

Die Soldaten antworteten munter; die jugendliche, frische Stimme tönte angenehm in dem Ohr eines jeden. Wolodja ging den Soldaten kühn voran, und, obwohl sein Herz so klopfte, als wenn er einige Werst aus Leibeskräften gelaufen wäre, war sein Gang doch leicht und sein Gesicht heiter. Bereits dicht an dem Malachowhügel und die Höhe hinaufsteigend, bemerkte er, wie Wlang, der keinen Schritt von ihm wich und sich zu Hause so tapfer gezeigt hatte, beständig auf die Seite ging und

den Kopf beugte, als wenn all die Bomben und
Kanonenkugeln, die hier ſchon ſehr häufig pfiffen,
gerade auf ihn zugeflogen kämen. Einige Soldaten thaten dasſelbe, überhaupt drückte ſich auf
den meiſten ihrer Geſichter wenn auch nicht Furcht,
ſo doch Unruhe aus. Dieſe Umſtände beruhigten
und ermutigten Wolodja vollſtändig.

„So bin denn auch ich auf dem Malachow-
hügel, den ich mir tauſendmal ſchrecklicher vor-
geſtellt habe! Und ich gehe auf ihm, ohne mich
vor Kanonenkugeln zu bücken und bin weit mutiger
als andere . . . Alſo bin ich kein Feigling?“ dachte
er mit Vergnügen, ja mit einem gewiſſen Entzücken
des Selbſtbewußtſeins.

Aber dieſes Gefühl wurde bald erſchüttert durch
das Schauſpiel, das ihm entgegentrat, als er in
der Dämmerung auf der Kornilowbatterie den Befehlshaber der Baſtion aufſuchte. Vier Mann Matroſen ſtanden an der Bruſtwehr und hielten einen
blutigen Leichnam ohne Stiefel und Mantel an
Füßen und Händen und ſchwenkten ihn hin und
her, um ihn über die Bruſtwehr zu werfen. (Am
zweiten Tage des Bombardements hatte man nicht
überall die Körper auf den Baſtionen ſammeln
können und warf ſie in den Graben, damit ſie
auf den Batterien nicht hinderten.) Wolodja er-
ſtarrte einen Augenblick, als er ſah, wie der Leichnam auf der Höhe der Bruſtwehr aufſchlug und
dann von dort in den Graben kollerte; aber hier

traf ihn zum Glück der Befehlshaber der Baftion,
erteilte ihm Befehle und gab ihm einen Führer
nach der Batterie und der für die Bedienungs-
mannſchaft beſtimmten Blindage mit. Wir wollen
nicht erzählen, wie viel Gefahren, Enttäuſchungen
unſer Held an dieſem Abend noch erlebt hat: wie
er, ſtatt den Schießübungen auf dem Wolkowofeld
unter allen Bedingungen der Pünktlichkeit und
Ordnung, die er hier zu finden erwartete, zwei
außer Stand geſetzte Mörſer fand; die Mündung
des einen war durch eine Kanonenkugel platt ge-
ſchlagen, der andere ſtand nur auf den Splittern
einer zerſchoſſenen Plattform, und vor dem Morgen waren keine Arbeiter zu erlangen, um die
Plattform auszubeſſern. Nicht ein Geſchoß hatte
das Gewicht, das das Handbuch vorſchrieb. Hier
wurden zwei Soldaten ſeines Kommandos verwundet, und er ſelbſt war zwanzigmal während
dieſes Abends um ein Haar dem Tode nahe. Zum
Glück war zu ſeiner Hilfe ein Kommandor von
hünenhafter Geſtalt beſtimmt worden, ein Seemann, der von Anfang der Belagerung bei den
Mörſern diente; dieſer überzeugte ihn von der
Möglichkeit, aus ihnen zu ſchießen, führte ihn
nachts mit einer Laterne auf der ganzen Baſtion,
wie in ſeinem Garten, herum, und verſprach, bis
zum Morgen alles in Stand zu ſetzen. Die Blindage, zu der ihn ſein Führer geleitete, war eine
in ſteinigem Boden ausgegrabene, zwei Klafter

lange und mit ellendicken Eichenbalken bedeckte
längliche Grube. Hier quartierte er sich mit seinen
sämtlichen Soldaten ein. Kaum hatte Wlang die
niedrige, eine Elle hohe Thür der Blindage gesehen, als er kopfüber allen voran auf sie zu-
lief, stark an die eiserne Decke anrannte und sich
in einem Winkel versteckte, aus dem er nicht
mehr hervorkam. Wolodja dagegen schlug, als
alle Soldaten sich längs der Wände auf den Boden
gelagert und einige ihre Pfeifen angezündet hatten,
sein Bett in einer Ecke auf, zündete Licht an und
legte sich, eine Cigarette rauchend, auf seine
Pritsche. Über der Blindage hörte man ununterbrochen Schüsse, die aber nicht sehr laut tönten,
ausgenommen die einer in der nächsten Nähe stehen-
den Kanone, die mit ihrem Donner die Blindage
erschütterte. In der Blindage selber war's still;
die Soldaten, die sich vor dem neuen Offizier noch
scheuten, sprachen nur bisweilen miteinander, indem der eine den andern bat, etwas Platz zu
machen oder ihm Feuer für die Pfeife zu geben.
Eine Ratte nagte irgendwo zwischen den Steinen.
Wlang, der noch nicht zu sich gekommen war und
sich noch scheu umsah, seufzte auf einmal laut.
Wolodja, auf seinem Bette in dem stillen, dicht-
bevölkerten, nur von einer Kerze erhellten Winkel-
chen, empfand dasselbe Gefühl des Glückes, das
er damals gehabt hatte, wo er als Kind beim
Versteckenspiel in den Schrank oder unter Mamas

Kleid gekrochen war, und horchte mit verhaltenem
Atem auf, ängstigte sich in der Finsternis und war
zugleich voll freudiger Erwartung. Es war ihm
schwer und heiter zugleich zu Mute.

XXI

Im Laufe einer Viertelstunde fühlten sich die
Soldaten heimisch und wurden gesprächig. Dem
Licht und dem Bette des Offiziers am nächsten
hatten sich die bedeutenderen Leute gelagert: zwei
Feuerwerker, der eine ein grauhaariger Alter mit
allen Medaillen und Kreuzen, ausgenommen das
Georgskreuz; der andere, ein junger Mensch und
Soldatenkind, der gedrehte Cigaretten rauchte. Der
Trommler hatte, wie überall, die Obliegenheit auf
sich genommen, den Offizier zu bedienen. Die
Bombardiere und die Reiter saßen in der Mitte;
und dort im Schatten am Eingange hatten sich
die „Gehorsamen"*) untergebracht. Unter diesen
begann auch das Gespräch. Die Veranlassung dazu
gab der Lärm, den ein in die Blindage stürzender
Mensch verursachte.

Weshalb bist du nicht auf der Straße geblieben, Brüderchen? . . . Singen denn die Mädchen nicht lustig? fragte man ihn.

Sie singen so wunderbare Lieder, wie man
sie auf dem Lande niemals gehört hat . . . ent-

*) S. „Der Holzschlag" II. Anm. d. Herausg.

gegnete lachend der Mann, der in die Blindage gekommen war.

Ah, Waßin hat die Bomben nicht gern, sagte einer aus der Aristokratenecke, — ach, er hat sie nicht gern!

Wie so? Wenn es sein muß, ist es eine ganz andere Sache, entgegnete langsam Waßin, bei dessen Worten alle übrigen zu schweigen pflegten. Am 24. haben wir ordentlich im Feuer gestanden, da ging's nicht anders; aber weshalb soll man es zwecklos thun? . . . Man wird unnütz totgeschossen, und die Vorgesetzten sagen einem nicht einmal dank' schön dafür.

Bei diesen Worten Waßins lachten alle.

Mjelnikow sitzt vielleicht noch draußen, sagte jemand.

Schicken Sie ihn hierher, den Mjelnikow, fügte der alte Feuerwerker hinzu, er wird sonst wirklich zwecklos totgeschossen.

Wer ist dieser Mjelnikow? fragte Wolodja.

Wir haben hier einen einfältigen Soldaten, Euer Wohlgeboren. Er fürchtet sich vor nichts in der Welt und geht jetzt immer draußen umher. Belieben Sie, ihn sich anzusehen: der Kerl sieht wie ein Bär aus.

Er kann besprechen, sagte Waßins träge Stimme.

Mjelnikow trat in die Blindage. Er war ein dicker Mann (eine außerordentliche Seltenheit bei

Soldaten) mit rotem Haar und Gesicht, ungemein vorstehender Stirn und hervortretenden hellblauen Augen.

Wie, fürchtest du dich vor den Bomben? fragte ihn Wolodja.

Weshalb soll ich mich vor den Bomben fürchten? antwortete Mjelnikow, indem er einen krummen Rücken machte und sich kratzte; durch eine Bombe sterbe ich nicht, das weiß ich.

So möchtest du hier wohnen?

Gewiß, ich möchte schon. Hier ist's heiter! entgegnete er, indem er plötzlich in Lachen ausbrach.

O, da muß man dich zu einem Ausfall mitnehmen. Wenn du willst, sage ich es dem General, sagte Wolodja, obgleich er hier nicht einen General kannte.

Warum soll ich's nicht wollen, — ich will's.

Und Mjelnikow verbarg sich hinter den anderen.

Laßt uns „Nase" spielen, Kinder! Wer hat Karten? ließ sich seine hastige Stimme vernehmen.

Wirklich begann bald in der hintern Ecke das Spiel, — man hörte die Schläge auf die Nase, Lachen und Trumpfen. Wolodja goß sich Thee aus dem Ssamowar ein, den ihm der Trommler aufgestellt hatte, lud die Feuerwerker ein, scherzte und sprach mit ihnen; er hatte den Wunsch, sich populär zu machen und war sehr befriedigt von der Achtung, die ihm entgegengebracht wurde. Als die Soldaten bemerkten, daß er ein leutseliger Herr war, fingen auch sie an, gesprächig zu werden.

Einer erzählte, die Belagerung Sewaftopols werde bald ein Ende haben, denn ein zuverlässiger Mann von der Marine habe erzählt, wie Konstantin, der Bruder des Zaren, mit der amerikanischen Flotte uns zu Hilfe komme, ferner, daß bald ein Vertrag kommen würde, zwei Wochen lang nicht zu feuern und Ruhe zu halten, wenn aber einer feuern sollte, müßte er für jeden Schuß 75 Kopeken zahlen.

Waßin war, wie Wolodja Gelegenheit hatte zu sehen, ein kleiner, bärtiger Mann mit großen, gutmütigen Augen, er erzählte, erst unter allgemeinem Schweigen, dann unter Gelächter, wie sie sich, als er auf Urlaub nach Hause kam, anfangs mit ihm gefreut hätten, wie ihn der Vater dann auf Arbeit geschickt und der Forstmeister ihm seinen Wagen gestellt hätte, um seine Frau abzuholen.

Alles das vergnügte Wolodja außerordentlich. Er fühlte nicht nur nicht die mindeste Furcht oder Unbehaglichkeit vor der Enge und dem auf die Brust fallenden Geruch in der Blindage, es war ihm sogar außerordentlich heiter und angenehm zu Mut.

Viele Soldaten schnarchten schon. Wlang hatte sich ebenfalls auf dem Boden ausgestreckt, und der alte Feuerwerker murmelte, nachdem er seinen Mantel ausgebreitet und sich bekreuzigt hatte, vor dem Einschlafen Gebete, als Wolodja auf einmal den Wunsch empfand, aus der Blindage zu gehen, um zu sehen, was draußen vorging.

Zieh' die Füße weg! schrieen, kaum daß er aufgestanden war, die Soldaten einander zu; sie zogen die Füße an sich und ließen ihm den Weg frei.

Wlang, der sich schlafend gestellt, erhob plötz= lich den Kopf und faßte Wolodja an den Schößen des Mantels.

Lassen Sie das, gehen Sie nicht, — wie kann man nur! sagte er in weinerlichem, überredenbem Tone. Sie kennen das noch nicht. Dort schlagen unaufhörlich die Kugeln ein. Bleiben Sie lieber hier.

Aber ohne Wlangs Bitten zu beachten, drängte sich Wolodja aus der Blindage und setzte sich auf die Schwelle, auf der Mjelnikow saß.

Die Luft war rein und frisch, besonders nach der Luft in der Blindage; die Nacht war hell und ruhig. Nach dem Getöse der Schüsse hörte man das Geräusch der Fuhrwerke, die Schanz= körbe herbeibrachten, und das Geplauder der Leute, die an einem Pulverkeller arbeiteten. Droben wölbte sich der hohe, gestirnte Himmel, an dem die feurigen Streifen der Bomben ununterbrochen dahinflogen. Links führte eine kleine, eine Elle

hohe Öffnung in eine andere Blindage, in dem die
Füße und Rücken der dort wohnenden Matrosen
sichtbar und ihre Stimmen hörbar waren; vor sich
sah Wolodja die Erhöhung eines Pulverkellers,
neben dem die Gestalten gebückter Leute auf-
tauchten, und auf dem, gerade in die Höhe, unter
den Gewehrkugeln und Bomben, die unaufhörlich
an diesem Platze pfiffen, eine hohe Gestalt in
einem schwarzen Überrock stand, die Hände in den
Taschen und mit den Füßen die Erde festtretend,
die andere Leute in Säden dorthin trugen. Bomben kamen häufig dorthin geflogen und platzten
ganz nahe bei dem Keller. Die Soldaten, die
die Erde schleppten, beugten sich nieder und wichen
zur Seite; die schwarze Gestalt bewegte sich nicht
fort, trat ruhig mit den Füßen die Erde fest und
blieb immer in derselben Stellung an Ort und
Stelle.

Wer ist dieser Schwarze? fragte Wolodja
Mjelnikow.

Ich weiß es nicht; ich werde hingehen, nach-
sehen.

Geh nicht! Es ist nicht nötig.

Mjelnikow aber hörte nicht und stand auf,
ging an die schwarze Gestalt heran und stand
sehr lange, ebenso gleichmütig und unbeweglich
neben ihr.

Das ist der Kellermeister, Euer Wohlgeboren!
sagte er, zurückgekehrt, eine Bombe hat den Pul-

verteller beschädigt, darum tragen Infanteristen
Erde dorthin.

Bisweilen flogen, wie es schien, Bomben direkt
nach der Thür der Blindage. Da drückte sich
Wolodja in eine Ecke und kam von neuem hervor, um in die Höhe zu sehen, ob nicht noch eine
geflogen käme.

Obwohl Wlang einigemal aus der Blindage heraus Wolodja bat, zurückzukehren, saß dieser doch an
drei Stunden auf der Schwelle, er fand ein gewisses Vergnügen daran, das Geschick zu versuchen
und den Flug der Bomben zu beobachten. Gegen
Ende des Abends wußte er bereits, woher so viele
Geschütze feuerten und wo ihre Geschosse sich nieder-
senkten.

XXII

Am andern Tage, dem 27. August, ging Wolodja, nach einem zehnstündigen Schlaf, frisch und
munter frühmorgens über die Schwelle der Blindage. Wlang war mit ihm zusammen hinaus-
gekrochen, aber beim ersten Kanonenschusse stürzte
er spornstreichs, indem er sich mit dem Kopf den
Weg bahnte, nach der Öffnung der Blindage zurück, unter dem allgemeinen Gelächter der zum
größten Teil ebenfalls an die Luft gekommenen
Soldaten. Nur Wlang, der alte Feuerwerker und
einige andere gingen selten in den Laufgraben

hinaus, die übrigen aber ließen ſich nicht abhalten:
ſie traten alle aus der übelriechenden Blindage
an die friſche Morgenluft, lagerten ſich, trotzdem
das Bombardement ebenſo heftig war wie tags zuvor, teils an der Schwelle, teils unter der Bruſtwehr.
Mjelnikow ging bereits ſeit der Morgendämmerung
auf den Batterien ſpazieren, indem er gleichgültig
in die Luft ſah.

An der Schwelle ſaßen zwei alte Soldaten
und ein junger, kraushaariger, jüdiſcher Soldat,
der von der Infanterie abkommandiert war. Dieſer Soldat hatte eine der herumliegenden Gewehrkugeln aufgehoben, ſie mit einem Sprengſtück an
einem Steine plattgeſchlagen und ſchnitt nun aus ihr
mit einem Meſſer ein Kreuz in der Art des Georgs-
kreuzes; die andern ſahen plaudernd ſeiner Arbeit
zu. Wirklich kam ein ſehr hübſches Kreuz heraus.

Wenn wir hier noch einige Zeit ſtehen, ſagte
der eine von ihnen, wird man dann uns allen
nach dem Friedensſchluſſe den Abſchied geben?

Wo denkſt du hin! ich hatte im ganzen vier
Jahre bis zu meiner Verabſchiedung zu dienen,
und ſtehe jetzt fünf Monate in Sewaſtopol.

Wir werden alſo nicht den Abſchied erhalten?
fragte ein anderer.

Da pfiff eine Kanonenkugel über den Köpfen
der Sprechenden und ſchlug eine Elle weit von
Mjelnikow ein, der im Laufgraben auf ſie zukam.

Sie hätte bald Mjelnikow getötet! rief der eine.

13*

Mich tötet sie nicht, antwortete Mjelnikow.

Da hast du das Kreuz für deine Tapferkeit! sagte der junge Soldat, der das Kreuz gemacht hatte, und gab es Mjelnikow.

Nein, Brüderchen, der Monat wird für ein ganzes Jahr gerechnet, so ist's befohlen, ging das Gespräch fort.

In jedem Falle wird nach dem Friedensschlusse eine Kaiserparade in Warschau abgehalten, und werden wir nicht verabschiedet, so werden wir doch auf unbestimmte Zeit beurlaubt.

Da flog eine Gewehrkugel mit Zischen über die Köpfe der Sprechenden hin und schlug an einen Stein an.

Seht, noch vor Abend kann's mit einem „aus" sein, Soldaten.

Alle lachten. Und nicht erst vor Abend, sondern schon nach zwei Stunden war es mit zweien von ihnen „aus" und fünf waren verwundet; aber die übrigen scherzten wie früher.

Wirklich waren am Morgen die beiden Mörser wieder soweit ausgebessert, daß aus ihnen geschossen werden konnte. Gegen zehn Uhr rief Wolodja, auf Befehl des Kommandeurs der Bastion, sein Kommando zusammen und begab sich mit ihm nach der Batterie.

An den Leuten war auch nicht eine Spur des Furchtgefühls zu entdecken, das sich tags zuvor gezeigt hatte, sobald sie an die Arbeit gingen.

Nur Wlang konnte sich nicht überwinden: er versteckte und bückte sich noch immer, ja, auch Waßin
hatte ein wenig seine Ruhe verloren, er war unruhig und buckte sich fortwährend nieder. Wolodja
war in außerordentlicher Begeisterung: nicht der
geringste Gedanke an Gefahr beunruhigte ihn. Die
Freude, daß er seine Pflicht erfülle, daß er nicht
nur nicht feig, sondern sogar tapfer sei, das Gefühl des Kommandierens und die Gegenwart von
zwanzig Mann, die, wie er wußte, mit Neugierde
auf ihn sahen, machten aus ihm einen vollkommen
mutigen Menschen. Er prahlte sogar mit seiner
Tapferkeit, kletterte auf die Brustwehrbank hinaus und knöpfte absichtlich den Mantel auf, um
besser bemerkbar zu sein. Der Kommandeur der
Bastion, der zu dieser Zeit seine Wirtschaft, wie
er es nannte, musterte, konnte, wie sehr er auch
im Verlauf von acht Monaten daran gewöhnt war,
alle Arten von Tapferkeit zu sehen, nicht umhin,
mit Wohlgefallen diesen hübschen jungen Menschen zu betrachten, mit dem aufgeknöpften Mantel,
unter dem ein, einen weißen zarten Hals umschließen-
des, rotes Hemd sichtbar war, wie er mit flam-
mendem Gesicht und Augen in die Hände klatschte
und mit tönender Stimme kommandierte: „das
erste, das zweite!“ und heiter auf die Brustwehr
lief, um zu sehen, wohin seine Bomben gefallen
waren. Um halb zwölf hörte das Schießen auf
beiden Seiten auf, und punkt zwölf Uhr begann

der Sturm auf den Malachow-Hügel — die zweite, dritte und fünfte Bastion.

XXIII

Diesseit der Bucht, zwischen Inkermann und den Befestigungen der Nordseite, auf dem Telegraphenhügel, standen um die Mittagszeit zwei Seeleute: ein Offizier, der durch ein Fernrohr nach Sewastopol hinübersah, und ein zweiter, der soeben zu Pferde mit einem Kosaken zu der hohen Signalstange gekommen war.

Die Sonne stand hell und hoch über der Bucht, die im heitern und warmen Glanz mit den Böten und den Schiffen und ihren bewegten Segeln spielte. Ein schwacher Wind trieb leicht die Blätter der vertrockneten Eichensträucher um den Telegraphen, blähte die Segel der Böte und erregte die Wellen des Meeres. Sewastopol, noch immer dasselbe, mit seiner unvollendeten Kirche, seiner Säule, seinem Hafendamm, dem grünen Boulevard auf der Höhe, dem schönen Bau der Bibliothek, mit seinen kleinen, azurblauen, von Masten angefüllten Buchten, den malerischen Bögen der Wasserleitung und mit den Wolken blauen Pulverdampfes, bisweilen von der roten Flamme der Schüsse beleuchtet — noch immer schön, feiertäglich, stolz, umgeben auf der einen Seite von gelben, rauchenden Bergen, auf der andern von

dem hellblauen, in der Sonne schillernden Meer
— Sewastopol war jenseits der Bucht sichtbar.
Wo das Meer dem Gesichtskreis entschwand, war
ein Streifen dichten Rauches sichtbar, den ein
Dampfer verursachte; zogen langgestreckte weiße
Wolken hin, die Wind ankündigten. Auf der
ganzen Linie der Befestigungen, besonders auf den
Höhen der linken Seite, bildeten sich unaufhörlich,
unter Blitzen, die bisweilen sogar in der Mittags=
sonne leuchteten, dichte, zusammengeballte, weiße
Rauchmassen, die sich ausbreiteten, in mannigfachen
Formen in die Höhe stiegen und sich am Himmel
dunkler färbten. Diese Rauchwolken zeigten sich
bald hier, bald dort, auf den Höhen, in den feind=
lichen Batterien, in der Stadt und hoch oben am
Himmel. Die Explosionen verstummten nicht und
erschütterten, ineinander fließend, die Luft. . . .

Um zwölf Uhr begannen die Rauchwolken sich
seltener zu zeigen, die Luft wurde weniger von
Getöse erschüttert.

Aber die zweite Bastion antwortet gar nicht
mehr, rief der zu Pferde sitzende Husarenoffizier,
sie ist ganz zusammengeschossen. . . . Schrecklich.

Ja, auch der Malachow schickt ihnen auf drei
Schüsse nur einen zur Antwort, entgegnete der
mit dem Fernrohr. Das macht mich rasend, daß
er schweigt. Der Feind trifft ganz direkt in die
Kornilow=Batterie, und man antwortet ihm nicht.

Aber sieh, um zwölf Uhr hört er immer mit

dem Bombardement auf, wie ich gesagt habe. So
ist's auch heute. Gehen wir lieber frühstücken, —
man erwartet uns jetzt schon. . . . Es ist nichts zu
sehen.

Wart', stör' mich nicht! antwortete der mit
dem Fernrohr, indem er mit besonderer Gespannt-
heit nach Sewastopol hinübersah.

Was ist da, was?

Bewegung in den Laufgräben. Dichte Ko-
lonnen rücken vor.

Das sieht man auch so. Sie rücken in Ko-
lonnen an.

Wir müssen das Signal geben. . . .

Sieh, sieh! sie sind aus den Laufgräben her-
ausgekommen!

In der That konnte man mit bloßem Auge
sehen, wie sich dunkle Flecken bergab von den
französischen Batterien durch das Thal nach den
Bastionen bewegten. Vor diesen Flecken sah man
dunkle Streifen schon in der Nähe unserer Gefechts-
linie. Auf den Bastionen flammten an verschie-
benen Stellen, wie vorübergehend, weiße Rauchwolken von Schüssen auf. Der Wind trug die
Töne des beiderseitigen Gewehrfeuers, das so häufig war, wie wenn Hagel an die Fenster schlägt,
hinüber. Die schwarzen Streifen bewegten sich
in dichtem Rauch immer näher und näher. Die
immer stärker werdenden Töne des Gewehrfeuers
schmolzen in ein ununterbrochenes, rollendes Kra-

chen zuſammen. Der immer häufiger empor-
ſteigende Rauch verbreitete ſich ſchnell über die
ganze Linie und verſchmolz endlich in eine dunkelblaue Wolke, die auf- und abwogte, und durch
die Feuer und ſchwarze Punkte hindurchſchimmer-
ten; alle Töne vereinigten ſich zu einem einzigen
rollenden Donner.

Sturm! ſagte der Offizier und gab mit
bleichem Geſicht dem Seemann das Fernrohr
zurück.

Koſaken ſprengten den Weg entlang; der
Höchſtkommandierende kam in einer Kaleſche vor-
beigefahren, die Offiziere ſeines Gefolges begleite-
ten ihn zu Pferde. Auf allen Geſichtern lag
ſorgenvolle Unruhe und Erwartung.

Es iſt unmöglich, daß ſie ihn genommen haben!
ſagte der Offizier zu Pferde.

Bei Gott, die Fahne!   Sieh, ſieh! entgegnete der andere, indem er ſeufzte und vom
Fernrohr fortging: die franzöſiſche Fahne weht
auf dem Malachow.

Es iſt unmöglich!

XXIV

Der ältere Koſelzow, der in der Nacht noch
tüchtig geſpielt und erſt gewonnen, dann wieder
alles verloren hatte, ſogar die in den Ärmel ein-
genähten Goldſtücke, ſchlief noch am Morgen einen

ungesunden, schweren, aber festen Schlaf in der
Verteidigungskaserne der fünften Bastion, als von
verschiedenen Stimmen wiederholt der verhängnis-
volle Schrei ertönte:

Alarm!

Was schlafen Sie, Michailo Ssemjonytsch!
Sturm! schrie ihm plötzlich eine Stimme zu.

Gewiß ein Schulbube   murmelte er, die
Augen öffnend, er glaubte es nicht.

Plötzlich aber sah er einen Offizier ohne jeden
ersichtlichen Zweck mit einem so bleichen Gesicht
aus einer Ecke nach der andern laufen, daß er
alles begriff. Der Gedanke, daß man ihn für
einen Feigling halten könnte, der in so kritischer
Stunde nicht zur Kompagnie gehen wolle, machte
ihn ganz bestürzt. Er lief aus Leibeskräften zur
Kompagnie. Das Geschützfeuer hatte aufgehört,
das Gewehrgeknatter dagegen seinen Höhepunkt
erreicht. Die Kugeln pfiffen nicht einzeln, wie
aus Stutzen, sondern flogen, wie Scharen von
Herbstvögeln, in Schwärmen über die Köpfe. Der
ganze Platz, auf dem gestern sein Bataillon gestanden, war in Rauch gehüllt. Wirres Schreien
und Rufen ließ sich hören. Verwundete und nicht
verwundete Soldaten begegneten ihm in Scharen.
Dreißig Schritte weiter sah er seine Kompagnie,
die sich an eine Wand gestellt hatte.

Sie haben die Schwarz-Redoute genommen,
rief ein junger Offizier. Alles ist verloren!

Unsinn! sagte er zornig, faßte seinen kleinen, eisernen, stumpfen Säbel und schrie:

Vorwärts, Kinder! Urra—a!

Die Stimme war klangvoll und kräftig, und regte Koselzow selber an. Er stürzte vorwärts den Querwall entlang; fünfzig Mann Soldaten eilten mit Geschrei hinter ihm her. Er lief hinter dem Querwall hervor auf einen offenen Platz. Die Kugeln flogen hagelbicht.

Zwei trafen ihn, aber wo und was sie ihm gethan, ob sie ihn gestreift oder verwundet, hatte er keine Zeit zu untersuchen. Vor ihm im Pulverdampf waren bereits blaue Waffenröcke und rote Hosen zu sehen und Geschrei zu hören, das nicht russisch war; ein Franzose stand auf der Brustwehr, schwenkte den Degen und schrie. Koselzow war überzeugt, daß er fallen werde: das verlieh ihm Tapferkeit. Er lief immer vorwärts und vorwärts. Einige Soldaten überholten ihn; andere zeigten sich von der Seite her und liefen ebenfalls mit. Die blauen Uniformen blieben in derselben Entfernung, indem sie vor ihm nach ihren Laufgräben zurückliefen; aber seine Füße stießen an Verwundete und Tote.

Als Koselzow bereits den Außengraben laufend erreicht hatte, wurde es ihm schwarz vor den Augen, und er fühlte einen Schmerz in der Brust.

Eine halbe Stunde darauf lag er auf einer Tragbahre bei der Nikolajew-Kaserne und wußte, daß er verwundet war, fühlte aber fast keinen Schmerz; er wollte nur etwas Kaltes trinken und ruhig liegen.

Ein kleiner dicker Doktor mit schwarzem Vollbart kam zu ihm und knöpfte ihm den Mantel auf. Roselzow sah über das Kinn auf das, was der Doktor mit seiner Wunde machte, und auf das Gesicht des Doktors, empfand aber keinen Schmerz. Der Doktor bedeckte die Wunde mit dem Hemd, wischte sich die Finger an den Schößen seines Überrocks ab und ging schweigend, ohne den Verwundeten anzusehen, zu einem andern. Roselzow verfolgte unbewußt mit den Augen, was um ihn vorging, und da er sich erinnerte, was auf der fünften Bastion geschehen war, dachte er mit einem ungemein tröstenden Gefühl daran, wie er seine Pflicht brav erfüllt, wie er zum erstenmal während seiner ganzen Dienstzeit sich so gut als möglich benommen, und ihm niemand einen Vorwurf machen könne. Der Doktor, der einen andern verwundeten Offizier verband, sagte, auf Roselzow zeigend, etwas zu einem Geistlichen mit einem großen roten Barte, der mit einem Kreuze in der Hand dastand.

Werde ich sterben? fragte Roselzow den Geistlichen, als dieser zu ihm herangekommen war.

Der Geistliche sprach, ohne zu antworten, ein Gebet und reichte dem Verwundeten das Kreuz zum Kuß.

Der Tod erſchreckte Koſelzow nicht. Er nahm mit ſchwachen Händen das Kreuz, drückte es an ſeine Lippen und begann zu weinen.

Sind die Franzoſen zurückgeworfen? fragte er mit feſter Stimme den Geiſtlichen.

Der Sieg iſt überall den Unſrigen geblieben, antwortete der Geiſtliche, um den Verwundeten zu tröſten. Er verbarg ihm, daß auf dem Malachow-Hügel bereits die franzöſiſche Fahne wehte.

Gott ſei gelobt! rief der Verwundete und fühlte nicht, wie ihm die Thränen über die Wangen rannen.

Der Gedanke an den Bruder blitzte einen Augenblick in ſeinem Kopfe auf. „Gott gebe ihm ein ebenſolches Glück!" dachte er.

XXV

Aber ein ſolches Geſchick erwartete Wolodja nicht. Er lauſchte gerade einem Märchen, das ihm Waßin erzählte, als man plötzlich ſchrie: „Die Franzoſen kommen!" Das Blut ſtrömte ihm augenblicklich nach dem Herzen, er fühlte, wie ſeine Wangen kalt und bleich wurden. Eine Sekunde blieb er unbeweglich; als er ſich aber umſah, beobachtete er, wie die Soldaten ziemlich ruhig ihre Mäntel zuknöpften und einer nach dem andern herauskrochen, — der eine, wie es ſchien, war es Mjelnikow, ſagte ſogar ſcherzend:

Bringt ihm Salz und Brot entgegen, Kinder!

Wolodja kroch mit Wlang, der keinen Schritt
von ihm wich, aus der Blindage heraus und lief
zur Batterie. Das Artilleriefeuer war weder dies-
seits noch jenseits zu hören. Nicht so sehr das
ruhige Aussehen der Soldaten, als vielmehr die
klägliche, unverhohlene Feigheit des Junkers er-
mutigte ihn. „Darf ich denn wie dieser sein?"
dachte er und lief frohen Muts zur Brustwehr,
an der seine Mörser standen. Er konnte deutlich
erkennen, wie die Franzosen über einen freien Platz
gerade auf ihn zuliefen, und wie sich ihre Scharen,
mit den in der Sonne blitzenden Bajonetten, in
den nächsten Laufgräben bewegten. Ein kleiner
breitschultriger Mann in Zuavenuniform, mit einem
Degen, lief voran und sprang über die Gruben.

Mit Kartätschen schießen! schrie Wolodja und
stieg eilig von der Brustwehrbank herab; aber
die Soldaten waren ihm zuvorgekommen, und der
metallene Ton einer abgeschossenen Kartätsche pfiff
über seinen Kopf hin, zuerst aus einem, dann aus
einem zweiten Mörser. „Das erste! das zweite!"
kommandierte Wolodja, indem er die Linie entlang von einem Mörser zum andern lief und vollständig die Gefahr vergaß. Von der Seite her
ließ sich das nahe Gewehrfeuer unserer Bedeckungs-
mannschaft und unruhiges Geschrei hören.

Plötzlich ertönte links, von einigen Stimmen
wiederholt, ein erschütternder Schrei der Verzweif-

lung: „Wir ſind umzingelt, umzingelt!" Wolodja
ſah ſich auf den Schrei um. Zwanzig Mann
Franzoſen zeigten ſich im Rüden. Einer von ihnen,
ein hübſcher Mann mit ſchwarzem Bart, war allen
voran bis auf zehn Schritt an die Batterie herangekommen, hier blieb er ſtehen, feuerte direkt auf
Wolodja und lief dann wieder auf ihn zu. Eine
Sekunde ſtand Wolodja wie verſteinert da und
glaubte ſeinen Augen nicht. Als er wieder zu ſich
kam und ſich umſah, befanden ſich vor ihm auf
der Bruſtwehr bereits blaue Uniformen; zehn
Schritte von ihm vernagelten ſogar zwei Fran=
zoſen eine Kanone. In ſeiner Nähe war außer
Mjelnikow, der neben ihm von einer Gewehrkugel gefallen, und Wlang, der einen Geſchüß-
hebel erfaßt und mit wütendem Geſichtsausdruck
und geſenkten Augen vorwärts ſtürzte, niemand
mehr. „Mir nach, Wladimir Sſemjonytſch, mir
nach!" ſchrie die verzweifelte Stimme Wlangs,
der mit dem Hebel gegen die Franzoſen ausholte,
die von hinten gekommen waren. Des Junkers
wütende Geſtalt machte ihn ſtutzig. Einem der
vorderſten ſchlug er über den Kopf, und die an=
deren blieben unwillkürlich ſtehen. Wlang, der
ſich immer noch umſah und ſchrie: „Mir nach,
Wladimir Sſemjonytſch! Was bleiben Sie ſtehen!
Fliehen Sie!" — lief zum Laufgraben, in dem
unſere Infanterie lag und auf die Franzoſen ſchoß.
Er ſprang in den Laufgraben, dann ſtreckte er

den Kopf wieder hervor, um zu ſehen, was ſein vergötterter Fähnrich mache.

Auf dem Platze, wo Wolodja geſtanden hatte, lag, mit dem Geſicht zur Erde, etwas im Mantel, und dieſer ganze Platz war voll von Franzoſen, die auf die Unſrigen ſchoſſen.

XXVI

Wlang fand ſeine Batterie in der zweiten Verteidigungslinie. Von den zwanzig Soldaten, die bei der Mörſerbatterie geweſen, hatten ſich nur acht gerettet.

In der neunten Abendſtunde ſetzte Wlang mit der Batterie auf einem mit Soldaten, Kanonen, Pferden und Verwundeten angefüllten Dampfer nach der Nordſeite über. Die Schüſſe hatten überall aufgehört. Die Sterne glänzten, wie in der vergangenen Nacht, hell am Himmel; aber ein heftiger Wind peitſchte das Meer. Auf der erſten und zweiten Baſtion flammten längs der Erde Blitze auf; Exploſionen erſchütterten die Luft und erhellten ringsumher ſchwarze, ſeltſame Gegenſtände und in die Luft fliegende Steine. In der Nähe der Docks war ein Brand, und die rote Flamme ſpiegelte ſich im Waſſer. Die von Menſchen überfüllte Brücke war durch ein auf der Nikolaj-Batterie brennendes Feuer erleuchtet. Die große Flamme ſchien über dem Waſſer auf der

fernen Landzunge der Alexander-Batterie zu stehen
und erhellte den unteren Teil einer Rauchwolke,
die über ihr lag, und wie gestern schimmerten
die ruhigen, herausfordernden, fernen Lichter im
Meer auf der feindlichen Flotte. Eine frische Brise
bewegte die Bucht. Bei dem Scheine der Brände
waren die Masten unserer immer tiefer und tiefer
ins Wasser versenkten Schiffe sichtbar. Gespräch
ließ sich auf dem Verdeck nicht hören; nur hörte
man durch das gleichmäßige Geräusch der zer-
teilten Wellen und des Dampfes auf der Fähre
die Pferde schnauben und mit den Füßen stampfen,
die Kommandoworte des Kapitäns und das
Stöhnen der Verwundeten. Wlang, der den
ganzen Tag nichts gegessen hatte, holte sich ein
Stück Brot aus der Tasche und begann es zu
kauen; plötzlich aber erinnerte er sich Wolodjas
und begann so laut zu weinen, daß die Soldaten
in seiner Nähe es hörten.

Sieh, unser Wlanga ißt Brot und weint dabei! sagte Waßin.

's ist wunderbar! entgegnete ein anderer.

Sieh, auch unsere Kasernen haben sie angezündet ... fuhr er seufzend fort. Daran, daß
von unsereinem so viele dort gefallen, hat der
Franzose noch nicht genug!

Mit knapper Not sind wir lebend von dort
fortgekommen, und dafür sei dem Herrn Dank!
sagte Waßin.

14

Aber doch ist es kränkend . . .

Ach was, kränkend? Wird „er“ denn dort herumspazieren? Wo denkst du hin? Gieb' acht, die Unsrigen werden ihm schon alles wieder abnehmen. Wieviel von unsereinem auch dort zu Grunde gegangen, aber, so wahr Gott heilig ist, wenn der Kaiser befiehlt — wird's ihm abgenommen! Werden's ihm denn die Unsrigen so lassen? Gewiß nicht! . . . Behalt dir nur die nackten Wände, die Schanzen sind sämtlich in die Luft gesprengt . . . Auf dem Hügel hat er sein Fähnchen aufgesteckt, aber in die Stadt wagt er sich nicht.

Wart' nur, mit dir wird schon noch abgerechnet werden . . . Laß uns nur Zeit! schloß er, zu den Franzosen gewandt.

Gewiß wird das geschehen! sagte der andere mit Überzeugung.

Auf der ganzen Linie der Sewastopoler Bastionen, die viele Monate hindurch der Schauplatz strotzenden, energischen Lebens gewesen war, die so viele Monate hindurch mit angesehen hatten, wie die Soldaten, einer nach dem andern, hinstarben, die so viele Monate die Furcht, den Haß und endlich das Entzücken der Feinde erregt hatten, auf den Bastionen von Sewastopol war niemand mehr zu sehen. Alles war tot, öde, schrecklich, aber nicht still, — noch immer wurde das Werk der Zerstörung fortgesetzt. Auf der durch

friſche Exploſionen aufgeriſſenen und eingeſtürzten
Erde lagen überall zerbogene Lafetten auf ruſſiſchen und feindlichen Leichen, — ſchwere gußeiſerne,
für immer verſtummte Kanonen, die durch eine
fürchterliche Gewalt in Gruben geworfen und halb
mit Erde überſchüttet waren, — Bomben, Kanonenkugeln, wiederum Leichen, Gruben, Bruch-
ſtücke von Balken aus den Blindagen, und wieder
ſtumme Leichen in grauen und blauen Mänteln.
Das alles zitterte noch häufig nach und wurde
durch die Purpurflamme der Exploſion beleuchtet,
die fortgeſetzt die Luft erſchütterte.

Die Feinde ſahen, daß etwas Unbegreifliches
in dem ſchrecklichen Sewaſtopol geſchehen war.
Dieſe Exploſionen und das Schweigen des Todes
auf den Baſtionen machten ſie erzittern; ſie wagten
aber unter dem Eindruck des kräftigen, mutigen
Widerſtands des Tages noch nicht zu glauben,
daß ihr unerſchütterlicher Feind verſchwunden ſei,
und erwarteten, ohne ſich zu rühren, mit Beben
das Ende der finſtern Nacht.

Wie das Meer in ſtürmiſcher, finſtrer Nacht
auf- und abſchwillt und ängſtlich erbebt in ſeiner
ganzen Fülle und am Ufer brandet, ſo bewegte
ſich das Heer von Sewaſtopol langſam in un-
durchbringlicher Finſternis über die Brücke auf der
Nordſeite — fort von dem Ort, auf dem es ſo
viel tapfere Brüder gelaſſen, von dem Ort, der
von ſeinem Blute getränkt war, von dem Ort,

14*

ben es elf Monate lang gegen einen doppelt stär-
keren Feind verteidigt und jetzt auf Befehl ohne
Kampf verlassen mußte.

Unbegreiflich und schwer war für jeden Russen
der erste Eindruck dieses Befehls. Das zweite
Gefühl war die Furcht vor Verfolgung. Die Leute
fühlten sich widerstandsunfähig, sobald sie die Orte
verlassen hatten, an denen sie zu kämpfen gewohnt
waren, und drängten sich unruhig in der Finsternis
am Anfang der Brücke zusammen, die von einem
starken Wind hin- und hergeschaukelt wurde. Die
Infanterie staute sich, ihre Bajonette stießen aneinander, die Regimenter, Wagen und Milizen
drängten sich zusammen; berittene Offiziere mit
Befehlen brachen sich Bahn; es weinten und baten
die Einwohner und Offiziersburschen, deren be-
ladene Wagen nicht durchgelassen wurden; mit
Rädergerassel arbeitete sich die Artillerie zur Bucht
durch, um so schnell als möglich davonzukommen.
Obgleich alle von den verschiedensten unwichtigen
Dingen in Anspruch genommen waren, war doch
das Gefühl der Selbsterhaltung und der Wunsch,
so schnell als möglich von diesem furchtbaren Orte
des Todes hinwegzukommen, in der Seele eines
jeden. Dieses Gefühl hatte der tödlich verwundete
Gemeine, der unter fünfhunderten solcher Verwundeter auf dem Pflaster des Pauldammes lag
und Gott um seinen Tod bat, der Landwehrmann,
der sich mit äußerster Kraftanstrengung in die dichte

Menge drängte, um dem vorüberreitenden General
den Weg freizumachen, der General, der ſtandhaft
den Übergang leitete und gegen die Haſt der Soldaten ankämpfte, der Matroſe, der in ein mar-
ſchierendes Bataillon geraten war und von der
wogenden Menge ſo zuſammengepreßt wurde, daß
ihm der Atem verging, der verwundete Offizier,
den vier Gemeine auf einer Bahre trugen und
bei der Nikolai-Batterie niederließen, weil die ge-
ſtaute Menſchenmaſſe ihnen den Weg verſtellte,
der Artilleriſt, der ſechzehn Jahre ſein Geſchütz
bedient hatte und der es auf den Befehl der Füh-
rung, der ihm unverſtändlich war, mit Hilfe der
Kameraden den ſteilen Abhang der Bucht hinab-
geſtürzt hatte, die Seeleute, die eben das Waſſer
in die Schiffe einließen und in ihren Barkaſſen
mit ſchnellem Ruderſchlag davonfuhren. Faſt jeder
Soldat, der an das jenſeitige Ufer gelangt war,
nahm die Mütze ab und bekreuzte ſich. Aber
dieſem Gefühl folgte ein anderes, ſchweres, nagen-
des und tieferes Gefühl: es war ein Gefühl der
Reue, der Scham und der Wut. Faſt jeder Soldat,
der von der Nordſeite aus nach dem verlaſſenen
Sewaſtopol hinüberblickte, ſeufzte mit unſagbarer
Trübſal im Herzen und drohte den Feinden.

Kaukasische Erzählungen

❧

Ein Ueberfall — Der Holzschlag

Begegnung im Felde

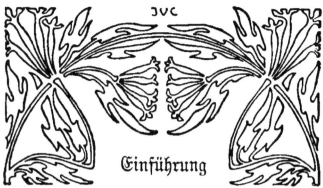

Einführung

Vom Sommer 1851 bis zum Herbst 1853 war Leo Tolstoj als Offizier im Kaukasus. Die neue Welt, die ihn hier umgab, wirkte auf den Dichter mit solcher Macht ein, daß auch die kurze Zeit seines Aufenthalts ungemein reiche Früchte trug.

Der Kaukasus lebte in der Vorstellung des gebildeten Russen als ein fernes Paradies, in dem der seelenkranke Westeuropäer Gesundung findet. Diese romantische Vorstellung von den Gebirgsländern, die an der Scheide Europas und Asiens liegen, hatten die Lyrik Puschkins, die Erzählerkunst Lermontows und die Romanschilderungen Marlinskijs erzeugt. Leo Tolstoj tritt an die neue Welt, die sich ihm aufthut, mit unverschleiertem Blick heran und entkleidet sie ihres erborgten Netzes. Nicht geringer ist für ihn die Majestät der Natur, nicht schwächer die Eindrücke, die der Mensch der Unkultur und der unter ihrem Einflusse veränderte russische Mann aus den niederen Schichten des Volks auf ihn machen. Aber anders geartet ist alles. Es ist der Unterschied des Wirklichkeitsbildes und der idealisierenden, absichtsvollen Selbsttäuschung.

Die Werke, die dieser Zeit ihre Anregung verdanken, sind: „Ein Ueberfall", „Der Holzschlag", „Eine Begegnung im Felde mit einem Moskauer Bekannten" und „Die Kosaken". Ich habe alle vier (in meiner Biographie Leo Tolstojs) unter dem gemeinsamen Titel „Kaukasische Erzählungen" zusammengefaßt. Nicht alle vier sind im Kaukasus selbst niedergeschrieben: „Ein Ueberfall" ist aus dem Jahre 1852, „Der Holzschlag" ist in den

Jahres 1854/55 zu Papier gebracht, mitten unter den Stürmen der Sewastopoler Kämpfe, „Eine Begegnung im Felde" stammt aus dem Jahre 1856, und „Die Kosaken" sind gar erst ein Jahrzehnt später (1861) zum Abschluß gediehen und im Jahre 1863 veröffentlicht.

Alle diese Erzählungen durchzieht als leitender Gedanke: die Abneigung gegen die Kultur und die Gesellschaftsschicht, die sich als ihre ausschließliche Eigentümerin fühlt, und die Liebe zu dem schlichten Volk, das unbewußt Tugenden bewahrt hat, die dem Gebildeten fehlen. Hie und da bricht auch schon ernster die Verabscheuung des Krieges hindurch, eine Idee, die später, gestützt auf den Satz des Evangeliums: „daß ihr nicht widerstreben sollt dem Uebel" zu einer der wichtigsten Grundsätze Tolstoischer Weltanschauung geworden ist.

R. L.

Ein Ueberfall

Erzählung eines Freiwilligen

I

Es war am 12. Juli, Kapitän Chlopow trat in Epauletten und Säbel — einer Uniform, in der ich ihn seit meiner Ankunft im Kaukasus noch nie gesehen hatte — durch die niedrige Thür meiner Erdhütte ein.

Ich komme direkt vom Obersten, antwortete er auf den fragenden Blick, mit dem ich ihm entgegenkam. Morgen rückt unser Bataillon aus.

Wohin? fragte ich.

Nach N. N., dort sollen sich die Truppen sammeln.

Und von da wird es gewiß einen Marsch geben.

Wahrscheinlich.

Wohin aber, was glauben Sie?

Was ich glaube? Ich sage Ihnen, was ich weiß. Gestern Nacht kam ein Tatar vom General hergesprengt und brachte den Befehl, das Bataillon solle ausrücken und für zwei Tage Zwiebad mitnehmen; wohin es geht, weshalb und wie lange, danach, Freundchen, fragt man nicht; der Befehl ist da, und das genügt.

Wenn aber nur für zwei Tage Zwiebad mitgenommen werden soll, so werden wohl auch die Mannschaften nicht länger unterwegs bleiben?

Nun, das will noch gar nichts sagen . . .

Wie denn aber? fragte ich verwundert.

Das ist einmal so! Wir marschierten nach Dargi, für acht Tage nahmen wir Zwieback mit und blieben fast einen Monat dort.

Werde ich mit Ihnen mitgehen dürfen? fragte ich nach einer kurzen Pause.

Dürfen werden Sie schon, aber ich rate Ihnen, gehen Sie lieber nicht mit. Warum sollen Sie Ihr Leben aufs Spiel setzen?

Nein, Sie müssen mir schon gestatten, Ihrem Rate nicht zu folgen. Ich habe hier einen ganzen Monat ausgehalten, um endlich die Gelegenheit abzuwarten, ein Gefecht mit anzusehen, und nun wollen Sie, daß ich sie vorübergehen lasse.

Bitte, kommen Sie mit; aber, wahrhaftig, ist es nicht gescheiter, Sie bleiben hier? Sie könnten hier abwarten, bis wir wiederkommen, Sie könnten jagen, und wir werden mit Gott ausrücken. Das wäre prächtig! — sagte er in so überzeugendem Tone, daß es mir im ersten Augenblick wirklich so vorkam, als wäre das herrlich; dann sagte ich entschlossen, daß ich um keinen Preis zurückbleibe.

Und was wollen Sie denn dort sehen? fuhr der Kapitän fort mit zuzureden. Sie möchten gern wissen, wie es in einer Schlacht zugeht? Lesen Sie Michajlowskii-Danilewskijs „Beschreibung des

Kriegs", ein wundervolles Buch! Da ist alles
ausführlich beschrieben: wo die einzelnen Korps
gestanden haben, wie die Schlachten vor sich
gehen.

O nein, das interessiert mich nicht, antwortete ich.

Nun was denn: Sie wollen also, wie es scheint,
einfach mit ansehen, wie man Menschen totschlägt?
... Da war hier im Jahre 32 auch so ein Civilist,
ein Spanier war es, glaube ich. Zwei Feldzüge
hat er mit uns mitgemacht, in seinem blauen
Mäntelchen — schließlich haben sie den Burschen
abgemurkst. Hier, Väterchen, wird kein Mensch
dich viel bewundern ...

So peinlich es mir auch war, daß der Kapitän
meine Absicht in so häßlichem Sinne auslegte,
gab ich mir doch keine Mühe, ihm eine andere
Überzeugung beizubringen.

War er tapfer? fragte ich ihn.

Das weiß Gott: er war immer in den ersten
Reihen; wo man Gewehrknattern hörte, sah
man ihn.

Er muß also wohl tapfer gewesen sein, sagte ich.

Nein, das nennt man nicht tapfer, wenn einer
überall herumrennt, wo man ihn nicht braucht ...

Was nennen Sie also tapfer?

Tapfer? ... Tapfer? wiederholte der Kapitän,
mit der Miene eines Menschen, dem eine solche
Frage zum erstenmal vorgelegt wird: Tapfer ist,

wer sich so benimmt, wie sich's gehört, sagte
er nach einigem Nachdenken.

Mir fiel ein, daß Plato die Tapferkeit definiert
als „die Kenntnis dessen, was man zu fürchten
hat und was man nicht zu fürchten hat", und trotz
der Allgemeinheit und Unklarheit des Ausdrucks
in der Definition des Kapitäns, meinte ich, der
Grundgedanke beider sei gar nicht so schlecht, wie
es scheinen mochte, ja die Definiton des Kapitäns
sei sogar richtiger, als die Definition des griechi-
schen Philosophen; denn hätte er sich so auszudrücken verstanden, wie Plato, so würde er sicher
gesagt haben: Tapfer ist, wer nur das fürchtet,
was man fürchten muß, und nicht das, was
man nicht zu fürchten braucht.

Ich hatte Lust, dem Kapitän meinen Gedanken
klarzumachen.

Ja, sagte ich, in jeder Gefahr, glaube ich, haben
wir eine Wahl, und eine Wahl, die z. B. unter
dem Einfluß des Pflichtgefühls getroffen ist, ist
Tapferkeit, und eine Wahl, die unter dem Einfluß eines niedrigen Gefühls getroffen ist, ist Feigheit; darum kann man einen Menschen, der aus
Eitelkeit, aus Neugier oder aus Habsucht sein Leben
aufs Spiel setzt, nicht tapfer nennen, und um-
gekehrt einen Menschen, der unter dem Einfluß
des ehrenwerten Gefühls von Familienpflicht oder
einfach der Überzeugung — einer Gefahr aus dem
Wege geht, nicht einen Feigling nennen.

Der Kapitän sah mich, während ich sprach, mit einem sonderbaren Blick an.

Ja, das verstehe ich nicht mehr, sagte er und stopfte dabei sein Pfeifchen; aber wir haben hier einen Junker, der philosophiert euch gern. Mit dem müssen Sie sprechen. Er macht auch Verse.

Ich hatte den Kapitän erst im Kaukasus kennen gelernt, aber gekannt hatte ich ihn schon in Rußland. Seine Mutter, Maria Iwanowna Chlopowa, war Besitzerin eines kleinen Gütchens, zwei Werst von meiner Besitzung. Vor meiner Abreise nach dem Kaukasus war ich bei ihr gewesen; die Alte war sehr erfreut, daß ich ihren Paschenka (wie sie den alten, grauen Kapitän nannte) aufsuchen wollte und — ein lebendiger Brief — ihm von ihrem Leben und Treiben erzählen und ein Päckchen überbringen konnte. Sie hatte mir einen vorzüglichen Pirogg und Spickgans vorgesetzt, dann ging sie in ihr Schlafzimmer und kam von da mit einem schwarzen, ziemlich großen Heiligenbilde zurück, an dem ein Seidenbändchen befestigt war.

Das ist das Bild unserer Mutter Gottes, der Fürsprecherin, vom brennenden Dornbusch, sagte sie, bekreuzte sich, küßte das Bild der Gottesmutter und überreichte es mir: überbringen Sie ihm das, Väterchen. Sehen Sie, als er nach dem Kaukasus ging, habe ich eine Messe lesen lassen und ein Gelübbe gethan, wenn er gesund und unversehrt bleibt, dieses Mutter-Gottesbild zu bestellen. Nun

sind es schon achtzehn Jahre, daß die barmherzige
Fürsprecherin und die Heiligen ihn schützen; nicht
ein einziges Mal war er verwundet, und in wieviel
Schlachten ist er schon gewesen! ... Wie mir
Michajlo, der mit ihm war, zu erzählen anfing,
glauben Sie mir, die Haare stehen einem zu Berge;
sehen Sie, was ich von ihm weiß, weiß ich alles
nur von fremden Leuten, er selbst, mein Täubchen,
schreibt nichts von seinen Kriegszügen — er fürchtet
mich zu ängstigen.

(Schon im Kaukasus hatte ich erfahren, und
zwar nicht von dem Kapitän selbst, daß er viermal schwer verwundet gewesen, und es versteht
sich von selbst, daß er über die Verwundungen
wie über die Feldzüge nie seiner Mutter ein Wort
geschrieben hatte.)

Dieses Heiligenbild soll er nun auf seiner Brust
tragen, fuhr sie fort, ich segne ihn damit.

Die heilige Fürsprecherin wird ihn beschützen!
Besonders in der Schlacht soll er es immer tragen.
Sag's ihm, Väterchen, das läßt dir deine Mutter
sagen.

Ich versprach ihren Auftrag pünktlich auszu-
führen.

Ich weiß, Sie werden ihn liebgewinnen, meinen
Paschenka, fuhr die Alte fort, er ist ein so prächtiger Mensch! Wollen Sie glauben, kein Jahr
geht vorüber, in dem er mir nicht Geld schickt,
und meine Tochter, die Annuschka, unterstützt er

auch sehr; und alles nur von seinem Gehalt! Mein ganzes Leben werde ich Gott danken, schloß sie mit Thränen in den Augen, daß er mir ein solches Kind geschenkt hat.

Schreibt er Ihnen oft? fragte ich.

Selten, Väterchen, so einmal im Jahre, wenn er Geld schickt, schreibt er wohl ein Wörtchen, sonst nicht. Wenn ich dir nicht schreibe Mütterchen, sagt er, dann bin ich gesund und munter, und wenn, was Gott verhüte, etwas passiert, so wirst du es auch so erfahren.

Als ich dem Kapitän das Geschenk der Mutter überreichte (es war in meinem Zimmer), bat er mich um Umschlagpapier, hüllte es sorgfältig ein und steckte es in die Tasche. Ich erzählte ihm viel und ausführlich über das Leben seiner Mutter — der Kapitän schwieg. Als ich mit meiner Erzählung zu Ende war, ging er in die Ecke und stopfte auffallend lange sein Pfeifchen.

Ja, eine prächtige Frau! sagte er von dort her mit etwas dumpfer Stimme. Ob's mir Gott noch vergönnt, sie wiederzusehen? In diesen einfachen Worten lag sehr viel Liebe und Sehnsucht.

Warum dienen Sie hier? sagte ich.

Man muß doch dienen, antwortete er mit Überzeugung, für einen armen Teufel wie unsereins will das doppelte Gehalt viel sagen.

Der Kapitän lebte sparsam: Karten spielte er nicht, Wein trank er selten und rauchte einen ein-

fachen Tabak, den er, ich weiß nicht warum, nicht
Rauchtabak, sondern sambrotalischen Tabak nannte.
Der Kapitän hatte mir schon früher gefallen: er
hatte eine von den schlichten, ruhigen, russischen
Physiognomien, denen man mit Vergnügen und
leicht gerade in die Augen sieht; nach dieser Unter=
haltung aber empfand ich vor ihm wahre Hoch=
achtung.

II

Am folgenden Tage, um vier Uhr morgens,
kam der Kapitän, mich abzuholen. Er trug einen
alten, abgetragenen Rock ohne Epauletten, breite
Hosen, eine weiße Fellmütze, mit ausgegangenem,
gelbgewordenem Schafpelz und einen unansehn=
lichen, asiatischen Säbel über die Schulter.

Der kleine Schimmel, den er ritt, ging mit
gesenktem Kopfe in ruhigem Schritt und schlug
beständig mit seinem dünnen Schweife um sich.
Obgleich in der Erscheinung des guten Kapitäns
nicht nur wenig Kriegerisches, sondern auch wenig
Schönes lag, sprach aus ihr doch so viel Gleich=
gültigkeit gegen alles, was ihn umgab, daß sie
unwillkürlich Achtung einflößte.

Ich ließ ihn nicht einen Augenblick warten,
bestieg sofort mein Pferd, und wir ritten zusammen
zum Festungsthore hinaus.

Das Bataillon war uns schon 200 Faden vor=

aus und sah wie eine schwarze, kompakte, schwan-
kende Masse aus. Nur daran konnte man erkennen, daß es Infanterie war, daß die Bajonette
wie dichte, lange Nadeln zu sehen waren; von
Zeit zu Zeit schlugen die Töne eines Soldaten-
liedes, einer Trommel oder eines prächtigen
Tenors aus der sechsten Kompagnie, den ich schon
oft in der Festung mit Entzücken gehört hatte, an
unser Ohr. Der Weg ging mitten durch einen
tiefen und breiten Engpaß am Ufer eines kleinen
Flüßchens entlang, der gerade um diese Zeit
„spielte“, d. h. über die Ufer trat. Scharen wil-
der Tauben flatterten um den Fluß: bald setzten
sie sich auf das steinige Ufer, bald beschrieben sie
in der Luft schnelle Kreise und entschwanden unsern
Blicken.

Die Sonne war noch nicht zu sehen, aber der
Gipfel der rechten Seite des Engpasses wurde
heller und heller. Die grauen und weißlichen
Steine, das gelbgrüne Moos, die taubebeckten
Sträucher des Kreuzdorns, der Mispel und der
Korkulme traten mit außerordentlicher Deutlich-
keit und Plastik in dem durchsichtigen, goldigen
Licht der aufgehenden Sonne hervor; dagegen
war die andere Seite und der Hohlweg in dichten
Nebel gehüllt, der in rauchartigen ungleichen Schichten wogte, feucht und düster, und boten ein un-
bestimmbares Gemisch von Farben: blaßlila, fast
schwarz, dunkelgrün und weiß.

Dicht vor uns an dem dunklen Azur des Hori=
zonts schimmerten in überraschender Helligkeit die
hellweißen, matten Massen der Schneeberge mit
ihren wunderlichen, bis in die kleinsten Einzelheiten
schönen Schatten und Umrissen. Grillen, Heu=
schreden und tausend andere Insekten erwachten im
hohen Grase und erfüllten die Luft mit ihrem
hellen, ununterbrochenen Klingen: es war, als ob
eine zahllose Menge winziger Glöckchen in unsern
eigenen Ohren tönte. Die Luft duftete nach Was=
ser, Gras und Nebel, mit einem Wort, sie duftete
nach einem schönen Sommermorgen. Der Kapitän
schlug Feuer und zündete sein Pfeifchen an, der
Geruch des sambrotalischen Tabaks und des Zun=
ders kam mir außerordentlich angenehm vor.

Wir ritten neben dem Weg einher, um die
Infanterie schneller einzuholen. Der Kapitän schien
nachdenklicher als gewöhnlich, ließ sein daghesta=
nisches Pfeifchen nicht aus dem Munde und stieß
bei jedem Schritt mit den Fersen sein Pferd an,
das, von einer Seite auf die andere schwankend,
eine kaum merkliche, dunkelgrüne Spur in dem
feuchten, hohen Grase zurückließ. Unter seinen
Füßen flog mit Gadern und mit dem Flügelschlage,
bei dem der Jäger unwillkürlich zusammenzuckt,
ein Fasan auf und stieg langsam in die Höhe.
Der Kapitän schenkte ihm nicht die geringste Auf=
merksamkeit.

Wir hatten das Bataillon beinahe schon ein=

geholt, als hinter uns der Huffchlag eines heran=
sprengenden Pferdes hörbar wurde, und in dem=
selben Augenblick sprengte ein sehr hübscher, junger
Bursche in Offiziersuniform und in einer hohen,
weißen Fellmütze vorüber. Als er uns erreicht
hatte, lächelte er, nickte dem Kapitän zu und
schwang sein Peitschchen ... Ich hatte Zeit zu
bemerken, daß er mit besonderer Anmut im Sattel
saß und die Zügel hielt, und daß er schöne, schwarze
Augen, eine feine Nase und ein eben sprossendes
Schnurrbärtchen hatte. Besonders hatte mir an
ihm gefallen, daß er das Lächeln nicht hatte unter=
drücken können, nachdem er gesehen, daß wir
Freude an seinem Anblick hatten. Aus diesem
Lächeln allein hätte man schon schließen können,
daß er noch sehr jung war.

Wohin eilt er? brummte der Kapitän mit
mürrischer Miene, ohne den Tschibuck aus dem
Munde zu nehmen.

Wer ist das? fragte ich.

Der Fähnrich Alanin, ein Subaltern=Offizier
meiner Kompagnie ... Er ist erst im vorigen
Monat aus dem Kadettenkorps hierher gekommen.

Er geht gewiß zum erstenmal in eine Schlacht?
sagte ich.

Darum ist er auch so glücklich ... — ant=
wortete der Kapitän, tiefsinnig den Kopf wiegend.
O, die Jugend!

Warum sollte er denn nicht froh sein? Ich

kann mir wohl denken, daß das für einen jungen
Mann sehr interessant sein muß.

Der Kapitän schwieg einige Minuten.

Ja, ja, ich sage: die Jugend! fuhr er in tiefem
Tone fort, wie kann man sich freuen, ehe man
noch etwas gesehen hat? Wenn du erst öfter ins
Feld gezogen bist, wirst du dich nicht mehr freuen.
Wir sind jetzt, sagen wir, zwanzig Offiziere, einer
oder der andere fällt oder wird verwundet, das
ist gewiß. Heut gilt es mir, morgen gilt es dir,
übermorgen einem dritten: was giebt es da für
einen Grund zur Freude?

III

Die helle Sonne war kaum hinter dem Berge
hervorgekommen und ergoß ihr Licht in das Thal,
durch das wir zogen, die wogenden Nebelwolken
zerstreuten sich, und es wurde heiß. Die Soldaten
marschierten mit ihren Gewehren und Säbeln auf
dem Rücken langsam die staubige Straße dahin,
in den Reihen hörte man von Zeit zu Zeit ein
Gespräch in kleinrussischer Mundart und Gelächter.
Einige alte Soldaten in weißen Kitteln, — meist
Unteroffiziere —, gingen neben dem Wege, mit
dem Pfeifchen im Munde, und plauderten ruhig.
Vollgepackte, dreispännige Fuhren bewegten sich
Schritt für Schritt vorwärts und wirbelten den
dichten, schwerfälligen Staub auf. Die Offiziere

ritten voran: die einen dshigitierten, wie man im Kaukasus sagt, d. h. sie schlugen das Pferd mit der Peitsche und ließen es vier, fünf Sprünge machen, dann parierten sie es auf der Stelle und schwenkten den Kopf nach rückwärts. Die anderen schenkten den Spielleuten ihre Aufmerksamkeit, die trotz Glut und Stickluft unermüdlich ein Lied nach dem andern spielten.

Gegen 100 Faden vor der Infanterie ritt auf einem großen Schimmel neben den berittenen Tataren ein schlanker und schöner Offizier in asiatischer Tracht; er war im ganzen Regiment wegen seiner tollkühnen Tapferkeit bekannt und als ein Mann, „der jedem die Wahrheit in die Augen wirft“. Er trug ein schwarzes Beschmet mit Silberborte, ebensolche Beinkleider, neue, eng an den Füßen anliegende Stiefel mit Tschirasen (Galons), einen gelben Tscherkessenrock und eine hohe nach hinten eingedrückte Fellmütze. Über Brust und Rücken liefen silberne Borten, daran hingen auf dem Rücken Pulverhorn und Pistole; eine zweite Pistole und ein Dolchmesser in silberner Scheide hingen am Gürtel. Über der Kleidung war sein Säbel in schöner Saffianscheide mit Silberbesatz um= gürtet, über die Schultern hing die Windbüchse in schwarzem Überzug. Aus seiner Tracht, seiner Haltung und aus seinem ganzen Gebahren, über= haupt an allen seinen Bewegungen war ersichtlich, daß er sich Mühe gab, wie ein Tatar auszusehen.

Er sprach auch mit den Tataren, die neben ihm
ritten, in einer mir unbekannten Sprache; aber
an den verwunderten, spöttischen Blicken, die diese
letzteren einander zuwarfen, glaubte ich zu er=
kennen, daß sie ihn nicht verstanden. Es war einer
von unseren jungen Offizieren, einer der kühnen
Ritter und Dshigiten, die sich an dem Muster von
Marlinskij und Lermontow schulen. Diese Leute
sehen den Kaukasus nur durch das Prisma der
Helden unserer Zeit, eines Mulla Nur und ähn=
licher und lassen sich in allen ihren Handlungen
nicht von den eigenen Neigungen leiten, sondern
von dem Beispiel dieser Vorbilder.

Der Leutnant z. B. war vielleicht gern in Ge=
sellschaft anständiger Frauen und ernster Männer:
Generale, Obersten, Adjutanten — ja, ich bin über=
zeugt, daß er sehr gern in solcher Gesellschaft war,
denn er war im höchsten Grade eitel; aber er hielt
es für seine unbedingte Pflicht, allen ernsten Män=
nern seine rauhe Seite zuzukehren, wenn er auch
in seiner Derbheit sehr maßvoll war; und ließ sich
eine Dame in der Festung sehen, so hielt er es für
seine Pflicht, mit seinen Kameraden bloß in einem
roten Hemd und mit Fußlappen an den nackten
Beinen an ihrem Fenster vorüberzugehen und so
laut als möglich zu schreien und zu schelten,
weniger in der Absicht, sie zu kränken, als in der
Absicht, zu zeigen, was er für schöne weiße Füße
habe, und wie man sich in ihn verlieben könnte,

wenn er das nur wollte. Oder er zog häufig
mit zwei, drei ruſſenfreundlichen Tataren ganze
Nächte in die Berge und lagerte am Wege, um
den feindlichen Tataren, die vorüberkamen, auf-
zulauern und ſie zu töten; und obgleich ihm ſein
Herz oft genug ſagte, daß darin nichts Helden-
haftes liege, hielt er ſich für verpflichtet, den
Menſchen Leid zuzufügen, die ihm, wie er meinte,
Enttäuſchungen bereitet, und die er verachtete und
haßte. Zwei Dinge legte er nie ab: ein unge-
heueres Heiligenbild, das er um den Hals trug,
und das Dolchmeſſer, das über dem Hemb hing,
und mit dem er ſich auch zu Bette legte. Er war
aufrichtig davon überzeugt, daß er Feinde habe.
Sich ſelbſt zu überzeugen, daß er an jemandem
Rache zu nehmen und mit Blut eine Beleidigung
zu ſühnen habe, war für ihn der höchſte Genuß.
Er war überzeugt, daß die Gefühle des Haſſes,
der Rache und der Verachtung des Menſchen-
geſchlechts die erhebendſten poetiſchen Gefühle ſeien.
Seine Geliebte aber, — natürlich eine Tſcherkeſſin
— mit der ich ſpäter zufällig zuſammentraf, erzählte, er ſei der beſte und ſanfteſte Menſch, und
er ſchreibe jeden Abend ſeine düſteren Aufzeichnungen nieder, trage auf Rechnungspapier ſeine
Ausgaben und Einnahmen ein und knie jeden
Abend zum Gebete nieder. Und wieviel hatte
er gelitten, nur um vor ſich ſelbſt als das zu erſcheinen, was er ſein wollte, weil ſeine Kameraden

und die Soldaten ihn nicht verstehen konnten, wie
er gern verstanden sein mochte! Einst auf einem
seiner nächtlichen Straßenstreifzüge mit den Ge=
nossen, verwundete er mit einer Kugel einen feind=
lichen Tschetschenzen am Fuß und nahm ihn ge=
fangen. Dieser Tschetschenze lebte dann sieben
Wochen bei dem Leutnant, er behandelte ihn,
pflegte ihn wie seinen besten Freund, und als er
geheilt war, entließ er ihn mit Geschenken. Später
einmal, während eines Kriegszugs, als der Leut=
nant mit der Vorpostenkette zurückwich und sich
gegen den Feind durch Schießen verteidigte, hörte
er aus den Reihen der Feinde seinen Namen rufen,
und sein verwundeter Freund kam hervorgeritten
und forderte den Leutnant durch Geberden auf,
dasselbe zu thun. Der Leutnant ritt zu seinem
Kunak (Freunde) heran und drückte ihm die Hand.
Die Bergbewohner standen in der Nähe und
schossen nicht; als aber der Leutnant sein Pferd
umwandte, schossen mehrere Mann auf ihn, und
eine Kugel streifte ihn unterhalb des Rückens. Ein
andermal habe ich selbst gesehen, wie in der
Festung zur Nacht Feuer ausbrach. Zwei Kom=
pagnien Soldaten waren mit dem Löschen be=
schäftigt, plötzlich erschien mitten in der Menge,
beleuchtet von dem Purpurschein des Brandes,
die hohe Gestalt eines Mannes auf einem Rappen.
Die Gestalt drängte die Menge auseinander und
ritt mitten auf das Feuer zu. Als der Leutnant

ganz nahe herangekommen war, sprang er vom
Pferde und stürzte in das Haus, das von einer
Seite lichterloh brannte. Fünf Minuten später
kam der Leutnant mit versengten Haaren und mit
angebranntem Ellbogen zurück und trug zwei
Tauben unter der Achsel, die er aus den Flam=
men gerettet hatte.

Er hieß Rosenkranz; er sprach aber oft von
seiner Herkunft, leitete sie von den Warägern ab
und suchte klar zu beweisen, daß er und seine Vor=
fahren echte Russen waren.

IV.

Die Sonne hatte die Hälfte ihres Wegs zurück=
gelegt und sandte ihre glühenden Strahlen durch
die erhitzte Luft auf die trockene Erde herab. Der
dunkelblaue Himmel war vollkommen klar, nur
der Fuß der Schneeberge begann sich in ein weißes,
leichtes Wolkengewand zu hüllen. Die regungs=
lose Luft schien von einem durchsichtigen Staub
erfüllt zu sein, es war unerträglich heiß geworden.
Als die Truppen an einen kleinen Bach gekommen
waren, der auf der Hälfte unseres Weges floß, hiel=
ten sie Rast. Die Soldaten stellten die Gewehre zu=
sammen und rannten an den Bach; der Bataillons=
kommandeur setzte sich im Schatten auf eine Trom=
mel nieder, gab seinem vollen Gesicht die ganze
Würde seiner Stellung und machte sich mit einigen

Offizieren zum Imbiß bereit; der Kapitän legte
sich im Grase unter einem Fouragewagen nieder;
der tapfere Leutnant Rosenkranz und noch einige
andere junge Offiziere lagerten sich auf ihre aus=
gebreiteten Filzmäntel und trafen Anstalten zum
Zechen, wie man aus den herumstehenden Fla=
schen sehen konnte, besonders aber aus der an=
geregten Stimmung der Spielleute, die im Halb=
kreise um sie herumstanden und mit Pfeifen=
begleitung ein kaukasisches Tanzlied nach der Weise
der Lesginka spielten:

> Schamyl wollte revoltiren
> In vergangnen Jahren,
> Traj—raj, ra—ta—taj . . .
> In vergangenen Jahren.

Unter diesen Offizieren war auch der blutjunge
Fähnrich, der uns am Morgen vorausgeritten war.
Er war sehr drollig: seine Augen leuchteten, seine
Zunge lallte; er wollte alle Leute küssen und
ihnen seine Liebe gestehen . . . Armer Junge! er
wußte noch nicht, daß man in diesem Zustande
lächerlich sein kann, daß seine Offenheit und die
Zärtlichkeit, die er allen aufbrängte, die anderen
nicht zu der Liebe stimmte, nach der er sich sehnte,
sondern zum Spott. — Er wußte auch nicht, daß
er nachher, als er sich in glühender Erregung endlich
auf seinen Filzmantel warf, sich in die Hand stützte
und sein schwarzes, dichtes Haar zurückwarf, außer=
ordentlich hübsch war.

Zwei Offiziere saßen unter dem Fouragewagen und spielten auf ihren Reisekästchen Karten.

Neugierig lauschte ich auf die Gespräche der Soldaten und Offiziere und betrachtete aufmerksam ihren Gesichtsausdruck; aber ich konnte bei niemandem auch nur einen Schatten der Unruhe bemerken, die ich empfand: Scherze, Gelächter, Erzählungen deuteten auf eine allgemeine Sorglosigkeit und Gleichgültigkeit gegen die bevorstehende Gefahr hin. Als könnte man gar nicht vermuten, daß vielen von ihnen bestimmt sein sollte, nicht wieder auf diesem Wege zurückzukommen.

V

Um 7 Uhr abends zogen wir staubbedeckt und müde durch das breite, befestigte Thor der Festung N. N. ein. Die Sonne hatte sich gesenkt und warf ihre schrägen, rosigen Strahlen auf die malerischen Geschützstände und die Gärten mit den hohen Pappeln, die die Festung umgaben, auf die bestellten, gelblich schimmernden Felder und auf die weißen Wolken, die sich auf den Schneebergen türmten, als ob sie es ihnen nachthun wollten, und eine nicht minder wunderliche und schöne Kette bildeten. Der junge Halbmond schimmerte wie ein durchsichtiges Wölkchen am Horizont. Im Aul, der vor dem Thore lag, rief ein Tatar, der auf dem Dach einer Erdhütte stand, die Rechtgläubigen

zum Gebet; die Spielleute setzten mit neuem Mut
und mit frischer Kraft ein.

Nachdem ich ein wenig ausgeruht und mich
zurechtgemacht hatte, ging ich zu einem mir bekannten Adjutanten. Ich wollte ihn bitten, dem
General von meiner Absicht Meldung zu machen.
Auf dem Wege von der Vorstadt, wo ich Quartier genommen hatte, hatte ich Gelegenheit, in
der Festung N. N. manches zu beobachten, was
ich keineswegs erwartet hatte. Eine hübsche, zwei-
sitzige Kutsche, in der ein neumodisches Hütchen
zu sehen und französische Unterhaltung zu hören
war, fuhr an mir vorüber. Aus dem geöffneten
Fenster des Kommandanturgebäudes drangen die
Klänge einer „Lieschen"- oder „Käthchenpolka", die
auf einem schlechten, verstimmten Klavier gespielt
wurden. In dem Gasthaus, an dem ich vorüberkam, saßen, die Cigaretten in den Händen, einige
Schreiber beim Glase Wein, und ich hörte, wie
der eine zum andern sagte: „Ich muß sehr bitten,
was die Politik betrifft, war Maria Grigorjewna
bei uns die erste Dame." Ein buckliger Jude
in einem abgetragenen Rock und von kränklichem
Aussehen schleppte mühsam einen krächzenden, zerbrochenen Leierkasten, und über die ganze Vorstadt erklangen die Töne des Finales aus Lucia.
Zwei Frauen in rauschenden Kleidern und sei-
denen Halstüchern mit hellfarbigen Sonnenschirmen
in den Händen gingen auf dem Fußsteig von

Holz leichten Schritts an mir vorüber. Zwei junge
Mädchen, eine in einem rosa, die andere in einem
blauen Kleide, standen unbedeckten Hauptes an
dem Erdaufwurf eines niedrigen Häuschens und
lachten mit einem unnatürlichen, hellen Lachen;
sie wünschten offenbar die Aufmerksamkeit der vor-
übergehenden Offiziere auf sich zu lenken. Offiziere in neuen Röcken, weißen Handschuhen und
glänzenden Achselbändern stolzierten durch die
Straße und über den Boulevard.

Ich traf meinen Bekannten im Erdgeschoß des
Generalsgebäudes. Kaum hatte ich ihm meinen
Wunsch klar gemacht, und er mir gesagt, daß er
sehr leicht erfüllt werden könne, als an dem Fenster,
an dem wir saßen, die hübsche Kutsche vorüber-
gerollt kam, die ich auf dem Wege bemerkt hatte.
Aus der Kutsche stieg ein schlanker, sehr stattlicher Mann in Infanterie-Uniform mit Majors-
epauletten und ging zum General.

Ach, verzeihen Sie, bitte, sagte der Adjutant
und erhob sich von seinem Platze, ich muß unbedingt dem General Meldung machen.

Wer ist denn angekommen? fragte ich.

Die Gräfin, antwortete er, knöpfte die Uniform
zu und eilte hinauf.

Nach wenigen Minuten kam ein untersetzter,
sehr hübscher Mann in einem Rock ohne Epauletten
mit einem weißen Kreuz im Knopfloch auf die
Freitreppe hinaus. Ihm folgte der Major, der

Adjutant und noch zwei andere Offiziere. Aus dem Gange, aus der Stimme, aus allen Bewegungen des Generals sprach ein Mensch, der sich seines hohen Wertes wohl bewußt ist.

Bon soir, madame la comtesse, sagte er und reichte ihr durch das Wagenfenster die Hand.

Eine kleine Hand in einem Handschuh aus feinem Hundeleder drückte seine Hand, und ein hübsches, lächelndes Gesichtchen in gelbem Hut erschien an dem Fenster des Wagens.

Von dem ganzen Gespräch, das nur wenige Minuten dauerte, hörte ich nur im Vorübergehen, wie der General lächelnd sagte:

Vous savez, que je fait vœu de combattre les infidèles, prenez donc garde de le devenir.

Im Wagen erklang ein Lachen.

Adieu donc, cher général.

Non, au revoir, sagte der General, indem er die Stufen der Treppe hinaufging, n'oubliez pas, que je m'invite pour la soirée de demain.

Der Wagen rollte weiter.

„Das ist doch noch ein Mensch, dachte ich auf dem Heimwege, der alles hat, was man in Rußland erreichen kann: Stellung, Reichtum, Ansehen; und dieser Mensch scherzt vor einer Schlacht, deren Ausgang Gott allein kennt, mit einer hübschen Dame, verspricht ihr, am nächsten Tage zum Thee zu kommen, gerade so, als ob er mit ihr auf einem Balle zusammengetroffen wäre."

Hier bei dem Adjutanten traf ich auch noch einen andern Menschen, der mich noch mehr in Erstaunen setzte, ein junger Leutnant vom K. Regiment, der sich durch seine fast frauenhafte Sanftmut und Schüchternheit auszeichnete.

Er war zu dem Adjutanten gekommen, um seinem Ärger und seinem Unwillen über die Leute Luft zu machen, die, wie er meinte, gegen ihn intriguieren, damit er nicht an dem bevorstehenden Kampfe teilnehme. Es sei häßlich, so zu handeln, sagt er, es sei nicht kameradschaftlich, er werde es ihnen schon gedenken u. s. w. So scharf ich auch seine Züge beobachtete, so aufmerksam ich auf den Klang seiner Stimme lauschte, ich mußte die Überzeugung gewinnen, daß er sich keineswegs verstellte, daß er vielmehr tief erregt und erbittert darüber war, daß man ihm nicht gestatten wollte, auf die Tscherkessen zu schießen und sich ihren Geschossen auszusetzen; er war so erbittert, wie ein Kind erbittert zu sein pflegt, das man eben unverdient gezüchtigt hat. Mir war das alles gänzlich unverständlich.

VI

Um 10 Uhr abends sollten die Truppen ausrücken. Um halb neun stieg ich zu Pferde und ritt zum General. Da ich aber annahm, daß er und sein Adjutant beschäftigt seien, hielt ich an der Straße, band mein Pferd an den Zaun und setzte mich auf den Erdaufwurf, in der Absicht, dem General nachzueilen, wenn er ausreiten würde.

Die Glut und der helle Glanz der Sonne waren schon der Kühle der Nacht und dem matten Lichte des jungen Monds gewichen, der rings um sich her einen blassen, leuchtenden Halbkreis auf dem dunklen Blau des Sternenhimmels bildete und niederzugehen begann; durch die Fenster der Häuser und durch die Ritzen der Läden der Erd= hütten schimmerten Lichter. Die schlanken Pappeln der Gärten, die sich am Horizont hinter den weiß= getünchten, vom Mondlicht bestrahlten Erdhütten mit den Schilddächern abhoben, erschienen noch höher und dunkler.

Die langen Schatten der Häuser, der Bäume, der Zäune breiteten sich schön über den hellen staubigen Weg ... Vom Fluß her tönte ohne Unterlaß das Quarren der Frösche.*) Auf den Straßen hörte man bald eilige Schritte und Ge= spräche, bald den Hufschlag von Pferden. Aus der Vorstadt klangen von Zeit zu Zeit die Klänge einer Drehorgel herüber: bald „Es wehen die Winde", bald so was wie ein „Aurora=Walzer".

Ich werde nicht sagen, was mich in Gedanken versunken beschäftigte: erstens weil ich mich schämen würde zu gestehen, daß es düstere Gedanken waren,

---

*) Die Frösche im Kaukasus bringen einen Laut hervor, der nichts gemein hat mit dem Quaken unserer Frösche.

16

die mich in unabweisbaren Scharen beschlichen,
während ich rings um mich her nur Heiterkeit und
Frohsinn beobachtete; zweitens aber, weil das nicht
zu meiner Erzählung gehört. Ich war so in Gedanken versunken, daß ich nicht einmal bemerkte,
daß die Glocke elf schlug und der General mit
seinem Gefolge an mir vorüberritt.

Die Nachhut war noch in dem Festungsthore.
Mit Mühe gelang es mir, über die Brücke zwischen
den zusammengedrängten Geschützen, Pulverkasten,
Kompagniewagen und der geräuschvoll komman-
dierenden Offiziere hindurchzukommen. Als ich
durch das Thor hindurchgekommen war, setzte ich
mein Pferd in Trab, ritt an den Truppen entlang, die sich nahezu eine Werst hinzogen und sich
schweigend in der Dunkelheit vorwärts bewegten,
und erreichte den General. Als ich an der Artillerie vorüberkam, die sich in gerader Linie hin-
zog, und an den Offizieren, die zwischen den Geschützen ritten, traf mich wie ein beleidigender Miß-
klang mitten durch die Stille und feierliche Harmonie die Stimme eines Deutschen. Er schrie:
„Achtilledchist, gieb mir die Lunte", und die Stimme
eines Soldaten schrie eilfertig: „Schewtschenko, der
Herr Leutnant wünscht Feuer."

Der größte Teil des Himmels hatte sich mit
langen, dunklen, grauen Wolken bedeckt; hie und
da nur schimmerten zwischen ihnen matte Sterne
hindurch. Der Mond hatte sich schon hinter dem

nahen Horizont der dunklen Berge verborgen, die
zur Rechten sichtbar waren, und warf über ihren
Gipfel ein schwaches, zitterndes Dämmerlicht, das
sich scharf von dem undurchbringlichen Dunkel ab=
hob, das über ihren Fuß gebreitet lag. Die Luft
war warm und so still, daß sich nicht ein Gräschen,
nicht ein Wölkchen regte. Es war so finster, daß
man selbst in nächster Nähe die Gegenstände nicht
unterscheiden konnte. Rechts und links vom Wege
sah ich bald Felsen, bald Tiere, bald Menschen
von sonderbarem Wesen — und ich erkannte erst
dann, daß es Sträucher waren, wenn ich ihr
Rascheln hörte und die Frische des Taus empfand,
der an ihren Blättern hing. Vor mir sah ich
eine dichte, wogende, schwarze Wand, hinter der
einige bewegliche Punkte waren. Das war die
Infanterie. In der ganzen Abteilung herrschte
eine solche Stille, daß man deutlich all die ver=
schwimmenden, von geheimnisvollem Zauber er=
füllten Stimmen der Nacht hörte: das ferne, kla=
gende Geheul der Schakale, das bald wie ver=
zweifeltes Weinen, bald wie Lachen klang, das
helle, einförmige Zirpen der Grillen, das Quaken
der Frösche, den Schlag der Wachtel, einen heran=
kommenden dumpfen Ton, dessen Ursprung ich mir
nicht erklären konnte; und all die nächtlichen, kaum
vernehmbaren Regungen der Natur, die man weder
begreifen, noch näher erklären kann, flossen zu=
sammen in den vollen Wohlklang, den wir Stille

der Nacht nennen. Diese Stille der Nacht wurde
unterbrochen oder, richtiger gesagt, floß zusammen
mit dem dumpfen Hufschlag und dem Rascheln
des hohen Grases, das die langsam vorwärts-
gehende Abteilung hervorrief.

Von Zeit zu Zeit nur hörte man in den Reihen
das Getöse eines schweren Geschützes, das Klirren aneinanderschlagender Bajonette, unterdrücktes
Plaudern und das Schnauben der Pferde.

Die Natur atmete seelenbeschwichtigend Schön-
heit und Kraft.

Ist den Menschen wirklich das Leben zu eng
in dieser schönen Welt, unter diesem unermeßlichen
Sternenhimmel? Kann inmitten dieser bezaubern-
den Natur in der Seele des Menschen das Gefühl der Bosheit, der Rache oder der leidenschaft-
liche Trieb der Vernichtung von Seinesgleichen
fortbestehen? Alles Ungute im Herzen des Menschen müßte, meine ich, sich verflüchtigen bei der
Berührung mit der Natur — diesem unmittelbaren
Ausdruck des Schönen und Guten.

VII

Wir waren schon mehr als zwei Stunden zu
Pferde, mich durchrieselte ein Frostschauer und ich
hatte Neigung zum Schlafen. In der Finsternis
sah ich dieselben dunklen Gegenstände unklar vor
mir: in geringer Entfernung die schwarze Wand,

schwarze bewegliche Flecke; ganz nahe neben mir
die Kruppe eines Schimmels, der mit dem Schweife
wedelte und die Hinterfüße breit auseinander setzte,
einen Rücken in weißer Tscherkeska, über dem eine
Flinte in schwarzem Futteral zu sehen war und
der weiße Griff einer Pistole in einem gestickten
Pistolenschuh schimmerte; das Feuer einer Cigarette, das einen blonden Schnurrbart, einen
Biberkragen und eine Hand in einem Lederhand=
schuh beleuchtete. Ich neigte mich zu dem Halse
meines Pferdes, schloß die Augen und versank
einige Augenblicke in Träume; da plötzlich traf
bekannter Hufschlag und Rauschen mein Ohr: ich
sah mich um, und mir war's, ich stünde fest auf
einem Platz und die schwarze Wand, die vor mir
lag, komme auf mich zu, oder diese Wand stünde
fest, und ich ritt gerade auf sie zu. In einem
dieser Augenblicke überraschte mich das heran-
nahende, dumpfe Getöse, dessen Ursache ich nicht
zu erraten vermochte, noch stärker — es war das
Rauschen des Wassers. Wir gelangten in eine
tiefe Schlucht und näherten uns einem Bergfluß,
dessen Überschwemmungszeit gerade den Höhepunkt
erreicht hatte.*) Das Getöse wuchs, das feuchte
Gras wurde dichter und höher, die Sträucher wur=
den seltener, der Horizont wurde enger und enger.
Von Zeit zu Zeit leuchteten auf dem dunklen

---

*) Die Ueberschwemmungszeit der Flüsse im Kaukasus ist
der Juli.

Hintergrunde der Berge an verschiedenen Stellen helle Feuer auf und erloschen sofort wieder.

Sagen Sie mir, bitte, was sind das für Feuer? fragte ich flüsternd den Tataren, der neben mir ritt.

Ei, weißt du das nicht? antwortete er.

Nein.

Da haben die Bergleute Stroh an die Stange gebunden und werden den Feuerbrand werfen.

Warum denn?

Damit jedermann wisse, der Russe ist da. Jetzt, fügte er lachend hinzu, herrscht in den Auls Tomascha.*) Ei, ei, alle Churba=Murba**) wird er in die Schlucht schleppen.

Wissen sie denn in den Bergen schon, daß eine Abteilung herankommt? fragte ich.

Ja, wie soll er das nicht wissen, er weiß es immer, die Unseren sind solch ein Volk!

So rüstet sich jetzt auch Schamyl zum Kriegs= zug? fragte ich.

Jok,***) antwortete er und schüttelte den Kopf

---

*) Tomascha bedeutet Unfrieden in der eigentümlichen Mundart, die die Russen und Tataren in ihrem gegen= seitigen Verkehr erfunden haben. Diese Mundart kennt viele Worte, deren Wurzel weder aus dem Russischen, noch aus den tatarischen Sprachen zu erklären sind.

**) Churba=Murba bedeutet in derselben Mundart Hab und Gut.

***) Jok ist das tatarische „Nein".

zum Zeichen der Verneinung. Schamyl wird nicht
ins Feld ziehen; Schamyl wird die Naïbs*) schicken
und wird selbst durch ein Glas sehen, vom Berg
herunter.

Wohnt er weit von hier?

Weit nicht, hier links, zehn Werst können's
sein.

Woher weißt du?   fragte ich, warst du
denn dort?

O ja, unsere Leute sind alle in den Bergen
gewesen.

Und hast du Schamyl gesehen?

Pah, Schamyl bekommt unsereiner nicht zu
sehen. Hundert, dreihundert, tausend Muriden**)
sind um ihn. Schamyl ist in der Mitte!
sagte er mit dem Ausdruck unterwürfigster Hoch=
achtung.

Wenn man emporsah, konnte man bemerken,
daß der lichter werdende Himmel im Osten zu
leuchten begann und der kleine Bär sich zum Hori=
zont herabsenkte; aber in der Schlucht, durch die
wir zogen, war es feucht und dunkel.

Plötzlich flammten nicht weit vor uns in der

---

*) Naïbs sind Leute, welchen Schamyl irgend einen
Teil der Verwaltung anvertraut hat.
**) Das Wort Muriden hat viele Bedeutungen, aber
in dem Sinne, in dem es hier gebraucht ist, bezeichnet
es ein Mittelding zwischen einem Adjutanten und einem
Mitglied der Leibwache.

Dunkelheit einige Lichter auf; in dieſem Augenblick ſchwirrten Kugeln pfeifend durch die Luft,
und mitten durch die Stille, die uns umgab, erklangen weither Schüſſe und lautes, durchdringen-
des Geſchrei. Es war das Vorhutpikett des Feindes. Die Tataren, die es bildeten, erhoben ein
Feldgeſchrei, ſchoſſen aufs Geratewohl und ſtoben
auseinander.

Rings wurde es ſtill. Der General rief den
Dolmetſch heran. Ein Tatar in weißer Tſcherkeska
kam auf ihn zugeritten und ſprach mit ihm flüſternd
mit lebhafter Gebärde eine lange Zeit.

Oberſt Chaſſanow, laſſen Sie die Schützenkette
ausſchwärmen! ſagte der General mit leiſer, gedehnter, aber eindringlicher Stimme.

Die Abteilung näherte ſich dem Fluſſe; die
ſchwarzen Berge, die Schluchten blieben im Rücken;
es begann Tag zu werden. Der Himmelsbogen,
an dem die blaſſen, matten Sterne kaum zu ſehen
waren, erſchien höher; die Morgenröte begann
im Oſten hell aufzuleuchten, ein friſcher, durchdringender Wind kam vom Weſten her und ein
heller Nebel ſtieg wie Dampf über dem rauſchenden
Fluſſe auf.

VIII

Der Führer brachte uns an eine Furth, und
die Vorhut der Reiterei, ihr nach auch der General

mit seinem Gefolge, überschritt den Fluß. Das Wasser ging den Pferden bis an die Brust. Mit außerordentlicher Kraft stürzte es zwischen den weißen Steinen dahin, die hie und da aus der Wasserfläche hervorschimmerten, und bildete um die Beine der Pferde schäumende, rauschende Strudel. Die Pferde stutzten bei dem Rauschen des Wassers, richteten die Köpfe empor, spitzten die Ohren, gingen aber langsamen und vorsichtigen Schrittes gegen die Strömung über den unebenen Grund. Die Reiterei zog die Beine und die Waffen in die Höhe, die Fußsoldaten, die buchstäblich nur mit einem Hemd bekleidet waren, hielten die Gewehre, an denen sie die Kleiderbündel befestigt hatten, über dem Wasser, faßten sich je zwanzig Hand an Hand und kämpften mit einer Anstrengung, die auf ihren angespannten Gesichtern ausgeprägt war, gegen die Strömung an. Die berittenen Artilleristen trieben ihre Pferde im Trab mit großem Geschrei in das Wasser. Die Geschütze und die Pulverkasten, über die von Zeit zu Zeit das Wasser hinspritzte, klirrten auf dem steinigen Boden; aber die guten Kosakenpferde zogen wacker die Stränge, teilten die schäumende Flut und erklommen mit feuchtem Schweif und feuchter Mähne das andere Ufer.

Sobald der Übergang vollzogen war, lag plötzlich auf dem Antlitz des Generals eine gewisse ernste Nachdenklichkeit, er wandte sein Pferd

und ritt im Trab mit der Reiterei über die
von dem Walde umsäumte Wiese dahin, die
sich vor den Unsrigen aufthat. Berittene Ko-
saken-Vorposten schwärmten am Waldesrand
entlang.

Im Walde taucht ein Mann im Tscherkessen-
rod und Schafspelzmütze, ein Fußgänger, auf, ein
zweiter, ein dritter ... einer von den Offizieren
sagt: „Das sind die Tataren." Da wird auch
ein leichter Rauch hinter dem Baum sichtbar ...
Ein Schuß, ein zweiter ... Unser rasches Schießen
übertönt das feindliche Feuer. Selten nur sagt
uns eine Kugel, die mit gedehntem Klang, ähnlich
dem Summen der Bienen, vorüberfliegt, daß nicht
alle Schüsse von den Unsrigen kommen. Im Lauf-
schritt ist das Fußvolk, im Trab die Geschütze in
die Schlachtlinie eingerückt; man hört den dröhnen-
den Kanonendonner, den metallischen Klang der
fliegenden Kartätschen, das Zischen der Raketen,
das Knattern der Gewehre. Die Reiterei, das
Fußvolk und die Geschützmannschaft tauchen von
allen Seiten auf der weiten Wiese auf. Die Rauchwölkchen der Gewehre, der Raketen und Kanonen
fließen mit dem taubedeckten Grün und dem Nebel
in eins zusammen. Oberst Chassanow sprengt an
den General heran und hält sein Pferd in vollem
Ritt plötzlich an.

Euer Excellenz! sagt er, die Hand an die Mütze
gelegt, befehlen Sie, daß die Kavallerie vorrückt?

Es sind Zeichen*) aufgetaucht . . . und er zeigt mit der Peitsche auf die berittenen Tataren, denen zwei Mann mit roten und blauen Fähnchen an den Lanzen, auf weißen Rossen vorausreiten.

Mit Gott, Iwan Chassanow! sagt der General.

Der Oberst wendet auf der Stelle sein Pferd, zieht seinen Säbel und ruft: „Urrah!"

Urrah, urrah, urrah, . . . tönt es durch die Reihen, und die Reiterei stürmt ihm nach.

Alle schauen mit Teilnahme hin: da ist ein Zeichen, ein zweites, ein drittes, ein viertes . . . Der Feind verschwindet, ohne den Angriff abzu= warten, im Walde und eröffnet von hier aus ein Gewehrfeuer. Die Kugeln kommen dichter ge= flogen.

Quel charmant coup d'œil! sagt der General, indem er seinen dünnbeinigen Rappen auf englische Art leichte Sprünge machen läßt.

Charmant! antwortet der Major mit schnar= rendem R, giebt seinem Pferd einen Hieb mit der Gerte und reitet zu dem General heran. C'est un vrai plaisir, la guerre dans un aussi beau pays, sagt er.

Et surtout en bonne compagnie, fügt der General mit anmutigem Lächeln hinzu.

---

*) Die Zeichen haben bei den Bergvölkern beinahe die Bedeutung von Fahnen, nur mit dem Unterschied, daß jeder Dshigit sich seine eigenen Zeichen machen und führen kann.

Der Major verneigte sich.

In diesem Augenblick fliegt mit raschem, häßlichem Zischen eine feindliche Kugel vorbei und
schlägt irgendwo ein; hinter uns hört man das
Stöhnen eines Verwundeten. Dieses Stöhnen er-
greift mich so sonderbar, daß das kriegerische Bild
im Augenblick all seinen Zauber für mich verliert;
aber niemand außer mir scheint das zu bemerken:
der Major lacht, wie ich glaube, aus vollem Halse;
ein anderer Offizier wiederholt vollkommen ruhig
die Anfangsworte seiner Rede; der General sieht
auf die entgegengesetzte Seite hinüber und sagt
mit dem ruhigsten Lächeln etwas auf französisch.

Befehlen Sie ihre Schüsse zu erwidern? fragt
heransprengend der Befehlshaber der Artillerie.

Ja, jagen Sie ihnen einen Schrecken ein, sagt
der General nachlässig und raucht eine Cigarette an.

Die Batterie formiert sich, und das Feuer beginnt. Die Erde stöhnt unter dem Geschützdonner,
ununterbrochen blitzen die Feuer auf, und ein
Rauch, durch den man kaum die hin- und her-
gehende Bedienungsmannschaft der Geschütze unterscheiden kann, lagert sich vor unserem Blick.

Der Aul wird beschossen. Wieder kommt Oberst
Chassanow herangeritten und fliegt auf Befehl
des Generals nach dem Aul. Das Kriegsgeschrei
erschallt von neuem, und die Reiterei verschwindet
in der Staubwolke, die sie selbst aufwirbelt.

Das Schauspiel war wahrhaft großartig. Eines

nur störte mir, als einem Menschen, der an dem
Kampf nicht teilnahm und dem all das neu war,
den Eindruck, weil es überflüssig erschien — diese
Lebhaftigkeit, diese Begeisterung, dies Geschrei.
Unwillkürlich drängte sich mir der Vergleich auf
mit einem Menschen, der mit aller Wucht ausholt,
um mit einem Beile die Luft zu spalten.

IX

Unsere Truppen hatten schon den Aul besetzt,
und nicht eine Seele war vom Feinde zurückgeblieben, als der General mit seinem Gefolge,
in das auch ich mich gemischt hatte, herangeritten kam.

Die langen, reinlichen Hütten mit den flachen
Lehmdächern und den hübschen Schornsteinen lagen
auf unebenen, steinigen Hügeln zerstreut, zwischen
denen ein kleines Flüßchen hinfloß. Auf der einen
Seite schimmerten im hellen Sonnenlicht die grünen
Gärten mit den ungeheuren Birnen- und Pflau-
menbäumen; auf der andern ragten sonderbare
Schatten empor, senkrechtstehende hohe Steine eines
Kirchhofs und lange hölzerne Stangen, an deren
Enden Kugeln und buntfarbige Fähnlein befestigt
waren. (Das waren die Gräber der Dschigiten.)

Die Truppen standen in Reih und Glied vor
dem Thore.

Eine Minute später zerstreuten sich die Dra-

goner, Kosaken, Fußgänger mit sichtlicher Freude
durch die schiefen Gassen, und der öde Aul war
im Augenblick belebt. Da wird ein Dach nieder-
gerissen, schlägt eine Axt gegen das starke Holz,
und die Bretterthür wird erbrochen; hier wird
ein Heuschober, ein Zaun, eine Hütte in Brand
gesteckt, und dichte Rauchwolken steigen in Säulen
in die klare Luft empor. Da schleppt ein Kosak
einen Sack Mehl und einen Teppich; ein Soldat
trägt mit freudestrahlendem Gesicht aus der Hütte
ein blechernes Waschbecken und einen Fetzen Tuch
heraus; ein anderer müht sich mit ausgebreiteten
Armen zwei Hennen einzufangen, die gackernd um
den Zaun herumflattern; ein dritter hat irgendwo
einen ungeheuren Topf mit Milch entdeckt, er trinkt
daraus, und wirft ihn dann mit schallendem Lachen
zu Boden.

Das Bataillon, mit dem ich die Festung N.
verlassen hatte, war auch im Aul. Der Kapitän
saß auf dem Dach einer Hütte und blies aus seinem
kurzen Pfeifchen die Rauchwölkchen seines sambrotalischen Tabaks mit so gleichgültiger Miene
in die Luft, daß ich bei seinem Anblick vergaß,
daß ich mich in einem feindlichen Aul befinde und
das Gefühl hatte, als sei ich hier völlig zu Hause.

Ach, auch Sie hier? sagte er, als er mich bemerkte.

Die hohe Gestalt des Leutnants Rosenkranz
tauchte bald hier, bald dort im Aul auf: er war

ununterbrochen in Thätigkeit und hatte das Aussehen eines Menschen, der von einer Sorge sehr in
Anspruch genommen ist. Ich sah, wie er mit feier-
licher Miene aus einer Hütte herauskam; ihm
folgten zwei Soldaten, die einen alten Tataren gebunden führten. Der Alte, dessen ganze Kleidung
ein buntes Beschmet, das in Lumpen herabhing,
und zerfetzte Beinkleider bildeten, war so gebrechlich,
daß seine fest auf dem Rücken zusammengeschnürten
knochigen Arme sich kaum an den Schultern zu
halten schienen, und seine krummen, nackten Beine
sich nur mit Mühe vorwärts bewegten. Sein Gesicht, ja sogar ein Teil seines rasierten Kopfes war
von tiefen Furchen durchzogen. Der schiefgezogene,
zahnlose Mund, den ein grauer, kurzgeschnittener
Schnurrbart und Backenbart umgab, bewegte sich
unaufhörlich, als ob er etwas kaute; aber aus
den roten, wimperlosen Augen leuchtete noch das
Feuer und prägte sich deutlich des Alters Gleichgültigkeit gegen das Leben aus.

Rosenkranz fragte ihn mit Hilfe des Dolmetschs,
warum er nicht mit den andern geflohen sei.

Wohin soll ich fliehen? sagte er und blickte
ruhig nach der Seite.

Wo die andern hingeflohen sind, bemerkte
jemand.

Die Dshigiten sind mit den Russen in den
Kampf gezogen, aber ich bin ein alter Mann.

Fürchtest du dich denn nicht vor den Russen?

Was können mir die Russen thun? Ich bin ein alter Mann, sagte er wieder und sah teilnahmslos in dem Kreise umher, der sich um ihn gebildet hatte.

Als ich wieder zurückkehrte, sah ich, wie dieser alte Mann ohne Mütze mit gebundenen Händen zitternd hinter dem Sattel eines Liniienkosaken saß und mit demselben leidenschaftslosen Ausdruck um sich sah. Er war zum Austausch der Gefangenen unentbehrlich.

Ich kletterte auf das Dach und ließ mich neben dem Kapitän nieder.

Der Feind scheint nicht stark an Zahl gewesen zu sein, sagte ich zu ihm, denn ich wollte seine Meinung hören über den eben beendeten Kampf.

Der Feind? wiederholte er verwundert. Es hat ja gar keinen Feind gegeben. Nennt man das etwa einen Feind? ... Abends werden Sie sehen, wenn wir den Rückzug antreten, dann sollen Sie sehen, wie sie uns begleiten werden: wie sie da hervorkommen werden! fügte er hinzu und zeigte mit dem Glase nach dem Waldwege, den wir des Morgens gegangen waren.

Was ist dort? fragte ich beunruhigt und unterbrach den Kapitän, indem ich auf die Don'schen Kosaken hinzeigte, die sich unweit von uns gesammelt hatten.

Aus ihrer Schar klang etwas wie das Weinen eines Kindes herüber und die Worte: eh, schlagt

nicht . . . halt . . . man könnte es sehen . . . haft
du ein Messer, Ewstignjeitsch?   Gieb das
Messer her . . .

Sie teilen etwas, die verfluchten Kerle, sagte
der Kapitän ruhig.

Aber in demselben Augenblick kam plötzlich mit
glühendem, erregtem Gesicht der hübsche Fähnrich
um die Ecke gestürmt und stürzte, mit den Armen
durch die Luft fahrend, auf die Kosaken zu.

Rührt ihn nicht an, schlagt ihn nicht! rief er
mit kindlicher Stimme.

Als die Kosaken den Offizier erblickten, gingen
sie auseinander und ließen einen weißen Ziegen=
bock los. Der junge Fähnrich wurde äußerst ver=
legen, murmelte etwas vor sich hin und blieb mit
verlegener Miene vor ihnen stehen. Als er mich
und den Kapitän auf dem Dache erblickte, errötete
er noch mehr und kam in hüpfenden Schritten zu
uns heran.

Ich glaubte, sie wollten ein Kind töten, sagte
er mit schüchternem Lächeln.

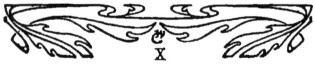

X

Der General ritt mit der Reiterei voraus.
Das Bataillon, mit dem ich die Festung N. ver=
lassen hatte, blieb in der Nachhut. Die Kom=
pagnie des Kapitäns Chlopow und des Leutnants
Rosenkranz rückten gleichzeitig aus.

17

Die Prophezeiung des Kapitäns ging vollständig in Erfüllung. Wir hatten kaum den
schmalen Waldweg betreten, von dem er gesprochen
hatte, als von beiden Seiten unaufhörlich Bergbewohner zu Pferde und zu Fuß vorüberhuschten,
und in solcher Nähe, daß ich ganz deutlich sah,
wie einige zusammengekauert, die Büchse in der
Hand, von einem Baum zum andern hinüber-
rannten.

Der Kapitän entblößte sein Haupt und bekreuzte sich andächtig; einige alte Soldaten thaten
das Gleiche. Im Walde hörte man wildes Kriegsgeschrei und die Worte: „Jaj, giaur! uruß iaj!"
Knatternde kurze Büchsenschüsse folgten einer dem
andern, und die Kugeln pfiffen von beiden Seiten.
Die Unseren erwiderten schweigend im Lauffeuer.
Nur selten hörte man in ihren Reihen Bemerkungen wie die: „Er*) feuert von da, er hat es
leicht, hinter den Bäumen versteckt, Kanonen
müßten wir haben . . ." u. s. w.

Die Geschütze rückten in die Schlachtlinie ein.
Nach einigen Kartätschensalven schien der Feind
zu ermatten, aber nach einem kurzen Augenblick
und mit jedem Schritt, den die Truppen machten,
wurde das Feuer, das Geschrei und das Kriegs-
geheul wieder stärker.

Wir hatten uns kaum 300 Faden von dem

---

*) Er ist ein Sammelname, unter dem die kaukasischen
Soldaten den Feind im Allgemeinen zu verstehen pflegen.

Aul zurückgezogen, als die feindlichen Kugeln pfei-
send über unsern Häuptern zu schwirren begannen.
Ich sah, wie ein Soldat von einer Kugel hingestreckt wurde ... Aber wozu die Einzelheiten
dieses schrecklichen Bildes wiedererzählen, da ich
doch selbst viel dafür gäbe, wenn ich es vergessen könnte.

Leutnant Rosenkranz selbst schoß, ohne auch nur
einen Augenblick zu unterbrechen, aus seiner Büchse,
schrie mit heiserer Stimme die Soldaten an und
sprengte im vollen Lauf von einem Flügel zum
andern. Er war ein wenig blaß, und das stand
seinem kriegerischen Gesicht sehr gut.

Der hübsche Fähnrich war entzückt. Seine
schönen schwarzen Augen strahlten vor Kühnheit,
seinen Mund umspielte ein leichtes Lächeln; immer
wieder kam er zu dem Kapitän herangeritten und
bat um die Erlaubnis, mit Urrah im Sturme
vorzugehen.

Wir werfen sie zurück, sagte er mit innerer
Überzeugung. Wahrhaftig, wir werfen sie zurück.

Nicht nötig, erwiderte der Hauptmann ruhig,
wir müssen zurückgehen.

Die Kompagnie des Kapitäns hielt den Waldesrand besetzt und erwiderte das feindliche Feuer
liegend. Der Kapitän, in seinem abgetragenen
Überrock und in seiner zerzausten Mütze, hatte
seinem Paßgänger, einem Schimmel, die Zügel
hängen lassen und seine Beine in dem kurzen Steig-

bügel zusammengezogen; so stand er schweigend
an einer und derselben Stelle. (Die Soldaten
wußten so gut, was sie zu thun hatten, und führten
es so gut aus, daß man ihnen nicht zu befehlen
brauchte.) Von Zeit zu Zeit nur erhob er seine
Stimme lauter und schrie die an, die die Köpfe
emporhoben. Die Gestalt des Kapitäns hatte
wenig Kriegerisches an sich, dafür aber lag in
ihr soviel Aufrichtigkeit und Schlichtheit, daß sie
mich außerordentlich berührte. „Das heißt wahrhaft tapfer", sprach es unwillkürlich in mir.

Er war ganz so, wie ich ihn immer sah.
Dieselben sicheren Bewegungen, dieselbe ruhige
Stimme, derselbe Ausdruck von Grabheit in seinem
unschönen, aber schlichten Gesicht. Nur in dem
Blick, der leuchtender war, als gewöhnlich, konnte
man an ihm die Aufmerksamkeit eines Menschen
beobachten, der ruhig seiner Sache hingegeben ist.
Es sagt sich leicht: ganz so wie immer; aber
wie mannigfache Abstufungen habe ich bei andern
wahrnehmen können: der eine will ruhiger, der
andere ernster erscheinen, ein dritter heiterer als
gewöhnlich; an dem Gesicht des Kapitäns aber
konnte man merken, daß er gar nicht begreifen
konnte, warum man etwas scheinen sollte.

Der Franzose, der bei Waterloo sagte: „La
garde meurt, mais ne se rend pas" und andere,
besonders französische Helden, die denkwürdige
Worte gesprochen haben, waren tapfer und haben

wirklich denkwürdige Worte gesprochen; aber zwi=
schen ihrer Tapferkeit und der Tapferkeit des Ka=
pitäns ist der Unterschied, daß er, wenn sich auch
ein großes Wort, gleichviel bei welcher Gelegenheit,
in der Seele meines Helden geregt hätte, er es
— davon bin ich überzeugt — nicht ausgesprochen
hätte: erstens, weil er gefürchtet hätte, durch das
große Wort selbst, wenn er es aussprach, das große
Werk zu zerstören; zweitens, weil, wenn ein Mensch
die Kraft in sich fühlt, ein großes Werk zu voll=
bringen, jedes Wort überflüssig ist. Dies ist nach
meiner Meinung das besondere und große Merk=
mal der russischen Tapferkeit; und wie soll dem=
nach ein russisches Herz nicht bluten, wenn man
unter unseren jungen Kriegern fade französische
Phrasen hört, die es dem veralteten französischen
Rittertum gleich zu thun streben?

Plötzlich erklang von der Seite, wo der hübsche
Fähnrich mit seinem Zuge stand, ein vereinzeltes
und schwaches Urrah. Ich sah mich um bei dem
Rufe und erblickte etwa 30 Mann, die mit dem
Gewehr in der Hand und dem Sack auf dem
Rücken mit Mühe und Not über ein bebautes
Ackerfeld liefen. Sie stolperten, kamen aber doch
alle mit lautem Geschrei vorwärts. Ihnen voraus
sprengte mit gezücktem Säbel der junge Fähnrich.

Alles verschwand im Walde.

Nach einem Kriegsgeschrei und Gewehrknattern
von mehreren Minuten kam aus dem Walde ein

scheues Pferd hervorgestürzt, und am Saum er=
schienen Soldaten, die die Gefallenen und Ver=
wundeten heraustrugen; unter den Letzteren war
der junge Fähnrich. Zwei Soldaten hielten ihn
unter den Arm gestützt. Er war bleich wie ein
Tuch, und sein hübsches Köpfchen, auf dem nur
ein Schatten jener kriegerischen Begeisterung sicht=
bar war, die es eine Minute vorher beseelt hatte,
war schrecklich zwischen den Schultern eingesunken
und hing auf die Brust herab. Auf dem weißen
Hemd unter dem aufgeknöpften Rock sah man
einen kleinen blutigen Fleck.

Ach, welch ein Jammer, sagte ich unwillkürlich
und wandte mich von diesem traurigen Schau=
spiel ab.

Oh ja, es ist bejammernswert, sagte der alte
Soldat, der mit düsterer Miene, den Ellbogen
auf das Gewehr gestützt, neben mir stand. Er
fürchtet sich vor nichts, wie kann man nur so sein!
fügte er hinzu und blickte unverwandt zu dem Ver=
wundeten hinüber. Er ist noch nicht gescheit und
hat es büßen müssen.

Fürchtest du dich denn? fragte ich.

Etwa nicht?

XI

Vier Soldaten trugen den Fähnrich auf einer
Tragbahre; hinter ihm führte ein Trainsoldat ein

hageres, abgetriebenes Pferd, dem zwei grüne Kasten aufgeladen waren, in denen die Werkzeuge des Feldschers aufbewahrt lagen. Man erwartete den Arzt. Die Offiziere kamen zu der Tragbahre herangeritten und gaben sich Mühe, den Verwundeten zu ermuntern, aufzurichten und zu trösten.

Nun, Bruder Alanin, du wirst nicht so bald wieder mit den Castagnetten tanzen können, sagte lächelnd heranreitend Leutnant Rosenkranz.

Er glaubte wahrscheinlich, diese Worte würden den Mut des hübschen Fähnrichs aufrichten; aber soviel man aus dem kalt=traurigen Ausdruck des Blicks des Letzteren sehen konnte, hatten diese Worte die erwartete Wirkung nicht.

Auch der Kapitän kam herangeritten. Er betrachtete den Verwundeten unverwandt, und in seinen stets gleichmütig=kühlen Zügen prägte sich aufrichtiges Mitleid aus.

Nun, mein teurer Anatolij Jwanytsch, sagte er mit einer Stimme, die von so zärtlicher Teilnahme erfüllt war, wie ich es nie von ihm erwartet hätte. Gott hat es offenbar so gewollt.

Der Verwundete sah sich um; sein bleiches Gesicht belebte ein trauriges Lächeln.

Ja, ich habe Ihnen nicht gefolgt.

Sagen Sie lieber, Gott hat es so gewollt, wiederholte der Kapitän.

Der Arzt war gekommen, er nahm von dem Feldscher die Binden, die Sonde und was er sonst

noch brauchte, streifte die Ärmel auf und trat mit
einem ermunternden Lächeln an den Verwundeten
heran.

Nun, auch Ihnen haben sie, wie es scheint,
ein Loch an einer heilen Stelle gemacht? sagte er
in scherzhaft-leichtem Ton. Zeigen Sie mal her.

Der Fähnrich gehorchte; aber in dem Ausdruck,
mit dem er den lustigen Arzt ansah, lag Verwunderung und Vorwurf. Der Arzt bemerkte das
nicht. Er sondierte die Wunde und besah sie von
allen Seiten; der Verwundete aber wurde un-
geduldig und schob die Hand des Arztes mit
schwerem Stöhnen zurück.

Lassen Sie mich, sagte er mit kaum vernehm-
barer Stimme. Es ist ganz gleich, ich sterbe.

Mit diesen Worten fiel er zurück, und fünf Minuten später, als ich an die Gruppe, die sich um
ihn gebildet hatte, herantrat und einen Soldaten
fragte: „Wie steht's mit dem Fähnrich?" antwortete man mir: „Er geht hinüber."

XII

Es war schon spät, als die Abteilung, in Reih
und Glied, mit klingendem Spiel sich der Festung
näherte. Die Sonne war hinter dem schnee-
bedeckten Bergrücken versunken und warf ihre
letzten rosigen Strahlen auf eine lange, zarte
Wolke, die an dem hellen, lichten Horizont stand.

Die Schneeberge begannen sich in bläulichen Nebel
zu hüllen; nur ihre höchsten Umrisse hoben sich
mit außerordentlicher Klarheit von dem Purpur-
licht des Sonnenunterganges ab. Der längst auf-
gegangene, durchsichtige Mond begann das dunkle
Blau mit seinem hellen Schimmer zu beleuchten.
Das Grün des Grases und der Bäume wurde
schwärzlich und bedeckte sich mit Tau. Die dunklen
Heeresmassen bewegten sich mit gleichmäßigem Laut
über die duftigen Wiesen; von allen Seiten tönten
Glockenspiel, Trommel und lustige Lieder. Der
Stimmführer der sechsten Kompagnie ließ seine
Stimme mit voller Kraft erschallen, die Töne seines
reinen vollen Tenors, voll Empfindung und Kraft,
erklangen weithin durch die klare Abendluft.

Der Holzschlag

Erzählung eines Junkers

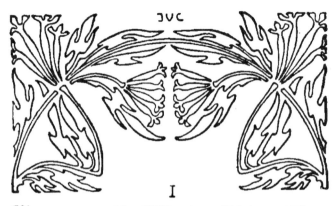

I

Es war um die Mitte des Winters 185 . ,
eine Division unserer Batterie stand im Felde
in der großen Tschetschnja. Am Abend des 14. Fe-
bruar hatte ich erfahren, daß der Zug, den ich
in Abwesenheit des Offiziers kommandierte, zu
der Kolonne befehligt war, die morgen zum Wald-
ausholzen gehen sollte. Ich hatte schon am Abend
die nötigen Befehle empfangen und weitergegeben
und mich früher als gewöhnlich in mein Zelt begeben, und da ich nicht die schlechte Gewohnheit
hatte, es mit glühenden Kohlen zu heizen, legte
ich mich bekleidet, wie ich war, auf mein Bett, das
auf Pflöcken hergerichtet war, zog die Fellmütze
über die Augen, wickelte mich in meinen Pelz
ein und versank in den eigentümlichen, festen und
schweren Schlaf, den man im Augenblick der Erregung und Unruhe vor der Gefahr schläft. Die
Erwartung des Unternehmens von morgen hatte
mich in diesen Zustand versetzt.

Um drei Uhr morgens, als es noch ganz dunkel
war, riß mir jemand den warm gewordenen Schaf-

pelz herunter, und die rötliche Farbe der Kerzen traf meine verschlafenen Augen schmerzhaft.

Belieben Sie aufzustehen, sagte eine Stimme. Ich schloß die Augen, zog unbewußt den Schaf= pelz wieder herauf und schlief ein. Belieben Sie aufzustehen, wiederholte Dmitrij von neuem und rüttelte mich erbarmungslos an der Schulter, die Infanterie rückt aus. Da wurde mir auf einmal die Wirklichkeit klar, ich schüttelte mich und sprang auf die Beine. Schnell trank ich mein Glas Thee, wusch mich mit dem eiskalten Wasser, kroch aus meinem Zelt und ging in den Park (der Ort, wo die Geschütze stehen). Es war dunkel, neblig und kalt. Die nächtlichen Wachtfeuer beleuchteten die Soldaten, die um sie herum gelagert waren, und verstärkten die Dunkelheit durch ihren matten Purpurschein. In der Nähe war ein gleichmäßiges ruhiges Schnarchen zu hören, in der Ferne die Be= wegungen, das Gespräch und das Waffengeklirr des Fußvolks, das sich zum Aufbruch rüstete; es roch nach Rauch, Lunte und Nebel; der Schauer der Morgenkühle lief mir über den Rücken und meine Zähne schlugen unwillkürlich gegen= einander.

Nur an dem Schnauben und von Zeit zu Zeit erklingendem Hufschlag konnte man in dieser un= durchdringlichen Dunkelheit erkennen, wo die be= spannten Protzwagen und Pulverkästen, und an den leuchtenden Punkten der Lunten, wo die Ge=

schütze standen. Mit den Worten: „Mit Gott!"
erklirrte das erste Geschütz, hinterdrein rasselte der
Pulverkasten, und der Zug setzte sich in Bewegung.
Wir nahmen alle unsere Mützen ab und bekreuzten
uns. Als der Zug den freien Raum zwischen den
Infanterie-Abteilungen eingenommen hatte, machte
er Halt und wartete etwa eine Viertelstunde, bis
die ganze Kolonne sich gesammelt und der Befehlshaber gekommen war.

Bei uns fehlt ein Soldat, Nikolaj Petrowitsch,
sagte eine dunkle Gestalt, die auf mich zuschritt,
und die ich nur an der Stimme als den Zug-
feuerwerker Maksimow erkannte.

Wer?

Welentschuk fehlt. Als angespannt wurde, war
er da, — ich habe ihn gesehen —, jetzt
fehlt er.

Da nicht anzunehmen war, daß die Kolonne
sich sofort in Bewegung setzen würde, beschlossen
wir, den Liniengefreiten Antonow auszuschicken,
um Welentschuk zu suchen. Gleich darauf trabten
an uns in der Dunkelheit zwei Reiter vorüber:
es war der Befehlshaber mit seinem Gefolge, und
in diesem Augenblick rührte sich die Spitze der
Kolonne und setzte sich in Bewegung, endlich auch
wir; Antonow aber und Welentschuk waren nicht
da. Wir waren aber kaum hundert Schritt vorwärts gekommen, als beide Soldaten uns ein-
holten.

Wo war er? fragte ich Antonow.

Er hat im Park geschlafen!

Wie, hat er denn einen Rausch?

Ei, Gott bewahre.

Warum ist er denn aber eingeschlafen?

Das weiß ich nicht.

Drei Stunden lang bewegten wir uns langsam ohne einen Laut durch den Nebel über unbeackerte, schneelose Felder und niedriges Gesträuch dahin, das unter den Rädern der Geschütze knirschte. Endlich, als wir den flachen, aber außerordentlich reißenden Bach überschritten hatten, wurde Halt befohlen, und in der Vorhut ertönten abgerissene Büchsenschüsse. Diese Laute wirkten wie immer besonders erregend auf alle. Die Abteilung schien aus dem Schlaf zu erwachen. In den Reihen ertönte Geplauder, Bewegung und Lachen. Von den Soldaten rang der eine mit dem Kameraden, der eine hüpfte von einem Bein auf das andere, ein dritter kaute Zwiebad oder übte zum Zeitvertreib: Präsentiert das Gewehr, oder: Gewehr bei Fuß. Dabei begann der Nebel im Osten sichtlich heller zu werden, die Feuchtigkeit wurde fühlbarer, und die Gegenstände rings um uns her traten aus dem Dunkel hervor. Ich konnte schon die grünen Lafetten und Pulverkästen unterscheiden, das von der Nebelfeuchtigkeit bedeckte Erz der Geschütze, die bekannten, ohne meinen Willen bis in die kleinste Einzelheit mir vertraut gewordenen Gestalten meiner Soldaten, die braunen Pferde und die Reihen der Infanterie mit ihren blitzenden Bajonetten, Brotsäcken, Kugelausziehern und Kesseln auf dem Rücken.

Bald wurde uns befohlen, vorwärts zu gehen, und nachdem wir einige hundert Schritt ohne bestimmtes Ziel gemacht hatten, wurde uns ein Platz angewiesen. Rechts schimmerte das steile Ufer des schlangenartigen Flüßchens und die hohen hölzernen Säulen eines tatarischen Kirchhofs; links und vor uns blinkte durch den Nebel ein dunkler Streifen hindurch. Der Zug protzte ab. Die achte Kompagnie, die uns Deckung bot, stellte die Gewehre zusammen, und ein Bataillon Soldaten ging mit Gewehren und Äxten in den Wald.

Es waren kaum fünf Minuten vergangen, als von allen Seiten die Wachtfeuer zu knistern und zu qualmen begannen. Die Soldaten hatten sich zerstreut, fachten die Feuer mit den Händen und Füßen an, schleppten Reisig und Holz heran, und unaufhörlich schallte durch den Wald der Klang von hundert Äxten und gefällten Bäumen.

Die Artilleristen hatten in einem gewissen Wetteifer mit der Infanterie ihr eigenes Wachtfeuer angezündet, und obgleich es schon in solcher Glut loderte, daß man ihm nicht auf zwei Schritt nahe kommen konnte, und der dichte, schwarze Rauch durch die eisbehängten Zweige emporstieg, von welchen die Tropfen herabfielen und im Feuer zischten, und welche die Soldaten in die Flamme hineinlegten, sich unter Kohlen und absterbendes weißes Gras rings um das Feuer bildete, schien doch alles den Soldaten noch zu wenig. Sie schleppten ganze Stämme heran, legten Gras unter und fachten das Feuer immer mehr und mehr an.

Als ich an das Wachtfeuer herantrat, um eine Cigarette anzuzünden, holte Welentschuk, der stets eifrig war, jetzt aber in seinem Schuldbewußtsein, sich mehr als andere beim Feuer zu schaffen machte, in einem Anfall von Übereifer ganz aus der Mitte mit bloßer Hand eine Kohle, indem er sie ein- und zweimal von einer Hand auf die andere und dann auf die Erde warf.

Zünde doch ein Reis an und reiche es hin, sagte ein anderer.

Die Lunte, Kameraden, reicht hin, sagte ein dritter. Als ich endlich ohne die Hilfe Welentschuks, der wieder mit den Händen eine Kohle nehmen wollte, eine Cigarette angeraucht hatte, rieb er die verbrannten Finger an den hinteren Schößen seines Schafpelzes und hob, wahrscheinlich, um irgend etwas zu thun, einen großen Cedernklotz auf und schleuderte ihn aus voller Kraft in das Feuer. Als er endlich glaubte, ausruhen zu dürfen, ging er ganz nahe an die Glut heran, faltete den Mantel, den er wie einen Dolman auf dem Hinterkopf trug, auseinander, spreizte

18

die Beine, streckte seine großen schwarzen Hände
vor, verzog leicht seinen Mund und kniff die
Augen zusammen.

Ei der Tausend! Ich habe mein Pfeifchen
vergessen. Ach, das ist schlimm, Kameraden, sagte
er, nachdem er eine Weile geschwiegen hatte, ohne
sich an einen Bestimmten unter ihnen zu wenden.

II

In Rußland giebt es drei hervorstechende
Soldatentypen, unter die man die Mannschaften
aller Truppengattungen einordnen kann: der
kaukasischen, armenischen, der Garde, der Infanterie, der Kavallerie, der Artillerie u. s. w.

Diese Haupttypen, die wiederum viele Unter-
abteilungen und viel Gemeinschaftliches haben,
sind:

1. die Gehorsamen,
2. die Befehlerischen und
3. die Tollkühnen.

Die Gehorsamen zerfallen in a) die kaltblütig
Gehorsame und b) in die eifrig Gehorsame.

Die Befehlerischen zerfallen in a) Schroff-
befehlerische und b) Höflichbefehlerische.

Die Tollkühnen zerfallen in a) in die lustigen
Tollkühnen und b) in die ausschweifenden Tollkühnen.

Der Typus, der am häufigsten vorkommt — der liebenswürdigste, sympathischste und meist mit den besten christlichen Tugenden, mit Sanftmut, Frömmigkeit, Geduld und Ergebenheit in den Willen Gottes verbundene Typus — ist der Typus der Gehorsamen schlechtweg. Der hervorstechende Zug des kaltblütig Gehorsamen ist die durch nichts zu erschütternde Ruhe und Verachtung aller Schicksalsschläge, die ihn treffen können. Das hervorstechende Merkmal des gehorsamen Trunkenbolds ist eine stille Neigung zum Poetischen und Empfindsamkeit; das hervorstechende Merkmal der Eifrigen — die Beschränktheit der Geistesgaben, verbunden mit zwecklosem Fleiß und Geschäftigkeit.

Der Typus der Befehlerischen schlechtweg kommt vornehmlich in den höheren Soldatenkreisen vor: bei Gefreiten, Unteroffizieren, Feldwebeln u. s. w. und ist, in der ersten Unterabteilung der schroff Befehlerischen, ein sehr edler, energischer, vornehmlich kriegerischer Typus, der auch einen hohen poetischen Schwung nicht ausschließt. (Zu diesem Typus gehörte der Gefreite Antonow, mit dem ich den Leser bekannt machen will.) Die zweite Unterabteilung bilden die höflich Befehlerischen, die seit einiger Zeit stark an Zahl zu wachsen beginnen. Der höflich Befehlerische ist stets bereit, kann lesen und schreiben, trägt ein rosa Hemd, ißt nicht aus dem gemeinsamen Kessel, raucht zu-

weilen feingeriebenen Tabak, hält sich für etwas
unvergleichlich Höheres als den gewöhnlichen Soldaten und pflegt selbst selten ein so guter Soldat zu sein, wie die Befehlerischen der ersten
Klasse.

Der Typus der Tollkühnen ist ganz wie der
Typus der Befehlshaberischen in seiner ersten Abteilung gut: in der Abteilung der lustigen Tollkühnen, deren unterscheidendes Merkmal eine un-
erschütternde Heiterkeit, außerordentliche Fähigkeit
zu allem, reiche Naturanlagen und Kühnheit sind
— und ebenso entsetzlich schlecht in der zweiten Abteilung: der der ausschweifenden Tollkühnen, die
indessen, wie zur Ehre des russischen Heeres gesagt werden muß, höchst selten vorkommen, und
wenn sie vorkommen, von der Soldatengemein-
schaft selbst aus der Kameradschaft ausgeschlossen
werden. Unglaube und eine gewisse Kühnheit
im Laster sind die Hauptcharakterzüge dieser Abteilung.

Welentschuk gehörte zu der Kategorie der eifrig
Gehorsamen. Er war Kleinrusse von Geburt,
diente schon 15 Jahre und war ein unansehnlicher
und ungewandter Soldat, aber treuherzig, gut,
außerordentlich eifrig, wenn auch meist an un-
passender Stelle, und außerordentlich ehrenhaft.
Ich sage: außerordentlich ehrenhaft, weil er im
vorigen Jahre, bei einer bestimmten Gelegenheit,
höchst augenscheinlich diese charakteristische Eigen-

schaft hervortreten ließ. Ich muß bemerken, daß fast jeder von den Soldaten ein Handwerk versteht. Die verbreitetsten Handwerke sind die Schneiderei und die Schuhmacherei. Welentschuk selbst hatte das erstere Handwerk gelernt und, wenn man danach urteilt, daß Michail Dorofeïtsch, der Feldwebel selbst, ihm seine eigenen Kleider zu machen gab, einen gewissen Grad der Vollkommenheit erreicht. Im vergangenen Jahre hatte Welentschuk im Lager einen feinen Mantel für Michail Dorofeïtsch zu machen übernommen; aber in der Nacht, in der er das Tuch zerschnitten und das Futter angemessen und beides im Zelt unter sein Kopfkissen gelegt hatte, geschah ihm ein Unglück. Das Tuch, das sieben Rubel kostete, war in der Nacht verloren gegangen! Welentschuk machte dem Feldwebel, mit Thränen in den Augen, mit zitternden, bleichen Lippen und verhaltenem Schluchzen Meldung. Michail Dorofeitsch wurde wütend. Im ersten Augenblick seines Zornes drohte er dem Schneider, dann ließ er die Sache, als ein Mann von Wohlstand und Güte, sein und forderte von Welentschuk nicht, daß er ihm den Wert des Mantels ersetze. So eifrig auch der eifrige Welentschuk war, soviel er auch weinte und den Leuten von seinem Unglück vorerzählte, der Dieb war nicht zu finden. Obgleich man starken Verdacht auf einen ausschweifenden, tollkühnen Soldaten, Tschernow, hatte, der mit ihm in einem

Zelte schlief, hatte man doch keine positiven Be-
weise. Der höflichbefehlerische Michail Dorofeïtsch
hatte, als ein Mann von Wohlhabenheit, der mit
dem Kapitän d'armes und dem Leiter der Artel,
den Aristokraten der Batterie, Geschäfte hatte,
bald den Verlust seines Privatmantels vergessen;
Welentschuk dagegen hatte sein Unglück nicht vergessen. Die Soldaten sagten, sie hätten damals
für ihn gefürchtet, ob er nicht etwa Hand an
sich legen oder in die Berge laufen werde, —
so stark hatte dies Unglück auf ihn eingewirkt.
Er trank nicht, er aß nicht, selbst zur Arbeit war
er unfähig und weinte beständig. Nach drei Tagen
kam er zu Michail Dorofeïtsch, ganz bleich, zog
mit zitternder Hand einen Gulden aus dem Ärmel-
aufschlag und reichte ihn ihm. Bei Gott, es ist
mein letztes, Michail Dorofeïtsch, und auch das
habe ich von Shdanow borgen müssen, sagte er
und schluchzte wieder; und noch zwei Rubel bringe
ich, bei Gott, sobald ich sie verdient habe. Er (wer
„er" war, wußte Welentschuk selbst nicht) hat mich
vor ihren Augen zu einem Schurken gemacht. Er
— die giftige, gemeine Seele! — hat seinem
Bruder und Kameraden das letzte Hemd vom
Leibe genommen; fünfzehn Jahre diene ich
und . . ." Zu Michail Dorofeïtschs Ehre muß ich
sagen, daß er von Welentschuk die fehlenden zwei
Rubel nicht nahm, obgleich sie ihm Welentschuk
zwei Monate später brachte.

III

Außer Welentschuk wärmten sich am Wachtfeuer noch fünf Mann meines Zuges.

An der besten Stelle, wo man gegen den Wind
geschützt war, saß auf einem Holzfäßchen der
Feuerwerker des Zuges Maksimow und rauchte
sein Pfeischen. In der Haltung, in dem Blick,
in allen Bewegungen dieses Mannes konnte man
die Gewohnheit zu befehlen, und das Bewußtsein
des eignen Wertes lesen, abgesehen sogar von
dem Holzfäßchen, auf dem er saß, das in der
Raststätte das Abzeichen der Macht bildete, und
den Nanking-überzogenen Pelzrock.

Als ich herankam, wandte er mir sein Gesicht
zu; seine Augen aber blieben auf das Feuer gerichtet, und erst viel später wandte sich sein Blick,
der Richtung des Gesichts folgend, mir zu. Ma-
ksimo war ein Einhöfer. Er besaß Vermögen,
er hatte in der Lehrbrigade Unterricht erhalten
und sich Gelehrsamkeit angeeignet. Er war ungeheuer reich und ungeheuer gelehrt, wie die Soldaten sagten. Ich erinnere mich, wie er einmal
bei einer Übung im Scheibenschießen mit dem Qua-
branten den Soldaten, die sich um ihn gesammelt
hatten, erklärte, daß die Wasserwage „nichts anderes sei, als das atmosphärische Quecksilber seine
Bewegung hat". In Wirklichkeit war Maksimow

keineswegs dumm und verstand seine Sache vortrefflich; aber er hatte die unglückselige Eigentümlichkeit, bisweilen mit Absicht so zu sprechen, daß
man ihn unmöglich verstehen konnte, und daß er
selbst, wie ich überzeugt bin, seine eigenen Worte
nicht verstand. Besonders gebrauchte er gern die
Worte: „hervorgehen" und „fortfahren" und wenn
er anfing: daraus geht hervor oder fortfahrend,
dann wußte ich schon vorher, daß ich von allem,
was dann kam, nichts verstehen würde. Die Soldaten aber hörten, wie ich bemerken konnte, sein
„fortfahrend" mit Vergnügen und vermuteten da-
hinter einen tiefen Sinn, obgleich sie, ganz wie ich,
kein Wort verstanden. Aber diesen Mangel des
Verständnisses setzten sie auf Rechnung ihrer eigenen
Dummheit, und ihre Achtung vor Fjodor Maksimytsch war nur um so größer. Mit einem Worte,
Maksimow war einer von den Höflichbefehlerischen.

Der zweite Soldat, der in der Nähe des Feuers
die Stiefel auf seine sehnigen, roten Beine zog,
war Antonow, der Bombardier Antonow, der schon
im Jahre 37, als er mit zwei Kameraden bei einem
Geschütz ohne Deckung zurückgeblieben war, den
starken Feind abgeschlagen und mit zwei Kugeln
im Schenkel das Geschütz weiter bedient und geladen hatte. „Er hätte längst Feuerwerker sein
müssen, wenn er einen anderen Charakter hätte,"
sagten die Soldaten von ihm. Und er hatte in
der That einen sonderbaren Charakter. War er

nüchtern, so gab es keinen ruhigeren, friedlicheren
und ordentlicheren Menschen, hatte er aber getrunken, so wurde er ein ganz anderer Mensch.
Er erkannte keine Obrigkeit an, raufte sich, trieb
allerlei Unfug und wurde ein ganz unbrauchbarer
Soldat. Erst vor acht Tagen hatte er in der
Butterwoche tüchtig getrunken, und trotz aller Dro-
hungen, Mahnungen, trotzdem er ans Geschütz gebunden wurde, hörte er nicht auf zu saufen und
Unfug zu treiben bis zum Fastenmontag. Die
ganze Fastenzeit hindurch aber nährte er sich, trotz
des Befehls, daß die ganze Mannschaft keine
Fastenspeise essen solle, nur von Zwieback, nahm
sogar in der ersten Woche nicht einmal die ihm
zukommende Ration Branntwein. Übrigens mußte
man diese gedrungene, eisenfeste Gestalt mit den
kurzen, nach auswärts gebogenen Beinen und der
glänzenden, bärtigen Fratze sehen, wenn er im
Rausch die Balalaika in die sehnige Hand nahm,
geringschätzig nach allen Seiten umhersah und die
„Herrin" zu spielen begann, oder wenn er den
Mantel, an dem die Orden baumelten, kühn um-
warf und, die Hände in die Tasche der blauen
Nankinghosen gesteckt, über die Straße ging —
man mußte den Ausdruck soldatischen Stolzes und
der Geringschätzung alles Nicht-Soldatischen sehen,
der dann um seine Züge spielte, um zu begreifen,
daß es für ihn ganz unmöglich war, in einem
solchen Augenblick nicht mit einem grobwerdenden

oder einfach zufällig in den Weg kommenden Burschen, Kosaken, Infanteristen oder Kolonisten, kurz
Nicht-Artilleristen, zu raufen. Er raufte und trieb
seinen Unfug nicht so sehr zum eigenen Vergnügen
als zur Aufrechterhaltung des Geistes und des
gesamten Soldatentums, als dessen Vertreter er
sich fühlte.

Der dritte Soldat, der zusammengekauert an
dem Wachtfeuer saß, war der Fahrer Tschikin.
Er trug einen Ring im Ohr, hatte ein borstiges
Schnurrbärtchen, ein Vogelgesicht und hielt eine
Porzellanpfeife im Munde. Tschikin, der liebe,
gute Tschikin, wie ihn die Soldaten zu nennen
pflegten, war ein Spaßmacher. Im furchtbarsten
Frost, im tiefsten Schmutz, zwei Tage ohne Essen
auf dem Marsche, bei der Musterung, bei der
Übung, immer und überall schnitt der gute, liebe
Tschikin Gesichter, trieb mit seinen Beinen allerlei
Späße und trieb solche Scherze, daß der ganze
Zug sich vor Lachen schüttelte. Auf der Raststätte
oder im Lager bildete sich um Tschikin immer ein
Kreis junger Soldaten. Er begann mit ihnen ein
Kartenspiel oder erzählte Geschichten von dem
schlauen Soldaten und dem englischen Mylord,
oder er spielte einen Tataren, einen Deutschen oder
er machte auch einfach seine Bemerkungen, über die
sich alle zu Tode lachen konnten. Allerdings war
sein Ruf als eines Spaßmachers in der Batterie
schon so gefestigt, daß er nur den Mund zu öffnen

und mit den Augen zu blinzeln brauchte, um ein
allgemeines Gelächter hervorzurufen, aber er hatte
wirklich viel echt Komisches und Überraschendes an
sich. Er verstand in jedem Dinge etwas Besonderes
zu sehen, etwas, was anderen gar nicht in den
Sinn kam, und was die Hauptsache war, diese
Fähigkeit, in allem etwas Komisches zu sehen,
widerstand keiner Versuchung.

Der vierte Soldat war ein junger, unansehn=
licher Bursche, ein Rekrut der vorjährigen Aus=
hebung, der zum erstenmal an einem Feldzuge teil=
nahm. Er stand mitten im Rauch und so nahe am
Feuer, daß man glauben konnte, sein fadenscheiniger
Pelzrock müsse jeden Augenblick Feuer fangen, trotz=
dem aber konnte man an seinen zurückgeschlagenen
Schößen, an seiner ruhigen, selbstzufriedenen Hal=
tung und den hervortretenden Waden erkennen,
daß er ein großes Behagen empfand.

Der fünfte Soldat endlich, der ein wenig ent=
fernt von dem Wachtfeuer saß und ein Stäbchen
schnitzte, war Onkelchen Shdanow. Shdanow war
an Dienstjahren der älteste von allen Soldaten
in der Batterie. Er hatte sie alle als Rekruten
gekannt, und alle nannten ihn nach einer alten
Gewohnheit Onkelchen. Er trank nie, wie die
Leute sagten, er rauchte nie, er spielte nie Karten
(nicht einmal „Nase“), er brauchte nie ein häßliches
Schimpfwort. Die ganze dienstfreie Zeit beschäf=
tigte er sich mit Schuhmacherei. An den Feier-

tagen besuchte er die Kirche, wo es möglich war, oder er stellte eine Kopekenkerze vor das Heiligenbild und schlug den Psalter auf, das einzige Buch, in dem er lesen konnte. Mit den Soldaten ließ er sich wenig ein. Mit denen, die im Rang höher standen, wenn sie auch jünger an Jahren waren, war er von kühler Ehrerbietung, mit Gleichgestellten hatte er als Nichttrinker wenig Gelegenheit zusammenzukommen; besonders aber hatte er die Rekruten und die jungen Soldaten gern: die nahm er stets unter seine Obhut, las ihnen die Instruktionen vor und half ihnen häufig. Alle Leute in der Batterie hielten ihn für einen reichen Mann, weil er 25 Rubel besaß, die er gern einem Soldaten lieh, der wirklich in Not war. Maksimow, derselbe Maksimow, der jetzt Feuerwerker war, erzählte mir, als er einst vor zehn Jahren als Rekrut eingetreten war, und die alten, trinklustigen Kameraden mit ihm sein Geld vertrunken hatten, habe Shdanow, der seine unglückliche Lage bemerkte, ihn zu sich gerufen, ihm einen strengen Verweis wegen seiner Aufführung erteilt, ihn sogar geschlagen, ihm die Instruktionen vorgelesen, wie der Soldat sich zu führen habe, dann habe er ihm ein Hemd gegeben, da Maksimow keines mehr hatte, und einen halben Rubel, und ihn fortgeschickt. „Er hat einen Menschen aus mir gemacht," pflegte Maksimow stets von ihm mit Achtung und Dankbarkeit zu sagen. Er war es auch, der Welentschuk,

der sich stets seines Schutzes erfreute, schon von der
Rekrutenzeit her bei dem Unglück wie bei dem Verluste des Mantels geholfen hatte, und so vielen
anderen während seiner 25jährigen Dienstzeit.

Was den Dienst betrifft, so konnte man keinen
Soldaten finden, der seine Sache besser verstand,
der tapferer und ordentlicher war als er; aber er
war zu ruhig und unansehnlich, um zum Feuerwerker ernannt zu werden, obwohl er schon fünfzehn
Jahre Bombardier war. Sybanows einzige
Freude, ja seine Leidenschaft, war der Gesang.
Einige Lieder besonders hatte er sehr gern, er
suchte sich immer einen Kreis von Sängern unter
den jüngeren Soldaten und stand mitten unter
ihnen, obgleich er selbst nicht singen konnte, hielt
die Hände in den Taschen des Pelzrocks, kniff
die Augen zusammen und drückte durch Bewegungen des Kopfes und der Kiefern seine Teilnahme aus. Ich weiß nicht, warum ich in dieser
gleichmäßigen Bewegung der Kiefern unter dem
Ohre, die ich nur bei ihm beobachtet habe, außerordentlich viel Ausdruck fand. Der schneeweiße
Kopf, der gewichste, schwarze Schnauzbart und das
gebräunte, faltenreiche Gesicht gaben ihm auf den
ersten Blick ein strenges, rauhes Aussehen; aber
sah man tiefer in seine großen runden Augen, besonders wenn sie lachten (mit den Lippen lachte er
nie), so wurde man plötzlich durch etwas außerordentlich Mildes, fast Kindliches überrascht.

IV

Ach, da habe ich meine Pfeife vergessen. Das ist schlimm, Kameraden! sagte Welentschuk immer wieder.

Du solltest Cigarren rauchen, lieber Freund, begann Tschikin; dabei verzog er den Mund und blinzelte mit den Augen — ich rauche zu Hause auch immer Cigarren, die schmecken süßer.

Selbstverständlich schüttelten sich alle vor Lachen.

Da hat er die Pfeife vergessen, fiel Maksimow ein, ohne das allgemeine Gelächter zu beachten, und klopfte mit der Miene eines Vorgesetzten stolz seine Pfeife auf der Fläche der linken Hand aus. Wo bist du denn eigentlich gewesen, Welentschuk, he?

Welentschuk kehrte sich halb zu ihm um, erhob die Hand zur Mütze, ließ sie aber bald wieder sinken.

Man sieht's, hast von gestern noch nicht ausgeschlafen, daß du im Stehen einnickst. Dafür wird man euresgleichen keinen Dank sagen.

Zerreißt mich hier auf der Stelle, Fjodor Maksimowitsch, wenn ich nur ein Tröpfchen im Munde gehabt habe; ich weiß selbst nicht, was mit mir geschehen ist, antwortete Welentschuk. Was hat's denn so Gutes gegeben, daß ich mich hätte betrinken sollen? brummte er vor sich hin.

Das ist's ja eben, da ist man für euresgleichen seinem Vorgesetzten verantwortlich, und ihr bleibt immer dabei ... Das hat keine Art! schloß der beredte Makfimow schon in viel ruhigerem Tone.

Ist's nicht ein Wunder, Kameraden, fuhr We= lentschuk nach einem minutenlangen Schweigen fort, dabei kratzte er sich im Naden und wandte sich an niemanden insbesondere, wahrhaftig, ein Wunder ist's! Kameraden. Sechzehn Jahre bin ich im Dienst, aber so etwas ist mir noch nie passiert. Als es hieß zum Appell antreten, da war ich zur Stelle, wie sich's gehört — ganz in der Ordnung — da plötzlich beim Park padt es mich ... padt mich und wirft mich zu Boden, und fertig. Und wie ich eingeschlafen bin, weiß ich nicht, Kameraden! Es muß die Schlafsucht selbst gewesen sein, schloß er.

Ich habe dich ja kaum wach kriegen können, sagte Antonow, während er sich den Stiefel aufzog. Ich rüttelte und rüttelte dich   wie ein Stück Holz.

Siehst du, bemerkte Welentschuk, ich muß tüchtig betrunken gewesen sein

So gab's bei uns zu Hause ein Weib, begann Tschikin, die lag euch zwei Jahre, zwei Jahre, sag' ich, auf dem Ofen. Man wedte sie — sie schläft, denken die Leute — und sie liegt euch tot da; sie bekam auch immer die Schlafsucht. Ja so, lieber Freund.

Aber erzähl' doch, Tschikin, wie du während

des Urlaubs den Ton angegeben haſt, ſagte Maf-
ſimow lächelnd und ſah mich an, als wollte er
ſagen: „Beliebt es Ihnen nicht auch, einem dummen Menſchen zuzuhören?"

Was für einen Ton, Fjodor Makſimytſch?
ſagte Tſchikin und warf mir ſchielend einen Blick
zu. Das weiß ja jeder. Ich habe erzählt, wie
es im Kaukaſus ausſieht.

Nun ja, wie denn, wie denn? Verſtell dich
nur nicht, erzähle, wie du ſie „angeführt" haſt.

Das iſt bekannt, wie ich ſie angeführt habe ...
Sie fragten, wie wir leben — begann Tſchikin in
überſtürzter Rede mit der Miene eines Menſchen,
der ſchon oft dasſelbe erzählt hat. — Wir leben
gut, lieber Freund, ſage ich, unſern Proviant empfangen wir reichlich. Morgens und abends kommt
eine Taſſe Schikolaten auf den Soldaten, zu Mittag giebt es herrſchaftliche Suppe aus Perlgraupen
und ſtatt des Branntweins bekommt jeder ein
Gläschen Madera — Madera Diwirje, der ohne
Flaſche zweiundvierzig Kopeken koſtet.

Feiner Madera, fiel Welentſchuk ein und ſchüt-
telte ſich mehr als die anderen vor Lachen, das
nenne ich einen Madera!

Na und was haſt du von den Aſiaten erzählt?
fuhr Makſimow fort zu fragen, als das allgemeine
Lachen ein wenig zu verſtummen begann.

Tſchikin beugte ſich zu dem Feuer vor, nahm
mit einem Stäbchen eine kleine Kohle, legte ſie

auf sein Pfeifchen und setzte schweigend, als bemerkte er die sprachlose Neugier, die er in seinen Hörern erregt hatte, nicht, langsam sein Tabakstengelchen in Brand. Als er endlich Rauch genug bekommen hatte, warf er die Kohle fort, schob seine Mütze noch tiefer in den Nacken und fuhr mit einem Achselzucken und einem leichten Lächeln fort:

Sie fragen mich auch, was das da für ein kleiner Tscherkeß ist, oder, sagt er, schlägt man bei euch im Kaukasus den Türken? Bei uns, sag' ich, lieber Freund, giebt's nicht einen Tscherkessen, sondern viele. Es giebt solche Tawlinzen, die in Felsbergen wohnen und Steine statt Brot essen. Die sind so groß, sag' ich, wie ein tüchtiger Klotz, haben ein Auge auf der Stirn und tragen rote Mützen, die brennen nur so, ganz wie deine, lieber Freund! fügte er hinzu, zu einem jungen Rekruten gewandt, der wirklich eine hochkomische Mütze mit rotem Deckel trug.

Der junge Rekrut setzte sich bei dieser unerwarteten Ansprache plötzlich auf die Erde, schlug sich die Knie und brach in ein solches Lachen und Husten aus, daß er nur mit tonloser Stimme hervorbringen konnte: „Das sind die Tawlinzen!"

Und dann, sage ich, giebt es noch die Mumren — fuhr Tschikin fort und rückte mit einer Kopfbewegung seine Mütze in die Stirn, — das sind wieder andere, kleine Zwillinge   Immer zu

19

Paaren, sage ich, halten sie sich bei den Händen
und rennen, sag' ich, so wie der Wind, daß man
sie zu Pferde nicht einholen kann. — Wie, sagt
er, wie ist das bei den Mumren, kommen sie so
auf die Welt, Hand in Hand, oder wie? sagte er
mit kehlartiger Baßstimme und glaubte einem
Bauern nachzuahmen. Ja, sag' ich, lieber Freund,
so ist er von Natura. Versuch's nur, die Hände
auseinanderzureißen, dann kommt Blut, grad wie
bei den Chinesen, nimm ihm die Mütze ab, gleich
kommt Blut. — Aber sag' uns, Kleiner, wie schlagen sie sich, sagt er. — Ei so, sag' ich: Sie packen
dich, schlitzen dir den Bauch auf und wickeln sich
deine Gedärme um den Arm und wickeln und
wickeln . . . sie wickeln, und du lachst, bis dir
die Seele aus dem Leibe . . .

Ei wie, haben sie dir denn Glauben geschenkt?
sagte Maksimow mit leichtem Lächeln, während
die anderen sich halb tot lachten.

Das sonderbare Volk glaubt wahrhaftig alles,
Fjodor Maksimytsch — bei Gott, sie glauben alles!
. . . Dann erzählte ich ihnen vom Berge Kasbek,
daß da den ganzen Sommer über der Schnee nicht
schmilzt, da lachten sie mich tüchtig aus, guter
Freund! — Was faselst du, Kleiner? Hat man
so etwas gesehen, ein großer Berg und darauf soll
der Schnee nicht schmelzen? Bei uns, Kleiner,
schmilzt im Tauwetter der kleinste Hügel — und
der taut zuerst auf, und im Hohlweg bleibt der

Schnee noch liegen. — Da hast du's! — schloß Tschikin und blinzelte mit den Augen.

V

Der leuchtende Sonnenball, dessen Strahlen durch den milchweißen Nebel hindurchdrangen, war schon ziemlich hoch emporgestiegen; der graublaue Horizont erweiterte sich allmählich und war, wenn auch bedeutend weiter, aber doch ebenso scharf von der täuschenden weißen Nebelwand begrenzt.

Vor uns that sich jenseits des ausgeholzten Waldes ein ziemlich weites Feld auf. Über das Feld breitete sich von allen Seiten her ein schwarzer, dort ein milchweißer oder violetter Rauch von Wachtfeuern, und die weißen Schichten des Nebels wogten in wunderlichen Gestalten. Weit vorn erschienen von Zeit zu Zeit Gruppen berittener Tataren, hörte man in Zwischenräumen die Schüsse aus unsern Stutzen, aus ihren Büchsen und Geschützen.

„Das war noch kein Gefecht, sondern nur ein Scherz," wie der gute Kapitän Chlopow sagt.

Der Kommandeur der neunten Jägerkompagnie, der sich bei uns in der Deckung befand, trat zu seinen Geschützen heran, zeigte auf drei berittene Tataren, die in diesem Augenblick am Walde vorüberkamen, mehr als sechshundert Faden von uns entfernt, und bat, nach der alten Infanterieoffi-

zieren eigenen Vorliebe für Artilleriefeuer, eine
Kugel oder Granate auf sie zu schleudern.

Sehen Sie, sagte er mit einem guten und
überzeugenden Lächeln und streckte die Hand über
meine Schulter, dort, wo die zwei großen Bäume
stehen, vorn ... Einer auf einem weißen Pferd
und im schwarzen Tscherkessenrock, und dort hinten
noch zwei, sehen Sie, könnte man nicht, bitte ...

Und da reiten noch drei am Waldessaum, fügte
Antonow, der sich durch ein wunderbares Auge
auszeichnete, hinzu, indem er auf uns zukam und
die Pfeife, die er gerade rauchte, hinter seinem
Rücken verbarg. Der Vordere nimmt eben seine
Büchse aus dem Futteral. Man sieht's ganz deut=
lich, Euer Wohl'boren!

Ei sieh, er hat losgedrückt, Kameraden! da
steigt ein weißes Rauchwölkchen auf, sagte Welen=
tschuk zu einer Gruppe von Soldaten, die ein
wenig hinter uns standen.

Gewiß auf unsere Vorpostenkette, der Dreck=
fink, bemerkte ein anderer.

Sieh nur, wie viele da hinter dem Walde
hervorkommen! Sie besichtigen gewiß den Ort
— wollen ein Geschütz aufstellen, fügte ein dritter
hinzu. — Wenn man ihnen eine Granate mitten
in den Haufen hinüberschickte, die würden euch
spucken ...

Was denkst du, wird sie bis dahin tragen?
fragte Tschikin.

Fünfhundert oder fünfhundertunbzwanzig Faden, mehr sind's nicht, sagte Maksimow kaltblütig,
als ob er mit sich selbst spräche, obgleich man ihm
anmerkte, daß er nicht weniger Lust hatte, los-
zufeuern, als die anderen, wenn man fünfundvierzig
Linien aus dem Einhorn giebt, so muß man ganz
genau treffen, d. h. ganz vollständig.

Wissen Sie, wenn man jetzt auf dieses Häuf-
chen zielt, so muß man unbedingt jemanden treffen.
Da, da, jetzt, wie eng sie mit den Pferden zu-
sammenstehen, befehlen Sie doch jetzt, so schnell
als möglich zu schießen, bat mich der Kompagniekommandeur unaufhörlich.

Befehlen Sie das Geschütz zu richten? fragte
plötzlich Antonow mit seiner schwerfälligen Baßstimme und mit einer Miene finsteren Zornes.

Ich gestehe, ich hatte selbst große Lust
dazu, und ich befahl, das zweite Geschütz zu
richten.

Kaum hatte ich das Wort ausgesprochen, so
war auch schon die Granate mit Pulver bestreut
und eingeführt, und Antonow kommandierte schon,
an die Lafettenwand gelehnt und seine dicken Finger auf das Hinterteil des Geschützes stützend:
Protzstod rechts und links.

Ein ganz klein wenig nach links ... Eine
Spur nach rechts ... noch, noch ein wenig ...
So ist's recht, sagte er und trat mit stolzer Miene
von dem Geschütz zurück.

Der Infanterieoffizier, ich und Maksimow legten uns einer nach dem andern an das Visir, und
jeder sprach seine abweichende Meinung aus.

Bei Gott, es trägt hinüber, bemerkte Welentschuk und schnalzte mit der Zunge, obgleich er
nur über Antonows Schulter hinweggeblickt und
daher gar keinen Grund hatte, das anzunehmen.
Bei Gott, sie trägt schnurstracks hinüber, in den
Baum dort muß sie einschlagen, Kameraden!

Zweites Geschütz, kommandierte ich.

Die Bedienungsmannschaft trat auseinander.
Antonow lief nach der Seite, um den Flug des
Geschosses zu verfolgen; das Zündrohr flammte
auf, das Erz erdröhnte. In diesem Augenblick
hüllte uns Pulverdampf ein, und von den erschüt-
ternden, dumpfen Tönen des Schusses löste sich
der metallische, summende Klang der mit Blitzes-
schnelle dahinfliegenden Kugel, der inmitten des
allgemeinen Schweigens in der Ferne erstarb.

Ein wenig hinter der Gruppe der Reiter wurde
ein weißer Rauch sichtbar, die Tataren sprengten
nach allen Seiten auseinander und der Klang
der krepierten Granate klang zu uns herüber.

Das war schön! Wie sie fortmachen! Die
Teufelskerle, das haben sie nicht gern! ließen sich
Beifall und Scherze in den Reihen der Artilleristen
und der Infanteristen hören.

Hätte man's ein bißchen niedriger gerichtet, so
hätte sie ganz genau getroffen, bemerkte Welen-

tschuk. Ich habe gesagt, es trifft den Baum, und so war's auch — nach rechts ist sie gegangen.

VI

Ich verließ die Soldaten, während sie darüber sprachen, wie die Tataren davongesprengt waren, als sie die Granate erblickt, und weshalb sie hier herumritten, und ob wohl ihrer viele im Walde wären, ging mit dem Kompagnieführer wenige Schritte davon, setzte mich unter einen Baum, und erwartete die aufgewärmten Klopse, die er mir angeboten hatte. Der Kompagnieführer Bolchow war einer von den Offizieren, die man im Regiment die „Bonjours" nannte. Er besaß Vermögen, hatte früher in der Garde gedient und sprach französisch. Aber trotzdem hatten ihn die Kameraden gern. Er war recht gescheit und besaß Takt genug, um einen Petersburger Rock zu tragen, gut zu Mittag zu speisen und französisch zu sprechen, ohne das Offizierskorps übermäßig zu beleidigen. Wir sprachen über das Wetter, über die Kriegsereignisse und die gemeinsamen Bekannten unter den Offizieren und gewannen aus den Fragen und Antworten und aus der Auffassung der Dinge die Überzeugung, daß wir in unseren Ansichten ziemlich übereinstimmten, und so gingen wir unwillkürlich zu einem vertraulicheren Gespräch über. Im Kaukasus pflegt, wenn Menschen einer Gesell-

ſchaftsklaſſe ſich begegnen, wenn auch unausge-
ſprochen, ſo doch ziemlich klar, die Frage aufzu-
tauchen: weshalb ſind Sie hier? und auf dieſe
meine unausgeſprochene Frage ſchien mein Genoſſe
die Antwort geben zu wollen.

Wann wird dieſer Feldzug ein Ende nehmen!
ſagte er träge — langweilig!

Ich langweile mich nicht, ſagte ich. Im Stabe
iſt's ja noch langweiliger.

Ach, im Stabe iſt es zehntauſendmal ſchlimmer,
ſagte er wütend. Aber nein, wann wird das
alles ein Ende nehmen?

Aber was ſoll denn, nach Ihrer Meinung,
ein Ende nehmen? fragte ich.

Alles, ganz und gar! . . . He, Nikolajew, ſind
die Klopſe fertig? fragte er.

Warum haben Sie eigentlich im Kaukaſus
Dienſte geſucht, ſagte ich, wenn Ihnen hier ſo
wenig gefällt?

Wiſſen Sie warum? antwortete er mit ent-
ſchloſſener Offenheit, weil es ſo hergebracht iſt.
In Rußland giebt es doch eine beſondere Tradition
vom Kaukaſus, als ſei hier das gelobte Land
für unglückliche Menſchen jeder Art.

Ja, das hat etwas Wahres, ſagte ich, die
meiſten von uns . . .

Was aber das Beſte iſt, unterbrach er mich,
wir alle, die wir dieſer Tradition gemäß nach dem
Kaukaſus gehen, verrechnen uns entſetzlich, und ich

kann ganz und gar nicht einsehen, warum wir nach einer unglücklichen Liebe oder bei zerrütteten Verhältnissen lieber in den Kaukasus gehen, um Dienste zu nehmen, als nach Rasanj oder nach Kaluga. In Rußland stellt man sich den Kaukasus als etwas Erhabenes vor, mit ewig jungfräulichen Gletschern, mit reißenden Strömen, mit Dolchen, Filzmänteln, Tscherkessenmädchen — alles das hat etwas Grauenerregendes, in Wirklichkeit aber liegt darin nichts Lustiges. Wenn sie wenigstens wüßten, daß wir nie zu dem jungfräulichen Eise gelangen, ja, daß es gar kein Vergnügen ist, dahin zu kommen, und daß der Kaukasus in Provinzen geteilt ist: in Stawropol, in Tiflis u. s. w. . . .

Ja, sagte ich lachend, wir sehen in Rußland den Kaukasus mit ganz anderen Augen an als hier. Haben Sie das schon einmal an sich erfahren? Wenn man Verse liest in einer Sprache, die man nicht gut versteht, stellt man sie sich viel hübscher vor, als sie sind.

Ich weiß wahrhaftig nicht. Aber mir mißfällt der Kaukasus im höchsten Grade, unterbrach er mich.

Oh nein, der Kaukasus ist für mich auch jetzt schön, nur in anderem Sinne.

Er mag vielleicht auch schön sein, fuhr er mit einer gewissen Gereiztheit fort. Ich weiß nur, daß ich mir im Kaukasus nicht gefalle.

Aber warum das? sagte ich, um doch etwas zu sagen.

Nun, erstens, weil er mich getäuscht hat. Alles
das, wovon ich Heilung hoffte im Kaukasus nach
der Tradition, alles hat mich hierher begleitet,
nur mit dem Unterschied, daß all dies früher auf
der großen Vordertreppe war und jetzt auf einer
kleinen, schmutzigen Hintertreppe ist, auf deren ein=
zelnen Stufen ich Millionen kleiner Aufregungen,
Gemeinheiten, Kränkungen finde; zweitens, weil
ich fühle, wie ich mit jedem Tage moralisch sinke,
tiefer und tiefer, und vor allem, weil ich mich für
den Dienst in diesem Lande unfähig fühle: ich
kann keine Gefahren ertragen — kurz, ich bin nicht
tapfer . . .

Obgleich dies unerbetene Bekenntnis mich
außerordentlich in Erstaunen setzte, widersprach ich
nicht, wie mein Genosse offenbar wünschte, son=
dern erwartete von ihm selbst die Widerlegung
seiner Worte, wie das immer in solchen Fällen zu
sein pflegt.

Sie müssen wissen, ich bin bei dem jetzigen
Feldzuge zum erstenmal im Feuer, fuhr er fort,
und Sie können sich nicht vorstellen, was mir
gestern begegnet ist. Als der Feldwebel den Be=
fehl brachte, daß meine Kompagnie für die Ab=
teilung bestimmt sei, wurde ich bleich wie Leine=
wand und konnte vor Erregung kein Wort hervor=
bringen. Und wüßten Sie, wie ich die Nacht
zugebracht habe! Wenn es wahr ist, daß Men=
schen vor Angst grau werden, so müßte ich heute

ganz weiß sein, denn sicherlich hat noch kein zum
Tode Verurteilter in einer Nacht so viel gelitten,
wie ich; sogar jetzt fühle ich noch etwas hier
drinnen, wenn mir auch ein wenig leichter ist,
als heute Nacht! fügte er hinzu und bewegte die
Faust vor seiner Brust hin und her. Das Lächer-
lichste ist, fuhr er fort, daß sich hier das schrecklichste
Drama abspielt, und man selbst Klopse mit Lauch
ißt und sich einredet, es sei sehr lustig . . . Giebt's
Wein, Nikolajew? fügte er gähnend hinzu.

Das ist er, Kameraden, erklang in diesem
Augenblick die erregte Stimme eines Soldaten.
Alle Augen richteten sich auf den Saum des fernen
Waldes.

Eine bläuliche Rauchwolke erhob sich vom
Winde getrieben in der Ferne und wurde größer
und größer. Als ich begriffen hatte, daß es ein
Schuß des Feindes gewesen, nahm plötzlich alles,
was in diesem Augenblick vor meinen Augen stand,
einen neuen, erhabenen Charakter an. Die zusammengestellten Gewehre, der Rauch der Wachtfeuer, der blaue Himmel, die grünen Geschütz-
gestelle, Nikolajews verbranntes Gesicht mit dem
großen Schnauzbart — all dies schien mir zu sagen,
daß die Kugel, die schon aus dem Rauch heraus-
geflogen war und in diesem Augenblick in der
freien Luft schwebte, vielleicht geradewegs auf
meine Brust gerichtet sein könnte.

Wo haben Sie den Wein hergenommen? fragte

ich Bolchow nachlässig, während im Innersten meiner Seele zwei Stimmen gleich vernehmlich sprachen: die eine „Herr, nimm meine Seele in Frieden auf“, die andere „Ich hoffe mich nicht zu bücken, sondern zu lächeln, wenn die Kugel vorüberkommt“, — und in diesem Augenblick pfiff etwas wirklich Unangenehmes über unsere Köpfe hin, und zwei Schritt von uns schlug die Kugel ein.

Sehen Sie, wenn ich Napoleon oder Friedrich wäre, sagte Bolchow in diesem Augenblick und wandte sich vollkommen kaltblütig zu mir, hätte ich unbedingt irgend eine Liebenswürdigkeit gesagt.

Sie haben sie ja auch jetzt gesagt, antwortete ich und konnte nur mit Mühe die Unruhe verbergen, die die überstandene Gefahr in mir hervorgerufen hatte.

Nun ja, gesagt schon, aber niederschreiben wird es niemand.

So werde ich es niederschreiben.

Wenn Sie es auch niederschreiben, so geschieht es doch nur zur Kritik, wie Mischtschenkow sagt, fügte er lächelnd hinzu.

Pfui, du Verfluchte! sagte in diesem Augenblick hinter uns Antonow und spie ärgerlich zur Seite aus, um ein Haar hätte sie meine Beine gepackt.

Alle meine Bemühungen, kaltblütig zu erscheinen und alle unsere künstlichen Phrasen erschienen mir plötzlich unerträglich dumm nach diesem gutherzigen Ausruf.

VII

Der Feind hatte wirklich zwei Geschütze an der Stelle aufgepflanzt, wo die Tataren patrouilliert hatten, und gab alle 20 oder 30 Minuten Schüsse auf unsere Holzfäller ab. Mein Zug wurde nach der Wiese vorausgeschickt und erhielt den Befehl, das Feuer zu erwidern. Am Waldessaum stieg leichter Rauch auf, man hörte einen Schuß, ein Pfeifen, und eine Kugel fiel hinter uns oder vor uns nieder. Die feindlichen Geschosse fielen glücklich, und wir hatten keinen Verlust.

Die Artilleristen hielten sich, wie immer, vortrefflich: sie luden rasch, richteten sorgfältig nach dem aufsteigenden Rauch und scherzten ruhig untereinander. Die Infanteriebedeckung lag in schweigsamer Unthätigkeit in unserer Nähe und wartete, bis sie an die Reihe kam.

Die Holzfäller machten ihre Arbeit: die Äxte erklangen schneller und häufiger im Walde, nur in dem Augenblick, wo sich das Pfeifen eines Geschosses hören ließ, verstummte plötzlich alles, und durch die Totenstille erklangen ein wenig erregte Stimmen: „Bückt euch, Kinder!" — und alle Augen richteten sich auf die Kugel, die an die Wachtfeuer und an die abgehauenen Äste anschlug.

Der Nebel hatte sich ganz gehoben, nahm immer mehr die Gestalt von Wolken an und verschwand allmählich in dem tiefdunklen Blau des Himmels; die hervortretende Sonne leuchtete hell und warf ihren heiteren Schimmer auf den Stahl der Bajonette, das Erz der Geschütze, auf die auftauchende Erde und den glänzenden Reif. In der Luft fühlte man die Frische des Morgenfrostes zugleich mit der Wärme der Frühlingssonne; tausend verschiedene Schatten und Farben flossen in dem trockenen Laub der Bäume zusammen, und auf den ausgefahrenen, glänzenden Wegen wurden die Spuren der Räder und der Hufeisendornen deutlich sichtbar.

Die Bewegung unter den Truppen wurde immer stärker und deutlicher. Von allen Seiten sah man immer häufiger die bläulichen Rauchwolken der Schüsse. Die Dragoner mit den flatternden Fähnlein an den Lanzen ritten an der Spitze; in den Reihen der Infanterie ertönten Lieder, und der Wagenzug mit dem Holz formierte sich in der Nachhut. Da kam zu unserem Zuge der General herangeritten und befahl, sich zum Rückzuge zu rüsten. Der Feind hatte sich in den Gebüschen unserem linken Flügel gegenüber festgesetzt und begann uns durch ein Gewehrfeuer stark zu beunruhigen. Von links aus dem Walde her kam eine Kugel vorübergesaust und schlug in das Geschützgestell, dann eine zweite, eine dritte

... die Infanteriebedeckung, die in unserer Nähe
lag, sprang lärmend auf die Beine, griff zu den
Gewehren und nahm Stellung in der Vorposten=
kette. Das Gewehrfeuer wurde stärker, die Kugeln
kamen häufiger geflogen. Der Rückzug begann,
folglich auch das eigentliche Gefecht, wie es im
Kaukasus immer zu sein pflegt.

Aus allem konnte man erkennen, daß den Ar=
tilleristen die Gewehrkugeln unbehaglicher waren,
als vorhin den Infanteristen die Kanonen. An=
tonow machte ein verdrießliches Gesicht. Tschikin
äffte das Summen der Kugeln nach und trieb
seinen Spaß mit ihnen; aber man sah wohl, daß
sie ihm nicht behagten. Bei einer sagte er: „Wie
eilig sie's hat,“ eine andere nannte er „Bienchen“,
eine dritte, die mit einem seltsam trägen und
klagenden Laut über uns hinflog, nannte er eine
„Waise“ und rief damit allgemeines Gelächter
hervor.

Der junge Rekrut bog, da er es noch nicht ge=
wohnt war, bei jeder Kugel den Kopf beiseite
und reckte den Hals, und auch das rief bei den
Soldaten Gelächter hervor. „Wie, ist das eine
Bekannte von dir, daß du sie grüßest?“ sagten
sie zu ihm. Auch Welentschuk, der immer außer=
ordentlich gleichmütig war in Gefahren, befand
sich jetzt in erregtem Zustand: es kränkte ihn offen=
bar, daß wir nicht mit Kartätschen nach der Rich=
tung schossen, wo die Gewehrkugeln hergeflogen

kamen. Er wiederholte mehrere Male mit verdrießlicher Stimme: „Soll er uns so ungestraft schlagen? Wenn man dorthin ein Geschütz richten wollte und eine Kartätsche hinüberblasen, dann würde er schon stumm werden."

In der That, es war Zeit, das zu thun: ich gab Befehl, die letzte Granate zu werfen und Kartätschen zu laden.

Kartätschen! rief Antonow und trat munter im Rauch mit dem Stückpußer an das Geschütz heran, kaum daß die Ladung heraus war.

In diesem Augenblick hörte ich ein wenig hinter mir den raschen summenden Laut einer Gewehrkugel, der plötzlich mit einem trockenen Schlag abriß. Mein Herz krampfte sich zusammen. „Es scheint jemand von den Unsrigen getroffen zu haben," dachte ich, scheute mich indessen zurückzublicken, unter dem Eindruck einer beängstigenden Ahnung. Wirklich hörte man nach diesem Laut das schwere Fallen eines Körpers und „oh—oh oh oh—oi!" — das herzzerreißende Stöhnen eines Verwundeten. „Getroffen, Kameraden!" sagte mühsam eine Stimme, die ich erkannte. Es war Welentschuk. Er lag auf dem Rücken zwischen dem Protzkasten und dem Geschütz. Der Ranzen, den er getragen hatte, war nach der Seite geschleudert. Seine Stirn war ganz blutig, und über das rechte Auge und die Nase floß ein dichter roter Strom. Er hatte eine Wunde im Leibe, aber es war fast tein Blut daran; die Stirn hatte er sich beim Fallen an einen Baumstumpf zerschlagen.

Alles das ward mir viel später erst klar; im ersten Augenblick sah ich nur eine deutliche Masse und, wie mir schien, furchtbar viel Blut.

Keiner von den Soldaten, die das Geschütz geladen hatten, sprach ein Wort. Nur der junge Rekrut brummte etwas vor sich hin wie: „Sieh mal dieses Blut," und Antonow ächzte mit düsterer Miene ärgerlich; aber an allem war zu erkennen, daß der Gedanke an den Tod allen durch die Seele zog. Alle gingen mit noch größerer Geschäftigkeit ans Werk. Das Geschütz war in einem Augenblick geladen, und der Wagenführer, der die Kartätschen brachte, ging zwei, drei Schritte um die Stelle herum, an der der Verwundete lag und fort und fort stöhnte.

VIII

Jeder, der einmal in einer Schlacht gewesen ist, hat gewiß das seltsame, wenn auch nicht logische und doch starke Gefühl des Abscheus vor einer Stelle empfunden, an der ein Mensch getötet oder verwundet wurde. Diesem Gefühl erlagen sichtlich im ersten Augenblick meine Soldaten, als es galt, Welentschuk aufzuheben und ihn auf den Wagen zu laden, der herangekommen war. Tschikin näherte sich ärgerlich dem Verwundeten, faßte ihn,

20

ohne auf sein stärker werdendes Geschrei zu achten,
unter der Achsel und hob ihn auf. — „Was steht
ihr da, greift an," schrie er, und schnell umringten
den Verwundeten an die zehn Mann, Helfer, die
kaum noch nötig waren. Aber sie hatten ihn
kaum von der Stelle gebracht, als Welentschuk
entsetzlich zu schreien und um sich zu schlagen begann.

Was schreist du wie ein Hase? sagte Antonow
und packte ihn derb am Bein, willst du nicht,
lassen wir dich liegen.

Und der Verwundete verstummte wirklich und
sagte nur von Zeit zu Zeit: „Ach, das ist mein
Tod! Ah — ach Kameraden!"

Als sie ihn aber auf den Wagen gelegt hatten,
hörte er sogar auf zu ächzen, und ich hörte, daß er
mit leiser, aber deutlicher Stimme zu den Kameraden sprach — wahrscheinlich nahm er Abschied
von ihnen.

Im Gefecht sieht niemand gern einen Verwundeten, und instinktiv beeilte ich mich, von diesem Schauspiel fortzukommen, befahl, ihn so schnell
als möglich auf den Verbandplatz zu bringen, und
ging zu den Geschützen; nach einigen Minuten aber
sagte man mir, Welentschuk wünsche mich zu sprechen, und ich ging auf den Wagen zu.

Der Verwundete lag auf dem Boden des
Wagens und hielt sich mit beiden Händen am Rand.
Sein gesundes, breites Gesicht hatte sich in wenigen
Sekunden vollständig verändert. Es war, als ob

er abgemagert und um einige Jahre älter geworden wäre; seine Lippen waren dünn, blaß und mit sichtbarer Anstrengung zusammengepreßt; an die Stelle des unstäten und stumpfen Ausdrucks seiner Augen war ein heller, ruhiger Glanz getreten, und auf der blutbefleckten Stirn und Nase lagen schon die Züge des Todes.

Obgleich ihm auch die kleinste Bewegung unbeschreibliche Schmerzen verursachte, bat er, man möchte von seinem linken Bein sein Geldtscheres*) abnehmen.

Ein entsetzlich niederdrückendes Gefühl rief der Anblick seines nackten, weißen und gesunden Beines in mir hervor, als man ihm den Stiefel abzog und den Tscheres losband.

Drei Moneten sind drin und ein halber Rubel, sagte er mir in dem Augenblick, wo ich den Tscheres in die Hand nahm. Sie werden schon so gut sein, sie aufzubewahren.

Der Wagen hatte sich in Bewegung gesetzt, aber er ließ ihn halten.

Ich habe dem Leutnant Sulimowskij einen Mantel gearbeitet, und Sie haben mir zwei Moneten gegeben. Für anderthalb habe ich Knöpfe gekauft, und den halben Rubel habe ich im Beutel liegen mitsamt den Knöpfen. Geben Sie sie zurück.

---

*) Tscheres ist ein Beutelchen in der Form eines kleinen Gürtels, den die Soldaten gewöhnlich unterhalb des Knies tragen.

Schön, schön, sagte ich, werde nur gesund, Kamerad.

Er antwortete mir nicht, der Wagen setzte sich in Bewegung, und er begann wieder mit entsetzlichster, herzzerreißender Stimme zu stöhnen und zu ächzen. Als hätte er nun, nachdem die weltlichen Dinge geordnet waren, keine Ursache mehr, sich zu überwinden, hielt er jetzt diese Erleichterung, die er sich schaffte, für erlaubt.

IX

Ei, wohin? . . . Zurück! Wo willst du hin? rief ich den Rekruten an, der seine Reservelunte unter den Arm genommen hatte und mit einem Stöckchen in der Hand mit größter Kaltblütigkeit dem Wagen folgte, auf dem der Verwundete fortgeführt wurde.

Der Rekrut aber warf mir nur einen trägen Blick zu, brummte etwas vor sich hin und ging weiter, so daß ich einen Soldaten hinschicken mußte, um ihn zurückzubringen. Er nahm sein rotes Mützchen ab, lächelte tölpelhaft und sah mich an.

Wo hast du hinwollen? fragte ich.

Ins Lager.

Warum das?

Wie? . . . Welentschuk ist verwundet, sagte er wieder lächelnd.

Was geht das dich an? Du hast hierzubleiben.

Er sah mich erstaunt an, dann drehte er sich kaltblütig um, setzte seine Mütze auf und ging auf seinen Platz.

Der Kampf war im allgemeinen ein glücklicher. Die Kosaken hatten, wie es hieß, einen vortrefflichen Angriff gemacht und drei Tataren eingebracht; die Infanterie hatte sich mit Holz versorgt und zählte im ganzen sechs Verwundete; bei der Artillerie war der Mannschaft nur der eine, Welentschuk, und zwei Pferde verloren gegangen. Dafür hatte man etwa drei Werst Waldes ausgeholzt und den Platz so gesäubert, daß man ihn nicht wieder erkannte; an der Stelle des dichten Waldsaums, den man früher dort gesehen hatte, öffnete sich eine ungeheure Wiesenfläche, bedeckt von rauchenden Wachtfeuern, von Kavallerie und Infanterie, die sich auf das Lager zu bewegte. Obgleich der Feind nicht aufhörte, uns mit Geschütz- und Gewehrfeuer zu verfolgen, bis an das Flüßchen und den Kirchhof, den wir des Morgens durchschritten hatten, vollzog sich der Rückzug glücklich. Meine Gedanken waren schon bei der Kohlsuppe und der Hammelrippe mit Grütze, die meiner im Lager harrten, als die Nachricht kam, der General habe befohlen, am Flüßchen eine Schanze aufzuschütten und bis morgen das dritte Bataillon

des K.-Regiments und den Zug der vierten Bat=
terie dort lagern zu lassen. Die Wagen mit dem
Holz und den Verwundeten, die Kosaken, die Ar=
tillerie, das Fußvolk mit den Gewehren und dem
Holz über den Schultern — alles zog mit Lärmen
und Gesang an uns vorüber. Auf allen Gesichtern
lag Begeisterung und Freude, wie sie die über=
standene Gefahr und die Erwartung der Ruhe
hervorgerufen hatten. Nur wir und das dritte
Bataillon mußten auf diese angenehmen Gefühle
noch bis morgen warten.

X

Während wir, die Artilleristen, um die Ge=
schütze beschäftigt waren, während wir die Proß=
kasten, die Pulverkasten aufstellten und den Pfer=
den die Fußstricke lösten, hatte die Infanterie schon
die Gewehre zusammengestellt, die Wachtfeuer her=
gerichtet, aus Ästen und Maisstroh Hütten gebaut
und angefangen die Grütze zu kochen.

Es begann zu dämmern. Am Himmel zogen
blauweiße Wolken hin. Die Dunkelheit hatte sich
in einen feinen feuchten Nebel verwandelt und
netzte den Boden und die Mäntel der Soldaten;
der Gesichtskreis wurde enger, und die ganze Um=
gegend hüllte sich in düstere Schatten. Die Feuch=
tigkeit, die ich durch die Stiefel hindurch und im
Nacken fühlte, die ununterbrochene Bewegung und

das nie verstummende Gespräch, an dem ich keinen
Anteil nahm, der lehmige Boden, auf dem meine
Füße ausglitten und der leere Magen brachten
mich in die drückendste, unangenehmste Stimmung,
nach einem Tage physischer und moralischer Ermattung. Welentschuk wollte mir nicht aus dem
Sinn. Die ganze einfache Geschichte eines Sol-
datenlebens drängte sich unabweislich meiner Phantasie auf.

Seine letzten Augenblicke waren ebenso klar und
ruhig gewesen wie sein ganzes Leben. Er hatte
zu ehrlich und einfach gelebt, als daß sein ein-
fältiger Glaube an ein zukünftiges, himmlisches
Dasein in dem entscheidenden Augenblicke hätte
schwanken können.

Grüß Gott, sagte Nikolajew, indem er auf
mich zutrat, wollen Sie sich gefälligst zum Kapitän
bemühen, er bittet Sie, mit ihm Thee zu trinken.

Ich drängte mich, so gut es ging, zwischen
den zusammengestellten Gewehren und Wachtfeuern
hindurch, ging, Nikolajew folgend, zu Bolchow und
dachte mit Vergnügen an das Glas heißen Thees
und an die fröhliche Unterhaltung, die meine
düsteren Gedanken vertreiben würden.

Gefunden? ertönte Bolchows Stimme aus der
Maishütte, in der ein Flämmchen schimmerte.

Ich habe ihn hergebracht, Euer Wohlgeboren,
antwortete Nikolajew in tiefem Baß.

Bolchow saß im Zelt auf einem trockenen Filzmantel mit aufgeknöpftem Rock und ohne seine Pelzmütze. Neben ihm brodelte ein Ssamowar und stand eine Trommel mit allerlei Imbiß. In dem Fußboden steckte ein Bajonett mit einem Licht.

Wie? sagte er mit Stolz und ließ seinen Blick über seinen gemütlichen Haushalt schweifen. In der That war es in dem Zelt so hübsch, daß ich beim Thee der Feuchtigkeit, der Dunkelheit und des verwundeten Welentschuk ganz vergaß. Wir kamen in ein Gespräch über Moskau, über Dinge, die in gar keiner Beziehung zum Kriege und zum Kaukasus standen.

Nach einem jener Augenblicke des Schweigens, die bisweilen selbst die belebtesten Unterhaltungen unterbrechen, sah mich Bolchow lächelnd an.

Ich muß glauben, unser Gespräch von heute morgen ist Ihnen sehr sonderbar vorgekommen? sagte er.

Oh nein, warum das? Es schien mir nur, als seien Sie allzu offenherzig. Es giebt eben Dinge, die wir alle wissen, von denen man aber nie sprechen darf.

Warum nicht? Wenn es irgend eine Möglichkeit gäbe, dieses Leben selbst mit dem abgeschmacktesten und ärmlichsten Leben, nur ohne Gefahr und ohne den Dienst, zu vertauschen, ich würde mir's keinen Augenblick überlegen.

Warum gehen Sie nicht nach Rußland? sagte ich.

Warum? wiederholte er. O, wie lange habe ich schon daran gedacht. Ich kann jetzt nicht eher nach Rußland zurück, als bis ich den Wladimirorden, den Annenorden um den Hals und den Majorsrang bekommen, wie ich es erwartete, als ich herging.

Warum aber, wenn Sie sich, wie Sie sagen, für den hiesigen Dienst untauglich fühlen?

Wenn ich mich aber noch weniger fähig fühlte, nach Rußland so zurückzukehren, wie ich hergekommen bin? Das ist auch eine von den Überlieferungen, die in Rußland von Mund zu Mund gehen, denen Passek, Sljepzow und Andere Dauer gegeben haben, daß man nur nach dem Kaukasus zu gehen braucht, um mit Belohnungen überschüttet zu werden. Und von uns erwarten und verlangen das alle; und ich bin nun zwei Jahre hier, habe zwei Expeditionen mitgemacht und habe nichts bekommen. Aber ich besitze doch soviel Eigenliebe, daß ich um keinen Preis von hier fortgehe, ehe ich Major bin, den Wladimir und den Annenorden um den Hals bekomme. Ich habe mich schon so in diesen Gedanken hineingelebt, daß es mich wurmt, wenn Gnilokischkin eine Auszeichnung bekommt, und ich nicht. Und dann, wie soll ich in Rußland meinem Starosten, dem Kaufmann Rotjelnikow, dem ich mein Getreide verkaufe, meiner Tante in Moskau und all den Herren vor die Augen treten, wenn ich nach zweijährigem Dienste im Kaukaſus ohne jede Auszeichnung zurückkomme? Freilich mag ich von dieſen Herrſchaften nichts wiſſen, und ſie werden ſich gewiß auch ſehr wenig um mich kümmern; aber der Menſch iſt nun einmal ſo beſchaffen, daß ich von ihnen nichts wiſſen mag, und doch um ihretwillen meine ſchönſten Jahre vergeude, all mein Lebensglück, all meine Zukunft zerſtöre.

XI

In dieſem Augenblick klang von draußen die Stimme des Bataillonskommandeurs herein:

Mit wem plaudern Sie, Nikolaj Fjodorowitſch?

Bolchow nannte meinen Namen, und gleich darauf kamen drei Offiziere in die Hütte gekrochen: der Major Kirſſanow, der Adjutant ſeines Bataillons und der Kompagniekommandeur Troſſenko.

Kirſſanow war ein kleiner, wohlbeleibter Mann mit einem kleinen Schnurrbart, roten Wangen und verſchwommenen kleinen Augen. Dieſe kleinen Augen waren der hervorſtechendſte Zug in ſeiner Phyſiognomie. Wenn er lachte, ſo ſah man nur zwei feuchte, glänzende Sternchen, und dieſe Sternchen nahmen zugleich mit den geſpannten Lippen und dem langgereckten Halſe einen höchſt ſonderbaren Ausdruck von Blödigkeit an. Kirſſanow hatte im Regiment die beſte Aufführung und Hal-

tung. Die Untergebenen schalten ihn nicht, die
Vorgesetzten achteten ihn, obgleich die allgemeine
Meinung über ihn war, er sei nicht weit her. Er
verstand seinen Dienst, war pünktlich und eifrig,
war immer bei Gelde, besaß eine Kalesche und
einen Koch und verstand auf sehr natürliche Weise
den Stolzen zu spielen.

Wovon sprechen Sie, Nikolaj Fjodorowitsch?
sagte er beim Eintreten.

Wir sprechen von den Annehmlichkeiten des
hiesigen Dienstes.

Aber in diesem Augenblick hatte Kirssanow
mich — einen Junker — bemerkt, darum fragte
er, um mich seine Bedeutung fühlen zu lassen, als
hätte er Bolchows Antwort nicht gehört, mit einem
Blicke auf die Trommel:

Wie, sind Sie müde, Nikolaj Fjodorowitsch?

Nein, wir waren ja   wollte Bolchow beginnen.

Aber die Würde des Bataillonskommandeurs
erforderte wahrscheinlich, daß er wieder unterbreche
und eine neue Frage stellte:

Es war doch ein prächtiges Gefecht heute?

Der Bataillonsadjutant war ein junger Fähnrich, der vor kurzem noch Junker gewesen war,
ein bescheidener und stiller junger Mann mit einem
verschämten und gutmütig freundlichen Gesicht. Ich
hatte ihn früher schon bei Bolchow gesehen. Der
junge Mann besuchte ihn häufig, er machte seine

Verbeugung, setzte sich in die Ecke, schwieg stunden-
lang, drehte sich Cigaretten und rauchte sie, dann
erhob er sich wieder, verbeugte sich und ging.
Es war der Typus eines armen, russischen jungen
Edelmanns, der die militärische Laufbahn als die
einzige seiner Bildung entsprechende gewählt hatte
und seinen Offiziersberuf höher stellte als alles
in der Welt — ein gutmütiger und liebenswürdiger
Typus, trotz der von ihm unzertrennlichen lächerlichen Eigentümlichkeiten: des Tabaksbeutels, des
Schlafrods, der Guitarre, des Schnurrbartbürst-
chens, ohne die wir uns ihn nicht vorstellen können.
Im Regiment erzählte man von ihm, er prahle
damit, daß er gegen seinen Burschen gerecht, aber
streng sei. — „Ich strafe selten, pflegte er zu
sagen, aber wenn's dazu kommt, dann wehe." Und
als sein betrunkener Bursche ihm einmal alles gestohlen hatte und noch seinen Herrn zu schimpfen
begonnen, habe er ihn auf die Hauptwache gebracht und Befehl gegeben, alles zu seiner Be-
strafung vorzubereiten, sei aber bei dem Anblick
der Vorbereitungen so verlegen geworden, daß er
nur die Worte hervorbringen konnte: „Na, siehst
du ... ich könnte doch ..." dann sei er ganz
fassungslos nach Hause gerannt, und scheue sich
von dieser Stunde an, seinem Tschernow in die
Augen zu sehen. Die Kameraden ließen ihm keine
Ruhe und neckten ihn damit, und ich habe oftmals
gehört, wie der gute Junge sich verteidigte und,

bis über die Ohren errötend, versicherte, das gerade Gegenteil sei wahr.

Die dritte Person, Kapitän Trossenko, war ein alter Kaukasier in der ganzen Bedeutung dieses Wortes, d. h. ein Mensch, für den die Kompagnie, die er kommandierte, zur Familie, die Festung, in der der Stab lag, zur Heimat und die Spielleute zur einzigen Freude seines Lebens geworden sind — ein Mensch, für den alles, was nicht der Kaukasus ist, unbeachtenswert, ja kaum glaubwürdig ist; alles aber, was Kaukasus war, zerfiel in zwei Hälften, unsere und nicht unsere: die eine liebte er, die andere haßte er mit aller Kraft seiner Seele, und was die Hauptsache war, er war ein Mensch von erprobter, ruhiger Tapferkeit, von seltener Güte im Umgang mit seinen Kameraden und Untergebenen und von verzweifelter Grobheit, ja sogar Keckheit im Verkehr mit den ihm aus irgend einem Grunde verhaßten Adjutanten und Bonjours. Als er in die Hütte trat, stieß er beinahe mit dem Kopf das Dach durch, dann ließ er sich schnell nieder und setzte sich auf die Erde.

Nun, wie? sagte er; da bemerkte er plötzlich mein ihm unbekanntes Gesicht, stockte und heftete seinen trüben Blick unverwandt auf mich.

Worüber also haben Sie geplaudert? fragte der Major, zog seine Uhr und sah nach ihr, obgleich er, wie ich fest überzeugt bin, gar nicht das Bedürfnis hatte, das zu thun.

Ja, er hat mich gefragt, weshalb ich hier diene . . .

Selbstverständlich will sich Nikolaj Fjodorowitsch hier auszeichnen, und dann geht's nach Haus.

Und Sie, Abram Iljitsch, sagen Sie mir, weshalb dienen Sie im Kaukasus?

Ich, wissen Sie, weil wir erstens alle die Pflicht haben zu dienen. Hm? fügte er hinzu, obgleich alle schwiegen. — Gestern bekam ich einen Brief aus Rußland, fuhr er fort. Er hatte offenbar den Wunsch, den Gesprächsgegenstand zu wechseln. Man schreibt mir   man stellt mir so sonderbare Fragen.

Was für Fragen denn? fragte Bolchow.

Er lachte.

Wahrhaftig, sonderbare Fragen . . . Man schreibt mir, ob es Eifersucht geben kann ohne Liebe? . . . Hm? fragte er und ließ seine Blicke über uns hinschweifen.

Ei was, sagte Bolchow lächelnd.

In Rußland, müssen Sie wissen, da ist es schön, fuhr er fort, als ob seine Phrasen ganz natürlich eine aus der anderen folgten. — Als ich im Jahre 52 in Tambow war, wurde ich überall wie ein Flügeladjutant aufgenommen. Wollen Sie mir glauben, auf dem Ball beim Gouverneur, wie ich eintrat, wissen Sie . . . ich wurde sehr gut aufgenommen. Die Frau Gouverneurin selber, müssen Sie wissen, unterhielt sich mit mir und fragte

mich aus über den Kaukasus und alle ... was
ich nicht alles wußte! ... Meinen goldenen Säbel
besah man, wie eine Rarität, dann fragte man
mich: wofür ich den Säbel bekommen habe, wofür
den Annen=, wofür den Wladimirorden, — und
ich erzählte ihnen alles Mögliche ... Hm? ...
Sehen Sie, das ist das Schöne am Kaukasus,
Nikolaj Fjodorowitsch, fuhr er fort, ohne eine
Antwort abzuwarten. Dort sieht man uns Kau=
kasier hoch an. Ein junger Mann, müssen Sie
wissen, der Stabsoffizier ist, der den Annen= und
Wladimirorden hat — das will viel heißen in
Rußland ... Hm?

Und Sie haben auch ein bißchen aufgeschnitten,
meine ich, Abram Jljitsch? sagte Bolchow.

Hi—hi—hi, lachte er mit seinem dummen
Lachen. Ja wissen Sie, das gehört dazu. Und
wie vortrefflich habe ich die zwei Monate gegessen
und getrunken.

Ei was, schön ist's dort in Rußland? sagte
Trossenko; er fragte nach Rußland, wie man nach
China oder Japan fragt.

Das will ich meinen, was wir dort in zwei
Monaten Champagner getrunken haben, furcht=
bar!

Was Sie sagen! Sie haben gewiß Limonade
getrunken. Ich würde schon loslegen, damit die
Leute wüßten, wie die Kaukasier trinken! Ich
würde den Ruf schon wahr machen. Ich würde

zeigen, wie man trinkt . . . Was, Bolchow? fügte
er hinzu.

Du bist ja doch schon zehn Jahre im Kaukasus, Onkelchen, sagte Bolchow, denkst du noch,
was Jermolow gesagt hat? Abram Ilitsch
aber ist erst sechs

Warum nicht gar! zehn? . . . Es werden bald
sechzehn.

Laß doch Salvai bringen, Bolchow, es ist feucht,
brr . . . Was? fügte er lächelnd hinzu. Wir trinken, Major!

Der Major aber war schon das erste Mal,
als der alte Kapitän sich an ihn wandte, ärgerlich
gewesen. Jetzt wurde er sichtlich böse und suchte
in seiner eignen Würde Zuflucht. Er summte
ein Liedchen vor sich hin und sah wieder nach
der Uhr.

Ich komme sowieso niemals wieder hin, fuhr
Trossenko fort, ohne dem schmollenden Major Aufmerksamkeit zu schenken. Ich hab's verlernt, russisch zu gehen und zu sprechen. Was für ein
Wundertier ist da gekommen? werden die Leute
sagen. Asien wird es heißen. Nicht wahr, Nikolaj Fjodorowitsch? Was sollte ich auch in Rußland? Mir ist's gleich, einmal wird man doch
totgeschossen. Dann werden die Leute fragen:
Wo ist Trossenko? Totgeschossen. Was werden
Sie dann mit der achten Kompagnie anfangen,
he? fügte er hinzu, immer zu dem Major gewandt.

Man schicke den Dienstthuenden vom Bataillon! schrie Kirssanow, ohne dem Kapitän zu antworten, obwohl er, wie ich auch diesmal überzeugt war, gar nicht nötig hatte, irgend einen Befehl zu erteilen.

Und Sie, junger Mann, meine ich, sind jetzt froh, daß Sie doppeltes Gehalt haben? sagte der Major nach einigen Minuten des Schweigens zu dem Bataillonsadjutanten.

Gewiß, sehr.

Ich finde, unser Gehalt ist jetzt sehr groß, Nikolaj Fjodorowitsch, fuhr er fort. Ein junger Mann kann dabei sehr anständig leben und sich sogar manchen Luxus gestatten.

Nein, wahrhaftig, Abram Iljitsch, sagte schüchtern der Adjutant, wenn's auch das Doppelte ist, es ist doch nur so ... man muß doch ein Pferd halten ...

Was sagen Sie mir da, junger Mann! Ich war selbst Fähnrich und weiß das. Glauben Sie, wenn man haushälterisch lebt, geht's sehr gut. Lassen Sie uns rechnen, fügte er hinzu und bog den kleinen Finger der linken Hand ein.

Wir nehmen das Gehalt immer voraus, da haben Sie die Rechnung! sagte Trossenko und leerte dabei ein Glas Schnaps.

Nun, was wollen Sie damit sagen ... wie?

In diesem Augenblick schob sich ein weißer Kopf mit einer plattgedrückten Nase durch die Öffnung

21

der Hütte, und eine scharfe Stimme sagte mit deutscher Betonung:

Sind Sie da, Abram Iljitsch? Der Dienstthuende sucht Sie.

Treten Sie ein, Kraft! sagte Bolchow.

Eine lange Gestalt in Generalstabsuniform kam durch die Thür gekrochen und drückte allen mit besonderer Herzlichkeit die Hand.

Ei, lieber Kapitän, auch Sie hier? sagte er zu Trossenko gewandt.

Der neue Gast kroch trotz der Dunkelheit zu ihm hin und küßte ihn, wie mir schien, zu seiner größten Verwunderung und Unzufriedenheit, auf den Mund.

„Das ist ein Deutscher, der ein guter Kamerad sein will," dachte ich.

XII

Meine Vermutung bestätigte sich bald. Kapitän Kraft bat um Schnaps, nannte ihn „Branntwein", krächzte furchtbar und warf den Kopf zurück, während er das Glas leerte.

Nun, meine Herren, was sind wir heute in den Ebnen der Tschetschnja herumkutschiert ... hatte er eben begonnen; als er aber den dienstthuenden Offizier erblickte, wurde er sofort still und ließ den Major erst seine Befehle geben.

Haben Sie die Vorpostenkette besichtigt?

Zu Befehl, Herr Major.

Sind die gedeckten Poften ausgefandt?

Zu Befehl, Herr Major.

So geben Sie dem Kompagniekommandeur den Befehl, fo vorfichtig als möglich zu fein.

Zu Befehl, Herr Major.

Der Major kniff die Augen zufammen und verfank in ein tiefes Nachfinnen.

Und fagen Sie den Leuten, daß fie jetzt ihre Grütze kochen können.

Sie kochen fie fchon.

Schön, Sie können gehen.

Nun, wir waren dabei, zu berechnen, was ein Offizier braucht, fuhr der Major fort und wandte fich mit einem leutfeligen Lächeln zu uns. Rechnen wir.

Sie brauchen einen Waffenrock und eine Hofe, richtig?

Richtig, nehmen wir an: fünfzig Rubel auf zwei Jahre, im Jahr alfo fünfundzwanzig Rubel für die Kleidung; dann kommt Effen, täglich zwei Abas ... richtig?

Richtig, das ift fogar viel.

Nun, ich will es anfetzen ... Dann kommt das Pferd mit Sattel zur Remonte 30 Rubel — das ift alles. Das macht im ganzen 25 und 120 und 30 = 175, bleibt Ihnen immer noch für Luxusausgaben, für Thee und Zucker, für Tabak

20 Rubel. — Sehen Sie nun? Habe ich recht, Nikolaj Fjodorowitsch?

Nein, Abram Iljitsch, verzeihen Sie! sagte schüchtern der Adjutant. Nichts bleibt für Thee und Zucker übrig. Sie setzen ein Paar auf zwei Jahre an. Aber hier auf unseren Kriegszügen kann man ja gar nicht genug Beinkleider haben ... Und Stiefel? ... Ich brauche ja fast jeden Monat ein Paar auf. Dann erst Wäsche, Hemden, Handtücher, Fußlappen, das muß man doch alles bezahlen. Und wenn man's zusammenrechnet, bleibt nichts übrig. Das ist bei Gott so, Abram Iljitsch.

Ja, Fußlappen sind ein vorzügliches Tragen, sagte plötzlich Kraft nach einer minutenlangen Pause, und sprach das Wort „Fußlappen" mit besonders liebevollem Ton. Sehen Sie, das ist einfach, russisch.

Ich will Ihnen was sagen, bemerkte Trossenko. Rechnen Sie, wie Sie wollen, es kommt immer darauf hinaus, daß unsereiner die Zähne in den Kasten legen muß. In Wirklichkeit aber leben wir alle, trinken unseren Thee, rauchen unseren Tabak und trinken unseren Schnaps. Dient so lange wie ich, fuhr er fort, an den Fähnrich gewandt, dann lernt Ihr auch, wie man leben muß. Wissen Sie denn, meine Herren, wie er mit dem Burschen umgeht?

Und Trossenko erzählte uns die ganze Geschichte

von dem Fähnrich und seinem Burschen, obgleich
wir sie alle schon tausendmal gehört hatten, und
lachte sich halb tot dabei.

Warum schaust du denn wie eine Rose aus,
Bruderherz? fuhr er fort zum Fähnrich gewandt,
der ganz rot geworden war und schwitzte und
lächelte, daß es ein Erbarmen war, ihn anzusehen.
— Thut nichts, Bruderherz, ich war ebenso wie
du, und jetzt siehst du, was ich für ein Kerl geworden bin. Laß doch mal so einen Jüngling
aus Rußland herkommen — wir haben ja viele
gesehen — Krämpfe kriegt er und Reißen; ich
aber habe mich hier eingesessen — ich habe hier
mein Häuschen, mein Bett, alles. Siehst du . . .

Dabei trank er noch ein Gläschen Schnaps.

He? fügte er hinzu und sah Kraft unverwandt
in die Augen.

Sehen Sie, das acht' ich hoch! Das ist ein
echter, alter Kaukasier! Geben Sie mir Ihre
Hand!

Und Kraft stieß uns alle fort, drängte sich
zu Trossenko durch, ergriff seine Hand und schüttelte sie mit besonderer Liebe.

Ja, wir können sagen, wir haben hier alles
kennen gelernt, fuhr er fort. — Im Jahre 45 . . .
Sie waren ja auch dabei, Kapitän? Denken Sie
noch, die Nacht vom 12. auf den 13., wie wir
bis an die Knie im Schmutz Nachtlager hielten,
und den Tag darauf die Verschanzung stürmten?

Ich war damals beim Höchstkommandierenden, und
wir nahmen an einem Tage 15 Schanzen. Erinnern
Sie sich noch, Kapitän?

Troſſenko machte mit dem Kopf ein Zeichen
der Zustimmung, streckte die Unterlippe vor und
kniff die Augen zusammen.

Sehen Sie doch . . . begann Kraft mit un-
gewöhnlicher Lebhaftigkeit zum Major gewandt
und machte mit den Händen ungeſchickte Bewegungen . . .

Der Major aber, der dieſe Erzählung wohl
ſchon öfter gehört hatte, ſah plötzlich ſeinen Nach-
bar mit ſo matten, ſtumpfen Augen an, daß Kraft
ſich von ihm abwandte und ſich mir zukehrte,
indem er abwechſelnd bald den einen, bald den
anderen von uns anſah. Troſſenko aber ſah er
während der ganzen Erzählung nicht mit einem
Blicke an.

Sehen Sie alſo, wie wir des Morgens aus-
zogen, ſagt der Höchſtkommandierende zu mir:
„Kraft, nimm dieſe Schanze.“ Sie wiſſen, wie's
im Dienſt iſt, da giebt's keine Erörterungen —
Hand an die Mütze: „Zu Befehl, Euer Erlaucht!“
und marſch! Wie wir zu der erſten Schanze kamen,
wandte ich mich um und ſagte zu den Soldaten:
„Kinder, ohne Furcht, Augen offen! Wer zurück-
bleibt, den haue ich mit eigner Hand in Stücke.“
Mit dem ruſſiſchen Soldaten, wiſſen Sie, muß
man geradezu reden. Plötzlich kommt eine Gra-

nate . . . Ich sehe — ein Mann, ein zweiter,
ein dritter . . . Dann kommen Gewehrkugeln . . .
sch, sch, sch! . . . „Vorwärts, Kinder, sage ich,
mir nach!" Wie wir herangekommen waren, wissen
Sie, und hinsehen, bemerke ich, wie nennt man
das . . . wissen Sie . . . wie heißt das? — und
der Erzähler fuchtelte mit den Händen durch die
Luft und suchte nach dem Wort.

Ein Graben, sagte Bolchow vor.

Nein, ach, wie heißt es doch? Du lieber Gott,
wie heißt es doch? . . . Ein Graben! sagte er
schnell. Also . . . Gewehr in die Balance . . .
urra! ta—ra—ta—ta—ta! Keine Spur vom Feind
. . . Wissen Sie, alles war überrascht. Also . . .
schön. Wir gehen weiter — zweite Schanze. Das
war ein ganz ander Ding. Uns war schon das
Herz heiß geworden, wissen Sie. Wir kommen
heran, schauen, ich sehe — eine zweite Schanze:
weiter geht's nicht. Da — wie nennt man das
— nun wie heißt das . . . Ach! wie

Wieder ein Graben, sagte ich vor.

Keineswegs, fuhr er beherzt fort, kein Graben,
sondern . . . Nun Gott, wie heißt denn das? —
und er machte mit der Hand eine linkische Bewegung. — Ach, du lieber Gott, wie . . .

Er quälte sich offenbar so sehr, daß man unwillkürlich den Wunsch hatte, ihm vorzusagen.

Ein Fluß vielleicht? sagte Bolchow.

Nein, einfach ein Graben. Aber kaum sind

wir da, wollen Sie's glauben, geht ein solches
Feuer los, ein Höllenfeuer ...

In diesem Augenblick fragte draußen jemand
nach mir. Es war Maksimow. Und da mir,
nachdem ich die abwechselungsreiche Geschichte von
den zwei Schanzen gehört hatte, noch dreizehn
geblieben waren, war ich froh, diese Gelegenheit
ergreifen zu können, um zu meinem Zuge zurückzugehen. Trossenko ging mit mir zusammen
hinaus.

Alles erlogen, sagte er mir, als wir einige
Schritte von der Hütte entfernt waren. Er ist
gar nicht auf den Schanzen gewesen ... — Und
Trossenko lachte so herzlich, daß auch mich das
Lachen überkam.

XIII

Es war schon dunkle Nacht, und nur die Wachtfeuer beleuchteten mit mattem Schein das Lager,
als ich, nach der Stallzeit, zu meinen Soldaten
herankam. Ein großer Baumstamm lag glimmend
auf den Kohlen. Um ihn herum saßen drei Mann:
Antonow, der über dem Feuer einen kleinen Kessel
drehte, in dem aufgeweichter Zwieback mit Fett
kochte, Shdanow, der nachdenklich mit einem
Zweige die Asche aufscharrte, und Tschikin mit
seinem ewig feuerlosen Pfeifchen. Die anderen
hatten sich schon zur Ruhe gelagert: die einen

unter dem Pulverkasten, die anderen auf Heu,
noch andere um die Wachtfeuer herum. Bei dem
matten Lichte der Kohlen unterschied ich die mir
bekannten Rücken, Füße und Köpfe; unter den
letzten war auch der kleine Rekrut, er lag dicht
am Feuer und schien schon zu schlafen. Antonow
machte mir Platz. Ich setzte mich neben ihn und
rauchte eine Cigarette an. Der Geruch des Nebels
und des qualmenden feuchten Holzes erfüllte rings-
um die Luft und biß in die Augen, und noch
immer tröpfelte feuchter Nebel von dem tiefdunklen
Himmel.

Neben uns hörten wir das gleichmäßige Schnarchen, das Knistern der Reiser im Feuer, flüchtiges
Gespräch und von Zeit zu Zeit das Klirren der
Gewehre der Infanterie. Ringsumher loderten
die Wachtfeuer und beleuchteten im nahen Umkreis die schwarzen Schatten der Soldaten. Bei
den nächstgelegenen Wachtfeuern unterschied ich an
hellbeleuchteten Stellen die Gestalten nackter Soldaten, die ihre Hemden über der Flamme hin-
und herschwenkten. Viele von den Leuten schliefen
noch nicht und bewegten sich in einem Umkreis
von fünfzehn Quadratfaden plaudernd hin und
her; aber die düstere, dumpfe Nacht gab dieser
ganzen Bewegung ihren eignen, geheimnisvollen
Klang, als fühlte jeder die düstere Stille und
scheute sich, ihre friedliche Harmonie anzutasten.
Wenn ich ein Wort sprach, fühlte ich, daß meine

Stimme anders klinge. In den Gesichtern der
Soldaten, die um das Feuer herumlagen, las ich
dieselbe Stimmung. Ich dachte, sie hätten bis
zu meiner Ankunft von dem verwundeten Kameraden gesprochen; aber keineswegs. Tschikin hatte
von dem Eintreffen seiner Sachen in Tiflis und
von den Schulknaben der Stadt erzählt.

Ich habe immer und überall, besonders im
Kaukasus, bei unseren Soldaten einen besonderen
Takt beobachtet — in der Zeit der Gefahr alles
zu unterdrücken und zu vermeiden, was unvorteil-
haft auf den Geist der Kameraden einwirken
könnte. Der Geist des russischen Soldaten beruht
nicht, wie die Tapferkeit der südlichen Völker, auf
einer schnell entflammten und erkaltenden Begeisterung: er ist ebenso schwer zu entflammen, wie
geneigt den Mut sinken zu lassen. Er bedarf
keiner Effekte, keiner Reden, keines Kriegsgeschreis,
keiner Lieder und Trommelwirbel; er bedarf vielmehr der Ruhe, der Ordnung, der Vermeidung
alles Erkünstelten. Bei dem russischen, bei dem
echt russischen Soldaten wird man nie Prahlerei,
Bravour, den Wunsch, sich im Augenblick der Gefahr zu betäuben, zu erregen wahrnehmen. Im
Gegenteil. Bescheidenheit, Schlichtheit und die
Fähigkeit, in der Gefahr etwas ganz anderes zu
sehen als die Gefahr, bilden die unterscheidenden
Merkmale seines Charakters. Ich habe einen Soldaten gesehen, der am Bein verwundet war und

dem im erſten Augenblick nur der zerſetzte neue
Pelz leid that; einen Reiter, der unter dem Pferde
hervorkroch, das ihm unter dem Leibe erſchoſſen
worden war, und der den Gurt abſchnallte, um
den Sattel herunterzunehmen. Wer erinnert ſich
nicht des Vorfalls bei der Belagerung von Ger-
gebel, wo im Laboratorium das Zündrohr einer
gefüllten Bombe Feuer fing, und der Feuerwerker
zwei Soldaten befahl, die Bombe zu ergreifen,
mit ihr davonzurennen und ſie in den Graben
zu werfen, und die Soldaten ſie nicht in nächſter
Nähe bei dem Zelt des Oberſten niederwarfen,
das am Rande des Grabens ſtand, ſondern weiter
forttrugen, um die Herren nicht zu wecken, die im
Zelte ſchliefen, und beide in Stücke zerriſſen wurden? Ich erinnere mich noch, es war im Feldzuge
1852, wie einer der jungen Soldaten zu einem
anderen während des Kampfes ſagte, der Zug
würde wohl kaum hier wieder fortkommen, und wie
der ganze Zug wütend über ihn herfiel wegen der
dummen Redensarten, die ſie nicht einmal wiederholen wollten. Und ſo hörten jetzt, wo jedem
Welentſchuk hätte im Sinne liegen müſſen, und
wo jeden Augenblick die heranſchleichenden Tataren
auf uns hätten feuern können, alle der lebendigen
Erzählung Tſchikins zu, und niemand gedachte mit
einem Worte des heutigen Gefechts, noch der be-
vorſtehenden Gefahr, noch des Verwundeten. Als
ob das weiß Gott wie lange hinter uns läge, oder

gar nie gewesen wäre. Mir aber schien es, als wären ihre Gesichter nur finsterer als gewöhnlich. Sie hörten nicht allzu aufmerksam auf Tschikins Erzählung hin, und Tschikin fühlte sogar, daß man ihm nicht zuhörte, sprach aber immer ruhig weiter.

Da trat Makfimow an das Wachtfeuer heran und setzte sich neben mir nieder. Tschikin machte ihm Platz, hörte auf zu sprechen und begann wieder sein Pfeifchen zu schmauchen.

Die Infanteristen haben nach Schnaps ins Lager geschickt, sagte Makfimow nach ziemlich langem Schweigen, sie sind eben zurückgekommen. — Er spie ins Feuer. — Ein Unteroffizier hat erzählt, sie haben unsern Verwundeten gesehen.

Wie, lebt er noch? fragte Antonow und drehte das Kesselchen herum.

Nein, er ist tot.

Der junge Rekrut erhob plötzlich seinen kleinen Kopf mit dem roten Mützchen über das Feuer empor, sah einen Augenblick Makfimow und mich aufmerksam an, dann ließ er ihn schnell sinken und hüllte sich in seinen Mantel.

Siehst du, nicht umsonst ist der Tod heut früh zu ihm gekommen, wie ich ihn im Park wecken wollte, sagte Antonow.

Leeres Geschwätz, sagte Shdanow und drehte den glimmenden Baumstamm um; alle verstummten.

Mitten durch die allgemeine Stille ertönte

hinter uns im Lager ein Schuß. Unsere Trommler melbeten sich und schlugen den Zapfenstreich. Als der letzte Wirbel verklungen war, erhob sich zuerst Shdanow und zog seine Mütze. Wir alle folgten seinem Beispiel.

Durch die tiefe Stille der Nacht erklang der harmonische Chor der Männerstimmen:

„Vater unser, der du bist im Himmel, geheiliget sei dein Name, zu uns komme dein Reich, dein Wille geschehe wie im Himmel also auch auf Erden; unser täglich Brot gieb uns heut, und vergieb uns unsere Schuld, wie wir vergeben unsern Schuldigern; führe uns nicht in Versuchung und erlöse uns von dem Übel.“

So ist auch einer von uns im Jahre 45 an derselben Stelle verwundet worden . . . sagte Antonow, als wir bie Mütze aufgesetzt und uns wieder um das Feuer gelagert hatten. Zwei Tage haben wir ihn auf dem Geschütz herumgefahren, weißt du noch, Shdanow, den Schewtschenko? Dann haben wir ihn unter einem Baum niedergelassen.

In diesem Augenblick kam ein Gemeiner von der Infanterie mit mächtigem Backen- und Schnauzbart, mit Gewehr und Lanze auf unser Wachtfeuer zu.

Gebt mir doch Feuer, Landsleute, das Pfeifchen anzurauchen, sagte er.

Ei nun, rauchen Sie's nur an, an Feuer fehlt's nicht, bemerkte Tschikin.

Ihr sprecht gewiß von Dargi, Landsmann, wandte sich der Infanterist an Antonow.

Vom Jahre 45, von Dargi, antwortete Antonow.

Der Infanterist schüttelte den Kopf, kniff die Augen zusammen und hockte neben uns nieder.

Ja, da ging es hoch her! bemerkte er.

Warum aber habt ihr ihn liegen lassen? fragte ihn Antonow.

Er hatte furchtbare Schmerzen im Leib. Wenn wir stille standen, ging's, wenn wir uns aber vom Fleck rührten, da schrie er furchtbar auf. Er beschwor uns bei Gott, wir sollten ihn liegen lassen, aber es war doch ein Jammer. Na, als er uns dann auf den Leib rückte, drei von unserer Geschützmannschaft tötete, und wir unsere Batterie mit Mühe hielten . . . 's war eine Not, wir glaubten kaum mit dem Geschütz davonzukommen. Es war ein Schmutz.

Das Schlimmste war, daß es am Fuß des Indierbergs schmutzig war, bemerkte einer der Soldaten.

Ja, da wurde ihm auch noch viel schlimmer! Anoschenka, — es war ein alter Feuerwerker — Anoschenka und ich dachten: was sollen wir thun, leben kann er nicht, und beschwört uns bei Gott — lassen wir ihn also hier liegen. Und so thaten wir auch. Ein Baum wuchs da mit großen breiten

Äſten. Wir nahmen ihn, legten ihm geweichten Zwiebac hin — Shdanow hatte welche mit — lehnten ihn an den Baum, zogen ihm ein reines Hemd an, nahmen Abſchied von ihm, wie ſich's gehört, und ließen ihn ſo liegen.

Und war's ein tüchtiger Soldat?

Je nun, ein guter Soldat, bemerkte Shdanow.

Und was mit ihm geſchehen ſein mag, weiß Gott, fuhr Antonow fort. Dort ſind gar viele von den Kameraden geblieben!

In Dargi? fragte der Infanteriſt, dabei erhob er ſich, kratzte ſeine Pfeife aus, kniff wieder die Augen zuſammen und wiegte den Kopf hin und her. Da ging es hoch her!

Damit ging er von uns.

Giebt's in unſerer Batterie noch viele Soldaten, die bei Dargi geweſen ſind? fragte ich.

Viele? Shdanow, ich, Pazan, der jetzt auf Urlaub iſt, und etwa noch ſechs Mann. Mehr werden's nicht ſein.

Ei was, unſer Pazan bummelt auf Urlaub? ſagte Tſchikin, ſtreckte die Beine und legte ſich mit dem Kopf auf einen Klotz. Es muß bald ein Jahr ſein, daß er fort iſt.

Haſt du Jahresurlaub genommen? fragte ich Shdanow.

Nein, ich habe keinen genommen, antwortete er unwillig.

Es iſt ſchön, Urlaub nehmen, ſagte Antonow,

wenn man aus reichem Hause ist, oder wenn man selbst die Kraft hat zu arbeiten; da ist es ja angenehm, und zu Hause freut man sich mit dir.

Was soll man gehen, wenn man zwei Brüder hat? fuhr Shbanow fort. Sie haben Mühe, sich selbst zu ernähren, nicht noch unsereinen zu füttern. Man ist eine schlechte Hilfe, wenn man schon 25 Jahre gedient hat. Und wer weiß, ob sie noch leben?

Hast du denn nicht geschrieben? fragte ich.

Ei gewiß! Zwei Briefe habe ich fortgeschickt, aber Antworten schicken sie nicht! Ob sie gestorben sind, ob sie so nicht schreiben, weil sie nämlich selbst in Armut leben — wie soll ich da hin?

Ist es lange her, daß du geschrieben hast?

Als ich von Dargi kam, das war der letzte Brief.

Du solltest uns das Lied von der Birke singen, sagte Shbanow zu Antonow, der in diesem Augenblick, die Ellbogen auf die Knie gestützt, ein Liedchen vor sich hinsummte.

Antonow stimmte „Die Birke" an.

Siehst du, das ist das Lieblingslied von Onkel Shbanow, sagte mir Tschikin leise und zog mich am Mantel. Manchmal, wenn Philipp Antonytsch es spielt, da weint er wohl gar.

Shbanow saß zuerst ganz unbeweglich da, die

Augen auf die glimmenden Kohlen geheftet, und
sein Gesicht sah im Schimmer des rötlichen Lichts
außerordentlich düster aus; dann begannen seine
Kinnbacken unter den Ohren sich immer schneller
und schneller zu bewegen und endlich erhob er sich,
breitete seinen Mantel aus und legte sich im
Schatten hinter dem Wachtfeuer nieder.

War es, weil er sich hin- und herwälzte und
ächzte, während er sich schlafen legte, war es Welentschuks Tod und dieses traurige Wetter, das mich
so stimmte, genug, ich glaubte wirklich, daß er
weine.

Der untere Teil des Baumstamms, der sich in
Kohle verwandelt hatte, flackerte von Zeit zu Zeit
auf, beleuchtete die Gestalt Antonows mit seinem
grauen Schnurrbart, mit der roten Fratze und
dem Orden auf dem umgehängten Mantel, und
Stiefel, Kopf und Rücken eines anderen. Von
oben fiel noch immer der trübe Nebel herab, die
Luft war noch immer von dem Duft der Feuchtig-
keit und des Rauchs erfüllt, ringsumher waren
noch immer die hellen Punkte der verlöschenden
Wachtfeuer zu sehen und durch die allgemeine
Stille die Klänge des schwermütigen Liedes zu
hören, das Antonow sang; und wenn es auf einen
Augenblick verstummte, antworteten ihm die
Klänge der schwachen nächtlichen Bewegung des
Lagers, des Schnarchens und Waffengeklirrs der
Wachtposten und des leisen Gesprächs.

22

Zweite Ablöfung vor, Makatjuk und Shdanow! kommandierte Makfimow.

Antonow hörte auf zu fingen, Shdanow erhob
fich, feufzte, fchritt über den Baum hinweg und
ging zu den Gefchützen.

15. Juni 1855.

Eine
Begegnung im Felde

mit

einem Moskauer Bekannten

❦

(Aus den kaukasischen Aufzeichnungen
des Fürsten Nechljudow)

22*

Wir standen im Felde. Die Kämpfe gingen
schon ihrem Ende entgegen, wir hatten die
Waldrodung hergestellt und erwarteten jeden Tag
vom Stabe den Befehl zum Rückzuge in die
Festung. Unsere Division der Batteriegeschütze
stand am Abhang eines steilen Bergrüdens, der
von dem reißenden Gebirgsbach Metschik begrenzt
war, und hatte die Aufgabe, die vor uns aus=
gebreitete Ebene zu beschießen. Auf dieser male=
rischen Ebene zeigten sich außer Schußweite von
Zeit zu Zeit, besonders vor Abend, hie und da,
nicht in feindseliger Absicht, Gruppen berittener
Bergbewohner, die aus Neugier herbeigeströmt
waren, um das russische Lager zu betrachten. Es
war ein klarer, stiller und frischer Abend, wie die
Dezemberabende im Kaukasus zu sein pflegen; die
Sonne war hinter den steilen Gebirgsausläufern
zur Linken versunken und warf ihre rosigen Strah=
len auf die Zelthütten, die über den Berg zer=
streut lagen, auf die Soldatengruppen, die sich
hin= und herbewegten und auf unsere beiden Ge=
schütze, die schwerfällig, wie mit ausgerechten Hälsen,
unbeweglich zwei Schritt vor uns auf einer Erd=

batterie standen. Ein Infanteriepiket, das auf dem Hügel zur Linken zerstreut lag, war mit seinen zusammengestellten Gewehren, mit der Gestalt des Wachtpostens, einer Gruppe Soldaten und dem Rauch des aufgeschichteten Wachtfeuers in dem durchsichtigen Licht des Sonnenuntergangs deutlich zu erkennen. Rechts und links auf der halben Höhe des Berges schimmerten auf dem schwarzen, ausgetretenen Boden die weißen Zelte, und hinter den Zelten die dunklen, entblätterten Stämme des Platanenwaldes, in dem unaufhörlich Äxte klangen, Wachtfeuer knisterten und gefällte Bäume krachend niederstürzten. Bläulicher Dampf stieg von allen Seiten in Säulen zu dem hellblauen Winterhimmel empor. An dem Zelte und in der Niederung am Rande des Baches zogen mit Pferdegetrappel und Gewieher die Kosaken, die Dragoner und die Artillerie dahin, die von der Tränke zurückkamen. Es begann zu frieren; jeder Laut war ganz deutlich zu hören, und das Auge sah in der reinen, klaren Luft weithin über die Ebene. Die Häuflein der Feinde, die nun nicht mehr die Neugierde der Soldaten erregten, ritten ruhig über die hellgelben Stoppeln der Maisfelder hin; hie und da schimmerten hinter den Bäumen die hohen Säulen der Kirchhöfe und die rauchenden Auls herüber.

Unser Zelt stand unweit der Geschütze an einem trocknen und hochgelegenen Ort, von dem die Aussicht besonders weit war. Neben dem Zelt, ganz

in der Nähe der Batterie, hatten wir auf einem
gesäuberten Plätzchen ein Holzklötzchenspiel hergerichtet. Dienstfertige Soldaten hatten uns hier
geflochtene Bänke und einen kleinen Tisch her-
gesetzt. Wegen aller dieser Bequemlichkeiten kamen
Artillerieoffiziere, unsere Kameraden, und einige
Herren von der Infanterie abends gern zu unserer
Batterie und nannten den Ort den Klub.

Es war ein prächtiger Abend. Die besten
Spieler waren versammelt, und wir spielten Klötzchen. Ich, der Fähnrich D. und der Leutnant O.
hatten hintereinander zwei Partien verspielt und
zum allgemeinen Vergnügen und Gelächter der zu-
schauenden Offiziere, der Soldaten und Burschen,
die uns aus ihren Zelten zusahen, zweimal die Ge-
winner auf unserem Rücken von einem Ende bis
zum anderen getragen. Besonders drollig war
die Stellung des kolossalen dicken Stabskapitäns
Sch., der keuchend und gutmütig lächelnd und die
Beine am Boden nachschleppend, auf dem kleinen,
schwächlichen Leutnant O. ritt. Es war aber schon
spät geworden. Die Burschen brachten für sechs
Mann, die wir waren, drei Glas Thee ohne Unter-
sätze. Wir brachen das Spiel ab und gingen zu
den geflochtenen Bänken. Da stand ein uns un-
bekannter mittelgroßer Mann mit krummen Beinen
in einem Pelz ohne Überzug und in einer Fellmütze
mit langem, herabhängendem weißen Haar. Als
wir nahe an ihn herangekommen waren, zog er

einige Mal zögernd die Mütze und setzte sie wieder
auf, dann schickte er sich immer wieder an, zu uns
heranzukommen und machte immer wieder Halt.
Da der unbekannte Mann aber wohl glauben
mußte, daß er nicht mehr unbemerkt bleiben könne,
zog er die Mütze, ging im Bogen um uns herum
und trat auf den Stabskapitän Sch. zu.

Ah, Guscantini! Wie geht's, Väterchen? sagte
Sch. zu ihm und lächelte gutmütig, immer noch
unter dem Eindruck seines Rittes.

Guscantini, wie er ihn genannt hatte, setzte
sofort seine Mütze auf und machte eine Bewegung,
als ob er die Hände in die Taschen seines Pelzes
stecken wollte; auf der Seite aber, die er mir zukehrte, hatte der Pelz keine Taschen, und seine
kleine rote Hand blieb in einer ungeschickten Lage.
Ich hätte gern erraten, was dieser Mensch wohl
sei (ein Junker oder ein Degradierter), und ohne
zu bemerken, daß mein Blick (d. h. der Blick eines
unbekannten Offiziers) ihn verlegen machte, betrachtete ich aufmerksam seine Kleidung und sein
Äußeres. Er mochte dreißig Jahre zählen. Seine
kleinen, grauen, runden Augen schauten wie schläf-
rig und doch gleichzeitig unruhig unter dem
schmutzigen, weißen Schafpelz der Mütze hervor,
der ihm in die Stirn hineinhing. Die dicke, un-
regelmäßige Nase zwischen den eingefallenen Wangen verriet eine krankhafte, unnatürliche Magerkeit, die Lippen, die sehr spärlich von einem dünnen,

weichen, häßlichen Schnurrbart bedeckt waren, befanden sich unaufhörlich in einem unruhigen Zustand, als wollten sie bald diesen, bald jenen Ausdruck annehmen. Aber jedem Ausdruck haftete
etwas Unfertiges an — in seinen Zügen blieb
beständig der eine Ausdruck der Angst und der
Hast vorherrschend. Sein hagerer, von Adern
durchzogener Hals war mit einem grünseidenen
Tuch umbunden, das unter dem Pelz verborgen
war. Der Pelz war abgenutzt und kurz, am Kragen
und an den falschen Taschen mit Hundsfell besetzt,
die Beinkleider waren kariert, aschgrau, die Stiefel
hatten kurze, ungeschwärzte Soldatenschäfte.

Machen Sie keine Umstände, bitte, sagte ich
ihm, als er wieder, mit einem scheuen Blick auf
mich, die Mütze gezogen hatte.

Er verneigte sich mit einem Ausdruck der Dankbarkeit, setzte die Mütze auf, zog einen schmutzigen,
kattunenen Beutel mit Schnüren aus der Tasche
und begann eine Cigarette zu drehen.

Ich war selbst vor kurzem Junker gewesen,
ein alter Junker, der nicht mehr dazu taugte, jüngeren Kameraden gutmütig Gefälligkeiten zu erweisen, und ein Junker ohne Vermögen. Ich
kannte daher sehr gut den ganzen moralischen Druck
einer solchen Lage für einen nicht mehr jungen
und von Eigenliebe beherrschten Mann, hatte Teilnahme für jeden, der sich in ähnlicher Lage befand,
und gab mir Mühe, mir seinen Charakter, den

Grad und die Richtung seiner geistigen Fähigkeiten zu erklären, um darnach den Grad seiner moralischen Leiden zu beurteilen. Dieser Junker oder Degradierte schien mir nach seinem unruhigen Blick und dem absichtlichen, unaufhörlichen Wechsel des Gesichtsausdrucks, den ich an ihm beobachtet hatte, ein sehr kluger, höchst selbstbewußter und darum höchst bedauernswerter Mensch zu sein.

Der Stabskapitän Sch. machte uns den Vorschlag, noch eine Partie Klötzchen zu spielen; die verlierende Partei sollte außer dem Umritt einige Flaschen Rotwein, Rum, Zucker, Zimmt und Nelken zu Glühwein stellen, der in diesem Winter wegen der großen Kälte auf unserem Feldzuge in Mode war. Guscantini, wie ihn Sch. wieder nannte, wurde auch zur Partie aufgefordert; ehe jedoch das Spiel begann, führte er, offenbar in einem Kampf zwischen der Freude, die ihm diese Einladung machte, und einer gewissen Angst, den Stabskapitän Sch. auf die Seite und flüsterte ihm etwas ins Ohr. Der gutmütige Stabskapitän klopfte ihm mit seiner fleischigen, großen Hand auf die Schulter und antwortete laut: „Thut nichts, Väterchen, ich traue Ihnen."

Als das Spiel zu Ende war und die Partei, zu der der unbekannte Subalterne gehörte, gewonnen hatte, und er nun auf einem von unseren Offizieren, dem Fähnrich D., reiten sollte, wurde der Fähnrich rot, ging zu dem Bänkchen hin und

bot dem Subalternen eine Cigarette als Löſegelb
an. Während der Glühwein beſorgt wurde und
in dem Burſchenzelt das emſige Wirtſchaften Nikitas zu hören war, der einen Boten nach Zimmt
und Nelken geſchickt hatte und deſſen Rücken die
ſchmutzige Zeltdecke bald hierhin, bald dorthin zog,
nahmen wir ſieben Mann bei dem Bänkchen Platz,
tranken abwechſelnd Thee aus den drei Gläſern,
betrachteten die Ebene vor uns, die ſich gerade in
Dämmerung hüllen wollte, und plauderten und
lachten über die verſchiedenen Wechſelfälle des
Spiels. Der unbekannte Mann im Pelzrock nahm
nicht Teil an dem Geſpräch, lehnte hartnäckig den
Thee ab, den ich ihm mehrere Male angeboten
hatte, drehte, in tatariſcher Weiſe auf dem Boden
ſitzend, aus feingeſchnittenem Tabak eine Cigarette
nach der anderen und rauchte ſie, wie man leicht
ſehen konnte, nicht ſo ſehr zu ſeinem Vergnügen,
als um ſich den Anſchein eines mit etwas be-
ſchäftigten Menſchen zu geben. Als man davon
ſprach, daß morgen der Rückzug vielleicht auch ohne
Gefecht ſtattfinden könnte, richtete er ſich auf die
Knie auf und ſagte, nur zu dem Stabskapitän Sch.
gewandt, er ſei jetzt bei dem Adjutanten zu Hauſe
und habe ſelbſt den Befehl zum Rückzuge für morgen geſchrieben. Wir ſchwiegen alle, während er
ſprach, und obgleich er deutlich ſeine Schüchternheit verriet, veranlaßten wir ihn, dieſe für uns
außerordentliche Mitteilung zu wiederholen. Er

wiederholte, was er gesagt hatte, fügte jedoch hinzu, er sei bei dem Adjutanten gewesen, mit dem er zusammen wohne, und habe dort gesessen, gerade als man den Befehl brachte.

Sehen Sie, wenn Sie nicht lügen, Väterchen, so muß ich zu meiner Kompagnie gehen und zu morgen einen Befehl geben, sagte der Kapitän Sch.

Nein ... Weshalb auch ... Wie kann man! Ich habe gewiß ... begann der Subalterne, aber er verstummte bald, schien entschlossen, den Beleibigten zu spielen, verzog unnatürlich die Stirn, brummte etwas in den Bart und begann wieder eine Cigarette zu drehen. Aber der feine Tabak in seinem kattunenen Beutel reichte nicht mehr und er bat Sch., ihm eine Cigarette zu leihen. Wir setzten dieses einförmige Gespräch über den Krieg, das jeder kennt, der einmal an Feldzügen teilgenommen hat, ziemlich lange fort, beklagten uns alle mit denselben Worten über die Langeweile und die Länge des Feldzugs, urteilten alle in gleicher Weise über die Vorgesetzten, lobten alle, wie schon oft vorher, den einen Kameraden, bedauerten den anderen, sprachen unsere Verwunderung darüber aus, wieviel dieser gewonnen, wieviel jener verloren hatte u. s. w. u. s. w.

Siehst du, Väterchen, unser Adjutant, der ist 'reingefallen, tüchtig 'reingefallen! sagte der Stabskapitän Sch. Beim Stabe war er immer im Gewinn. Mit wem er auch setzte, immer legte er ihn 'rein und jetzt verliert er seit zwei Monaten beständig. Dieser Feldzug hat ihm wenig Glück gebracht. Ich glaube, er ist 2000 Moneten losgeworden und Sachen für 500 Moneten, den Teppich, den er Muchin abgewonnen hat, die Pistolen von Rikita, die goldene Uhr von Sjaba, die ihm Worinzew geschenkt hat — alles ist er losgeworden.

Geschieht ihm recht, sagte Leutnant O., er hat die anderen alle tüchtig gerupft. Es war gar nicht zu spielen mit ihm.

Erst hat er alle gerupft, und nun ist er in die Luft geflogen — dabei schlug der Stabskapitän Sch. ein gutmütiges Lachen an. Der Guskow wohnt bei ihm, den hätte er beinahe auch verspielt, wahrhaftig, ist's nicht wahr, Väterchen? wandte er sich an Guskow.

Guskow lachte. Sein Lachen war traurig und schmerzlich und veränderte seine Züge vollkommen. Bei dieser Veränderung war es mir, als müßte ich diesen Menschen früher einmal gekannt und gesehen haben, zudem war mir sein eigentlicher Name, Guskow, nicht fremd. Aber wie und wann ich ihn gekannt, und wo ich ihm begegnet war, dessen konnte ich mich durchaus nicht erinnern.

Ja, sagte Guskow und hob dabei unaufhörlich die Finger zu seinem Schnurrbart, ließ sie aber wieder sinken, ohne ihn zu berühren. Pavel Dmitrijewitsch hat in diesem Feldzuge kein Glück ge-

habt, eine solche veine de malheur — fügte er
mit etwas mühsamer, aber reiner französischer Aus-
sprache hinzu, und dabei war es mir wieder, als
hätte ich ihn schon irgendwo gesehen. — Ich kenne
Pavel Dmitrijewitsch genau, er vertraut mir alles
an, fuhr er fort.

Wir sind alte Bekannte, d. h. er hat mich
gern, fügte er hinzu, offenbar erschrocken über die
allzu kühne Behauptung, daß er ein alter Bekannter des Adjutanten sei. Pavel Dmitrijewitsch
spielt vortrefflich, jetzt — merkwürdig, was mit
ihm vorgeht — jetzt ist er ganz außer sich, la
chance a tourné, fügte er hinzu, vornehmlich zu
mir gewandt.

Wir hatten Guskow anfangs mit höflicher Aufmerksamkeit zugehört, sobald er aber noch diese
französische Redensart ausgesprochen hatte, wand-
ten wir uns unwillkürlich von ihm ab.

Ich habe tausendmal mit ihm gespielt, und
Sie werden mir doch zugeben, es ist sonderbar,
sagte der Leutnant mit besonderer Betonung des
Wörtchens sonderbar: ich habe nicht ein ein-
ziges Mal mit ihm gewonnen, nicht einen Abas.
Warum gewinne ich mit anderen?

Pavel Dmitrijewitsch spielt vorzüglich, ich kenne
ihn schon lange, sagte ich. Wirklich kannte ich
den Adjutanten schon mehrere Jahre, hatte ihm
schon oft zugesehen bei seinem Spiel, das für die
Verhältnisse der Offiziere hoch zu nennen war, und

war immer entzückt geweſen von ſeinen ſchönen, ein wenig düſteren und ſtets unveränderten Zügen, ſeiner gedehnten, kleinruſſiſchen Ausſprache, ſeinen ſchönen Sachen und Pferden, ſeiner gemeſſenen ſüdruſſiſchen Ritterlichkeit und beſonders von ſeiner Kunſt, das Spiel ſo ſchön, klar, verſtändlich und anmutig zu führen. Manchmal — ich bekenne es reuig — wenn ich ſeine vollen weißen Hände mit dem Brillantring am Zeigefinger betrachtete, die mir eine Karte nach der anderen ſchlugen, wurde ich wütend über dieſen Ring, über die weißen Hände, über die ganze Perſönlichkeit des Adjutanten, und es tauchten ſchlimme Gedanken gegen ihn in mir auf; wenn ich aber dann mit ruhigem Blute überlegte, überzeugte ich mich, daß er einfach ein gewandterer Spieler war als alle die, mit denen er gerade ſpielte. Wenn man ſeine allgemeinen Betrachtungen über das Spiel hörte, darüber, wie man kein Paroli biegen dürfe, wie man von einem kleinen Einſatz zu einem größeren fortſchreiten, wie man in gewiſſen Fällen paſſen müſſe, wie es eine erſte Spielregel ſei, nur mit Barem zu ſpielen u. ſ. w., wurde es einem immer klarer, daß er nur darum ſtets im Gewinnen war, weil er geſchickter und kaltblütiger war, als wir alle. Und jetzt zeigte ſich, daß dieſer zurückhaltende, ſelbſtſichere Spieler während des Feldzugs alles bis auf den letzten Heller verloren hatte, und nicht nur Geld, ſondern auch Sachen, was für einen

Offizier den äußersten Grad des Spielverlusts bedeutet.

Mit mir geht es ihm immer verteufelt, fuhr
der Leutnant O. fort, ich habe mir schon das
Wort gegeben, nicht mehr mit ihm zu spielen.

Was sind Sie für ein komischer Kauz, Väterchen, sagte Sch., zwinkerte mir mit dem ganzen
Kopfe nickend zu und wandte sich an O. Sie haben
300 Moneten an ihn verloren, nicht wahr, soviel
haben Sie verloren?

Mehr, sagte der Leutnant ärgerlich.

Und jetzt ist Ihnen ein Licht aufgegangen, zu
spät, Väterchen! Das weiß alle Welt längst, daß
er unser Regimentsfalschspieler ist, sagte Sch., er
konnte sich kaum halten vor Lachen und war äußerst
befriedigt von seinem Einfall. Da sehen Sie Guslow vor sich, der richtet ihm die Karten her.
Darum sind Sie auch so befreundet, liebes Väterchen. Und der Stabskapitän Sch. brach in ein
so gutmütiges Lachen aus und schüttelte sich so
mit dem ganzen Körper, daß er das Glas Glühwein verschüttete, das er gerade in der Hand hielt.
Auf Guslows gelbem, abgemagertem Gesicht zeigte
sich eine Röte; er versuchte mehrere Male den
Mund zu öffnen, hob die Finger zum Schnurrbart und ließ sie wieder zu der Stelle herab-
sinken, wo andere Leute Taschen haben, erhob
sich und setzte sich wieder und sagte endlich wie
mit fremder Stimme zu Sch.: Das ist kein Scherz.

Nikolaj Jwanytſch. Sie ſprechen hier ſolche Dinge
und vor Leuten, die mich nicht kennen, und die
mich in einem fadenſcheinigen Pelzrock ſehen, weil
. . . ſeine Stimme ſtockte, und wieder gingen ſeine
kleinen roten Händchen mit den ſchmutzigen Nägeln
von dem Pelz zum Geſicht und fuhren über den
Schnurrbart, das Haar und die Naſe, oder wiſchten
die Augen klar, oder kratzten ohne alles Bedürfnis
die Backen.

Was iſt da viel zu reden, das wiſſen ja alle,
Väterchen! fuhr Sch. fort, aufs innerſte befriedigt
von ſeinem Scherz und ohne im geringſten Guskows Erregung zu bemerken. Guskow flüſterte
noch ein paar Worte, ſtützte den Ellbogen des
rechten Arms auf das Knie des linken Beins,
betrachtete in der unnatürlichſten Stellung Sch.
und nahm eine Miene an, als ob er verächtlich
lächelte.

„Nein, — ſagte ich innerlich überzeugt, während ich dieſes Lachen beobachtete — ich habe ihn
nicht nur irgendwo geſehen, ſondern auch mit ihm
geſprochen.“

Wir ſind uns ſchon einmal begegnet, ſagte ich
zu ihm, als Sch.s Lachen unter dem Eindruck des
allgemeinen Schweigens ſich zu legen begann. Guskows veränderliches Geſicht leuchtete plötzlich auf,
und ſeine Augen hefteten ſich zum erſtenmal mit
einem herzensfrohen Ausdruck auf mich.

Gewiß, ich habe Sie ſogleich erkannt, begann

er französisch. Im Jahre 48 hatte ich ziemlich oft das Vergnügen, Sie in Moskau bei meiner Schwester Iwaschina zu treffen.

Ich entschuldigte mich, daß ich ihn in dieser Tracht und in dieser neuen Kleidung nicht sofort erkannt hätte. Er erhob sich, trat auf mich zu, drückte mir mit seiner feuchten Hand zögernd, schwach die meinige und setzte sich neben mich. Anstatt mich anzusehen, den er so froh zu sein schien wiederzufinden, blickte er mit dem Ausdruck einer unbehaglichen Prahlsucht im Kreise der Offiziere umher. Geschah es, weil ich in ihm einen Mann erkannt, dem ich vor einigen Jahren im Frack im Salon begegnet war, oder weil er bei dieser Erinnerung plötzlich in seiner eigenen Meinung gestiegen war, genug mir schien, als hätte sich sein Gesicht, ja sogar seine Bewegungen, plötzlich verändert: sie zeigten jetzt einen lebhaften Geist, kindliche Selbstzufriedenheit im Bewußtsein dieses Geistes und eine gewisse geringschätzige Nachlässigkeit, so daß mein alter Bekannter — ich gestehe es — trotz seiner bedauernswerten Lage mir nicht mehr Mitleid einflößte, sondern ein gewisses Gefühl der Feindseligkeit.

Ich erinnerte mich lebhaft zurück an unsere erste Begegnung. Im Jahre 48 besuchte ich, während meines Aufenthaltes in Moskau, häufig Iwaschin, mit dem ich aufgewachsen war und mit dem mich eine alte Freundschaft verband. Seine

23

Gattin war eine angenehme Wirtin, eine liebenswürdige Frau, wie man zu ſagen pflegt, mir aber
hat ſie nie gefallen ... In dem Winter, in dem
ich bei ihnen verkehrte, ſprach ſie oft mit ſchlecht
verhehltem Stolz von ihrem Bruder, der vor kurzem ſeine Studien abgeſchloſſen und, wie ſie ſagte,
einer der gebildetſten und in der guten Geſellſchaft Petersburgs beliebteſten jungen Leute ſei.
Da ich vom Hörenſagen Guskows Vater kannte,
der ſehr reich war und eine angeſehene Stellung
einnahm, und da ich die Anſchauungsweiſe der
Schweſter kannte, kam ich dem jungen Guskow
mit einem Vorurteil entgegen. Eines Abends,
als ich Jwaſchin beſuchte, traf ich bei ihm einen
mittelgroßen, nach ſeiner äußeren Erſcheinung ſehr
angenehmen jungen Mann in ſchwarzem Frack,
in weißer Weſte und heller Binde, mit dem der
Hausherr mich bekannt zu machen vergaß. Der
junge Mann, der ſich offenbar anſchickte, auf einen
Ball zu gehen, ſtand mit dem Hute in der Hand
vor Jwaſchin und disputierte hitzig, aber höflich
mit ihm über einen unſerer gemeinſamen Bekannten, der ſich damals im ungariſchen Feldzuge
ausgezeichnet hatte. Er meinte, dieſer Bekannte
ſei durchaus kein Held und nicht für den Krieg
geſchaffen, wie man von ihm ſage, ſondern nur
ein kluger und gebildeter Mann. Ich erinnere
mich, ich nahm in dem Streit gegen Guskow
Partei, und ließ mich fortreißen, ihm ſogar zu

beweisen, daß Klugheit und Bildung stets im um=
gekehrten Verhältnisse zur Tapferkeit ständen, und
ich erinnere mich, wie Gustow in liebenswürdiger
und kluger Weise mir auseinandersetzte, daß
Tapferkeit die notwendige Folge der Klugheit und
eines gewissen Grades geistiger Entwicklung sei,
und daß ich dem, da ich mich selbst für einen
klugen und gebildeten Mann hielt, nicht anders
als zustimmen konnte!   Ich erinnere mich, daß
mich Frau Jwaschina am Schlusse unseres Ge=
sprächs mit ihrem Bruder bekannt machte, und er
mir mit einem herablassenden Lächeln seine kleine
Hand reichte, auf die er den weißen Handschuh
erst halb gezogen hatte, und daß er mir ebenso
schwach und zögernd wie jetzt die Hand gedrückt
hatte.   Obgleich ich gegen ihn voreingenommen
war, mußte ich damals Gustow Gerechtigkeit
widerfahren lassen und seiner Schwester darin bei=
stimmen, daß er wirklich ein kluger und liebens=
würdiger junger Mann war, der in der Gesell=
schaft Erfolge haben müsse.   Er war außerordent=
lich sauber und gut gekleidet, jugendfrisch, hatte
sichere, bescheidene Manieren und ein ungemein
jugendliches, fast kindliches Aussehen, um dessent=
willen man ihm unwillkürlich den Ausdruck der
Selbstgefälligkeit und den Wunsch, anderen seine
Überlegenheit empfinden zu lassen, den sein kluges
Gesicht und besonders sein Lächeln beständig zur
Schau trug, gern verzeihen mochte.   Man erzählte

23*

sich, er habe in diesem Winter große Erfolge bei
den Moskauer Damen gehabt. Da ich ihn bei
seiner Schwester sah, konnte ich nur aus dem Ausdruck von Glück und Zufriedenheit, den sein jugendliches Äußeres beständig zeigte, und aus seinen bisweilen unbescheidenen Erzählungen schließen, bis
zu welchem Grade das berechtigt war. Wir begegneten einander wohl sechsmal und sprachen ziemlich viel miteinander, oder genauer gesagt, er sprach
meist französisch in vorzüglicher Ausdrucksweise, sehr
gewählt und bilderreich, und verstand es, anderen
in der Unterhaltung in gefälliger, höflicher Weise
ins Wort zu fallen. Er verkehrte überhaupt mit
allen, auch mit mir, ziemlich von oben herab; und,
wie es mir immer geht im Umgange mit Menschen,
die mit der festen Überzeugung auftreten, daß
man mit mir von oben herab verkehren könne
und mit denen ich nicht genauer bekannt bin,
fühlte ich auch hier, daß er in diesem Punkte
ganz im Rechte war.

Jetzt, da er sich zu mir setzte und mir selbst
die Hand reichte, erkannte ich in ihm den früheren
hochmütigen Ausdruck lebhaft wieder, und es schien
mir, als nütze er in nicht ganz ehrenhafter Weise
den Vorteil seiner Lage als eines Subalternen dem
Offizier gegenüber aus, indem er mich so leichthin
fragte, was ich die ganze Zeit hindurch gemacht
habe und wie ich hierher gekommen sei. Obgleich
ich auf jede Frage russisch antwortete, begann er

immer wieder französisch; aber er drückte sich offenbar nicht mehr so geläufig in dieser Sprache aus wie früher. Von sich erzählte er mir so nebenbei, er habe nach seiner unglückseligen, dummen Geschichte (was das für eine Geschichte war, weiß ich nicht und hat er mir auch nicht erzählt) drei Monate im Arrest gesessen, dann sei er in den Kaukasus in das N.-Regiment geschickt worden und diene jetzt schon drei Jahre als Gemeiner in diesem Regimente.

Sie werden es nicht glauben, sagte er zu mir französisch, was ich alles in diesen Regimentern von den Offizieren habe leiden müssen! Ein Glück für mich, daß ich von früher her den Adjutanten gekannt habe, von dem wir eben gesprochen haben; er ist ein guter Mensch, wirklich, bemerkte er in höflichem Tone — ich wohne bei ihm und für mich ist das immer eine kleine Erleichterung. Oui, mon cher, les jours se suivent, mais ne se ressemblent pas, fügte er hinzu, aber er stockte, wurde rot und erhob sich, denn er hatte bemerkt, daß eben der Adjutant, von dem wir sprachen, auf uns zukam.

Welch eine Freude, einem Menschen zu begegnen, wie Sie! sagte Guskow zu mir im Flüstertone, während er sich von mir entfernte, ich hätte viel, viel mit Ihnen zu sprechen.

Ich sagte, ich sei sehr erfreut, in Wirklichkeit aber, muß ich bekennen, flößte mir Guskow ein unsympathisches, drückendes Mitgefühl ein.

Ich hatte eine Ahnung, daß ich mich mit ihm unter vier Augen unbehaglich fühlen würde, aber ich hätte gern mancherlei von ihm gehört, besonders wie es komme, daß er bei dem Reichtum seines Vaters in Armut lebe, wie man seiner Kleidung und seinem Auftreten anmerkte.

Der Adjutant begrüßte uns alle, nur Guskow nicht, und setzte sich neben mich an die Stelle, die der Degradierte eingenommen hatte. Stets ein ruhiger und langsamer, gleichmütiger Spieler und ein vermögender Mann, war Pavel Dmitrijewitsch jetzt ein ganz anderer geworden, als ich ihn in der Blütezeit seines Spielens gekannt hatte — er schien immer Eile zu haben und ließ seine Blicke umherschweifen, und es waren nicht fünf Minuten vergangen, als er, der sonst immer das Spiel ablehnte, dem Leutnant O. den Vorschlag machte, ein Bänkchen aufzulegen. Leutnant O. lehnte unter dem Vorwande ab, daß er vom Dienst in Anspruch genommen sei, in Wirklichkeit aber, weil er wußte, wie wenig Geld und Gut Pavel Dmitrijewitsch geblieben war, und weil er es für unvernünftig hielt, seine dreihundert Rubel aufs Spiel zu setzen gegen die hundert und vielleicht auch weniger, die er gewinnen konnte.

Sagen Sie, Pavel Dmitrijewitsch, begann der Leutnant, der offenbar den Wunsch hatte, einer Wiederholung der Bitte aus dem Wege zu gehen, ist es wahr, es heißt, wir sollen morgen ausrücken?

Ich weiß nicht, bemerkte Pavel Dmitrijewitsch, es ist nur der Befehl gekommen, daß wir uns bereit halten sollen. — Aber wirklich, es ist besser, wir machen ein Spielchen, ich verpfände euch meinen Kabardiner.

Nein, es ist heute schon ...

Den Grauen, wenn es nicht anders ist, oder wenn Sie wollen, um Geld. Nun? ...

Nun ja ... Ich wäre schon bereit, Sie dürfen nicht glauben, ... begann Leutnant D., indem er seine eignen Zweifel beantwortete. Aber morgen giebt es vielleicht einen Überfall oder einen Marsch, da muß man ausschlafen.

Der Adjutant erhob sich und ging, die Hände in den Taschen, auf dem gereinigten Platze hin und her. Sein Gesicht nahm den gewohnten Ausdruck der Kühle und eines gewissen Stolzes an, den ich gern an ihm sah.

Wollen Sie nicht ein Gläschen Glühwein? sagte ich zu ihm.

Gern! — Und er kam auf mich zu. Guskow aber nahm mir schnell das Glas aus der Hand und brachte es dem Adjutanten entgegen; dabei gab er sich Mühe, ihn nicht anzusehen. Er übersah den Strick, der das Zelt zusammenhielt, stolperte darüber, ließ das Glas fallen und stürzte vornüber.

So ein Hanswurst! sagte der Adjutant, der schon seine Hand nach dem Glase ausgestreckt hatte.

Alle lachten laut auf, Guskow nicht ausgenommen; dabei rieb er sein hageres Knie, das er bei dem Falle nicht im geringsten verletzt haben konnte, mit der einen Hand.

Wie der Bär den Einsiedler bedient hat, fuhr der Adjutant fort. So bedient er mich jeden Tag! Alle Pflöcke im Zelt hat er schon umgerissen, — immer stolpert er.

Guskow entschuldigte sich vor uns, ohne auf ihn zu hören, und sah mich mit einem kaum merklichen traurigen Lächeln an, mit dem er sagen zu wollen schien, ich allein wäre imstande, ihn zu verstehen. Er war beklagenswert, und der Adjutant, sein Beschützer, schien aus irgend einem Grunde erzürnt auf seinen Zeltgenossen zu sein und wollte ihn durchaus nicht in Ruhe lassen.

Nun, Sie geschickter Jüngling, wo fallen Sie benn nicht?

Wer stolpert nicht über diese Pflöcke, Pavel Dmitrijewitsch, sagte Guskow, Sie sind selbst vorgestern gestolpert.

Ich, Väterchen, bin kein Subalterner, von mir verlangt man keine Geschicklichkeit.

Er darf schwere Beine haben, fiel der Stabskapitän ein, aber ein Subalterner muß springen können . . .

Merkwürdige Scherze! . . . sagte Guskow beinahe flüsternd und schlug die Augen nieder. Der Adjutant war offenbar nicht gut gelaunt gegen feinen Zeltgenoffen. Er horchte begierig auf jedes feiner Worte.

Man wird ihn wieder auf einen gedeckten Poften fchicken müffen, fagte er zu Sch. gewandt, mit Zwinkern auf den Degradierten weifend.

Da wird's wieder Thränen geben, fagte Sch. lächelnd. Guskows Augen waren nicht mehr auf mich gerichtet, er that, als ob er Tabak aus dem Beutel nähme, in dem längft nichts mehr war.

Machen Sie fich bereit, auf gedeckten Poften zu ziehen, fagte Sch. unter Lachen. Die Kund- fchafter haben heute gemeldet, es würde einen An- griff auf das Lager geben, da heißt es fichere Leute beftimmen.

Guskow lächelte unentfchloffen, als bereitete er fich vor, etwas zu fagen, und richtete mehrere Male flehentliche Blicke auf Sch.

Nun ja, ich bin ja fchon manchmal gegangen, und ich werde wieder gehen, wenn man mich fchickt, ftammelte er hervor.

Man wird Sie fchicken.

So werde ich gehen. Was foll ich thun?

Ja, wie in Argun: wo Sie vom Poften weg- gelaufen find und das Gewehr fortgeworfen haben . . . fagte der Adjutant, dann wandte er fich von ihm ab und begann, uns die Befehle für morgen auseinanderzufetzen.

In der That erwartete man in der Nacht eine Befchießung des Lagers von Seiten des Feindes

und am folgenden Tage irgend eine Bewegung.
Der Adjutant sprach noch von allerlei allgemeinen
Dingen, plötzlich schlug er, wie zufällig, als ob
es ihm eben eingefallen wäre, dem Leutnant O.
vor, ein kleines Spielchen zu machen. Leutnant
O. war wider Erwarten vollständig einverstanden,
und sie gingen mit Sch. und dem Fähnrich in das
Zelt des Adjutanten, der einen grünen Spieltisch
und Karten hatte. Der Kapitän, der Kommandeur unserer Abteilung, ging in sein Zelt schlafen,
auch die anderen Herren gingen auseinander und
ich blieb mit Guskow allein. Ich hatte mich nicht
getäuscht — ich fühlte mich wirklich unbehaglich
unter vier Augen mit ihm. Unwillkürlich stand
ich auf und begann auf der Batterie auf- und
niederzugehen. Guskow ging schweigend neben mir
her und machte hastige und unruhige Bewegungen,
um nicht hinter mir zurückzubleiben und mir nicht
vorauszueilen.

Ich störe Sie doch nicht? sagte er mit sanfter,
klagender Stimme.

So viel ich in der Dunkelheit sein Gesicht sehen
konnte, schien es mir tief nachdenklich und traurig.

Nicht im mindesten, antwortete ich; da er aber
nicht zu sprechen begann, und ich nicht wußte, was
ich ihm sagen sollte, gingen wir ziemlich lange
schweigend hin und her.

Die Dämmerung war schon vollständig dem
Dunkel der Nacht gewichen, über dem schwarzen

Umriß des Gebirgs flammte helles Abendwetter-
leuchten, über unseren Häuptern funkelten am hellblauen Winterhimmel kleine Sterne, von allen Seiten loberten in rotem Schein die Flammen der
rauchenden Wachtfeuer, nah vor uns schimmerten
die grauen Zelte und der düstere, schwarze Erdwall
unserer Batterie durch den Nebel. Vor dem nächsten Wachtfeuer, um das unsere Burschen sich zum
Wärmen gelagert hatten und leise plauderten,
glänzte von Zeit zu Zeit auf der Batterie das
Erz unserer schweren Geschütze und erschien in
ihrem umgehängten Mantel die Gestalt des Wachtpostens, die sich gemessenen Schrittes unterhalb
des Erdwalls hin- und herbewegte.

Sie können sich nicht vorstellen, welche Freude
es für mich ist, mit einem Menschen wie Sie
zu sprechen! sagte Guskow zu mir, obgleich er
mit mir noch nichts gesprochen hatte. Das kann
nur der begreifen, der einmal in meiner Lage gewesen ist.

Ich wußte nicht, was ich ihm antworten sollte,
und wir schwiegen wieder beide, obgleich er offenbar Lust hatte sich auszusprechen, und ich ihn anzuhören.

Wofür sind Sie . . . Wofür haben Sie leiden
müssen? fragte ich ihn endlich, da mir nichts Bes-
seres einfiel, um das Gespräch zu beginnen.

Haben Sie nichts gehört von der unglückseligen
Geschichte mit Metenin?

Ja, ein Duell, glaube ich, war es; ich habe
flüchtig davon gehört, antwortete ich, ich bin ja
schon lange im Kaukasus.

Nein, kein Duell; es ist diese dumme, schreckliche Geschichte! Ich will Ihnen alles erzählen,
wenn Sie es nicht wissen. Es war in demselben
Jahre, als ich Sie bei meiner Schwester traf, ich
lebte damals in Petersburg. Sie müssen wissen,
ich hatte damals, was man une position dans le
monde nennt, und eine recht gute, um nicht zu
sagen glänzende. Mon père me donnait 10000 par
an. Im Jahre 49 wurde mir Aussicht auf eine
Stellung bei der Gesandtschaft in Turin gemacht:
mein Onkel mütterlicherseits konnte sehr viel für
mich thun und war stets gern dazu bereit. Es
ist jetzt schon lange her, j'étais reçu dans la
meilleure société de Pétersbourg, je pouvais
prétendre auf eine vortreffliche Partie. Ich hatte
gelernt, was wir alle in der Schule lernen, so daß
ich eine besondere Bildung nicht hatte; ich habe
zwar später viel gelesen, mais j'avais surtout ce
jargon du monde, Sie wissen schon; und wie dem
auch war, ich galt, Gott weiß warum, für einen
der ersten jungen Leute Petersburgs. Was mir
in der öffentlichen Meinung eine besondere Stellung gab, c'est cette liaison avec Mme. D., über
die in Petersburg viel gesprochen wurde; aber
ich war schrecklich jung und schätzte damals alle
diese Vorteile gering. Ich war einfach jung und

dumm. Was brauchte ich mehr? Damals hatte
in Petersburg dieser Metenin Ruf ... — und
Guslow fuhr immer weiter so fort und erzählte
mir die Geschichte seines Unglücks, die ich aber
hier übergehen will, weil sie ganz uninteressant ist.
— Zwei Monate saß ich im Gefängnis, fuhr er
fort, ganz allein, und was habe ich in dieser Zeit
nicht alles durchdacht! Aber wissen Sie, als alles
vorüber war, als sozusagen schon endgültig jede
Verbindung mit der Vergangenheit gelöst war,
da war mir leichter zu Mute. Mon père, vous
en avez entendu parler, sicherlich, er ist ein Mann
von eisernem Charakter und mit festen Über-
zeugungen, il m'a deshérité und hat alle Beziehungen mit mir abgebrochen. Nach seiner Überzeugung hat er so handeln müssen, und ich will
ihm keineswegs Vorwürfe machen: il a été con-
séquent. Dafür habe auch ich keinen Schritt gethan, um ihn seinem Entschluß untreu zu machen.
Meine Schwester war im Auslande. Mme. D.
war die Einzige, die mir schrieb, als man es ihr
erlaubte, und mir ihre Hilfe anbot; aber Sie
werden begreifen, daß ich ablehnte, und daß ich
Mangel hatte an all den Kleinigkeiten, die in
einer solchen Lage ein wenig Erleichterung ge-
währen: ich hatte weder Bücher, noch Wäsche,
noch Kost — nichts. Ich habe viel, sehr viel
damals nachgedacht. Ich begann alles mit andern
Augen anzusehen: der Lärm z. B., das Gerede

der Gesellschaft über mich in Petersburg kümmerte
mich nicht — schmeichelte mir nicht im geringsten
— alles das kam mir lächerlich vor. Ich fühlte,
daß ich selbst schuld war, daß ich unvorsichtig,
jung gewesen war, daß ich meine Laufbahn zer=
stört hatte, und dachte nur darüber nach, wie ich
es wieder gut machen könnte. Ich fühlte die Kraft
und die Energie dazu in mir. Aus dem Gefängnis
wurde ich, wie ich Ihnen sagte, hierher in den
Kaukasus zum N.-Regiment geschickt. Ich hatte
geglaubt — fuhr er fort und wurde immer leb=
hafter — hier im Kaukasus sei la vie de camp,
seien schlichte und brave Menschen, mit denen ich
verkehren werde, gäbe es Kriegsgefahren — alles
das würde zu meiner Gemütsstimmung gerade
passen, und ich würde ein neues Leben beginnen.
On me verra au feu — man wird mich lieb ge=
winnen, mich schätzen lernen, nicht bloß meines
Namens wegen — mir Orden geben, mich zum
Unteroffizier machen, die Strafe aufheben, und
ich werde wieder in die Heimat zurückkehren, et
vous savez avec ce prestige du malheur. Aber
quel désenchantement! Sie können sich nicht vor=
stellen, wie ich mich getäuscht habe! . . . Sie kennen
das Offizierkorps unseres Regiments? — Er
schwieg ziemlich lange und schien zu erwarten, daß
ich ihm sagte, ich wüßte, wie schlecht die hiesigen
Offiziere seien. Aber ich antwortete ihm nicht.
Es widerte mich an, daß er, wahrscheinlich, weil

ich französisch verstand, voraussetzte, ich müßte gegen das Offizierskorps eingenommen sein, während ich im Gegenteil durch meinen längern Aufenthalt im Kaukasus dahin gekommen war, es nach seinem Werte zu beurteilen und tausendmal höher zu schätzen, als den Kreis, aus dem Herr Guskow hervorgegangen war. Ich wollte ihm das sagen, aber seine Lage fesselte mir die Zunge. — Im N.-Regiment ist das Offizierskorps tausendmal schlimmer als im hiesigen, fuhr er fort. J'espère, que c'est beaucoup dire, d. h. Sie können sich nicht vorstellen, wie es ist! Ich will gar nicht von den Junkern und den Gemeinen sprechen. Das ist eine entsetzliche Gesellschaft! Sie nahmen mich anfangs gut auf, das ist wahr, aber später, als sie sahen, daß sie mir verächtlich sein mußten, an den unmerklichen, kleinen Beziehungen sahen sie das, Sie wissen schon, daß ich ein ganz anderer Mensch sei, der weit über ihnen stand, da wurden sie böse auf mich und fingen an, mir mit allerlei kleinen Demütigungen heimzuzahlen. Ce que j'ai eu à souffrir, vous ne vous faites pas une idée. Dann der unwillkürliche Verkehr mit den Junkern, besonders avec les petits moyens, que j'avais, je manquais de tout, ich hatte nur, was meine Schwester mir schickte. Ein Beweis für das, was ich zu leiden hatte, ich, bei meinem Charakter, avec ma fierté, j'ai écris à mon père, ich flehte ihn an, mir wenigstens etwas zu schicken . . . Ich

begreife wohl, wenn man fünf Jahre ein solches
Leben geführt hat, kann man so werden, wie unser
Degradierter Dromow, der mit den Gemeinen
trinkt und allen Offizieren Briefe schreibt, in denen
er bittet, ihm drei Rubel zu „leihen“, und die
er tout à vous Dromow unterschreibt. Man muß
einen Charakter wie meinen haben, um in dieser
schrecklichen Lage nicht ganz zu versumpfen. — Er
ging lange schweigend neben mir her. — Avez
vous un papiros? sagte er. — Ja, wo bin ich
stehen geblieben? . . . Ja. Ich konnte das nicht
aushalten, nicht körperlich; denn war es auch
schrecklich, plagte mich auch Kälte und Hunger,
führte ich auch das Leben eines gemeinen Soldaten, so hatten doch die Offiziere eine gewisse
Achtung vor mir — auch besaß ich noch für sie ein
gewisses prestige. Sie schickten mich nicht auf
Wachtposten, auf Übung. Ich hätte das nicht
ertragen. Aber seelisch litt ich entsetzlich. Und
vor allem — ich sah keinen Ausweg aus dieser
Lage. Ich schrieb an meinen Onkel, ich flehte
ihn an, mich in das hiesige Regiment zu versetzen,
das wenigstens die Feldzüge mitmacht, und dachte,
hier ist Pavel Dmitrijewitsch, qui est le fils de
l'intendant de mon père, der wird mir wenigstens
nützlich sein können. Mein Onkel that das für
mich — ich wurde versetzt. Nach jenem Regiment
kam mir dieses wie eine Versammlung von Kam-
merherren vor. Dann war Pavel Dmitrijewitsch

da, er wußte, wer ich war, und ich wurde vortrefflich aufgenommen. Auf die Bitte meines
Onkels ... Guslow, vous savez? ... Aber ich
machte die Beobachtung, daß mit diesen Menschen
ohne Bildung und Intelligenz — sie können einen
Menschen nicht achten und ihm ihre Achtung be-
zeigen, wenn er nicht den Strahlenkranz des Reich-
tums, des Ansehens hat. Ich machte die Beobachtung, wie allmählich, als sie erkannt hatten,
daß ich arm war, ihr Verkehr mit mir immer
nachlässiger und nachlässiger und endlich nahezu
geringschätzig wurde. Das ist entsetzlich, aber es ist
die volle Wahrheit.

Hier habe ich an den Feldzügen teilgenommen,
ich habe mich geschlagen, on m'a vu au feu, fuhr
er fort — aber wann wird das ein Ende haben?
Ich glaube, nie; und meine Kräfte und meine
Energie fangen an sich zu erschöpfen. Dann habe
ich mir la guerre, la vie de camp ausgemalt, aber
ich sehe, es ist alles ganz anders: in der Pelzjacke, ungewaschen, in Soldatenstiefeln geht man
auf verdeckten Posten und liegt die ganze Nacht
hindurch in einem Hohlweg mit dem ersten besten
Antonow, der wegen Trunksucht unter die Soldaten gesteckt ist, und jeden Augenblick kann man
vom Gebüsch her totgeschossen werden — ich oder
Antonow, das ist ganz gleich ... Da thut's keine
Tapferkeit, das ist entsetzlich, c'est affreux, ça tue.

Nun ja, Sie können aber jetzt für den Feld-

zug Unteroffizier und im nächsten Jahr Fähnrich
werden, sagte ich.

Ja, ich kann es, man hat es mir versprochen,
aber es sind noch zwei Jahre hin, und vielleicht
auch dann nicht, und was das heißt, solche zwei
Jahre, wenn das einer wüßte! Stellen Sie sich
ein Leben mit diesem Pavel Dmitrijewitsch vor:
Kartenspiel, grobe Späße, Saufgelage ... Sie
wollen etwas sagen, was Ihnen das Herz ab-
drückt, es versteht Sie niemand, oder Sie werden
gar noch ausgelacht. Man spricht mit Ihnen nicht,
um Ihnen einen Gedanken mitzuteilen, sondern
um aus Ihnen womöglich noch einen Narren zu
machen. Und das alles ist so gemein, so grob,
so häßlich, und Sie fühlen immer, daß Sie zu
den niederen Chargen gehören — man läßt Sie
das immer fühlen. Darum können Sie auch nicht
verstehen, welch ein Genuß es ist, à cœur ouvert
mit einem Menschen zu sprechen, wie Sie sind! ...

Ich verstand nicht im mindesten, was für ein
Mensch ich sein sollte, und darum wußte ich auch
nicht, was ich ihm antworten sollte.

Werden Sie etwas essen? sagte in diesem
Augenblick Nikita zu mir, der unbemerkt in der
Dunkelheit zu mir herangeschlichen und, wie ich
wahrnahm, über die Anwesenheit des Gastes un-
gehalten war. — Es giebt nur Quark-Piroggen,
und etwas Fleischklops ist noch übrig geblieben.

Hat der Kapitän schon gegessen?

Sie schlafen schon lange, antwortete Nikita
mürrisch. Auf meinen Befehl, uns hierher etwas
Essen und Schnaps zu bringen, brummte er unwillig etwas in den Bart und ging schleppend in
seine Hütte. Er brummte auch dort noch weiter,
brachte uns aber ein Kästchen; auf das Kästchen
stellte er ein Licht, das er vorher gegen den Wind
mit Papier umwickelt hatte, eine kleine Kasserolle,
Mostrich und eine Büchse, einen Blechbecher mit
einem Henkel und eine Flasche Wermut. Nachdem Nikita alles das hergerichtet hatte, blieb er
noch eine Weile in der Nähe stehen und sah zu,
wie Guskow und ich Schnaps tranken, was ihm
offenbar sehr unangenehm war. Bei dem matten
Schein, den die Kerze durch das Papier warf,
und bei der Dunkelheit, die uns umgab, sah man
nur das Seehundsleder des Kästchens, das Abendbrot, das darauf stand, Guskows Gesicht, seine
Pelzjacke und seine kleinen roten Hände, mit denen
er die Piroggen aus der Kasserolle herausnahm.
Ringsumher war alles schwarz, und nur, wenn
man scharf ausspähte, konnte man die schwarze
Batterie, die ebenso schwarze Gestalt des Wachtpostens, der über die Brustwehr zu sehen war,
an den Seiten die brennenden Wachtfeuer und
über uns die rot schimmernden Sterne unterscheiden. Guskow lächelte kaum merklich, traurig
und verschämt, als wäre es ihm unbehaglich, mir
nach seinem Geständnis in die Augen zu sehen,

24*

er trank noch ein Gläschen Schnaps und aß gierig, indem er die Kasserolle auskratzte.

Ja, für Sie ist es doch immerhin eine Erleichterung, sagte ich, um etwas zu sagen, daß Sie mit dem Abjutanten bekannt sind; ich habe gehört, er ist ein guter Mensch.

Ja, antwortete der Degradierte, er ist ein lieber Mensch; aber er kann kein anderer sein, er kann kein Mensch sein — bei seiner Bildung kann man's auch nicht verlangen. Plötzlich schien er zu erröten. — Sie haben seine groben Scherze mit dem verdeckten Posten gehört? — und obgleich ich zu wiederholten Malen das Gespräch zu unterbrechen suchte, begann Guskow sich vor mir zu rechtfertigen und mir auseinanderzusetzen, daß er nicht von seinem Posten weggelaufen war, und daß er kein Feigling sei, wie das der Abjutant und Sch. hätten durchblicken lassen.

Wie ich Ihnen gesagt habe — fuhr er fort und wischte seine Hände an seiner Pelzjacke ab — solche Leute verstehen nicht zart mit einem Menschen umzugehen, mit einem gemeinen Soldaten, der kein Geld hat; das geht über Ihre Kräfte. Und in der letzten Zeit, wo ich seit fünf Monaten, ich weiß nicht warum, von meiner Schwester nichts bekomme, habe ich beobachtet, wie verändert ihr Benehmen gegen mich ist. Dieser Pelzrock, den ich von einem Gemeinen gekauft habe und der nicht wärmt, weil er ganz abgeschabt

ist (dabei zeigte er mir den kahlen Schoß) flößt
ihnen nicht Mitleid oder Achtung mit dem Unglück, sondern Verachtung ein, die sie nicht zu
verbergen imstande sind. Meine Not mag noch
so groß sein, wie jetzt, wo ich nichts zu essen habe,
als Soldatengrütze, und nichts anzuziehen, fuhr
er mit niedergeschlagenen Augen fort und goß
sich noch ein Gläschen Schnaps ein — es fällt
ihm nicht ein, mir Geld anzubieten, und er weiß,
daß ich es ihm wiedergebe. Er wartet, bis ich,
in meiner Lage, mich an ihn wende. Und Sie
werden begreifen, wie schwer mir das wird, und
noch bei ihm! Ihnen zum Beispiel würde ich
gerade heraussagen: vous êtes au dessus de cela,
mon cher, je n'ai pas le sou. Und wissen Sie,
sagte er und sah mir plötzlich mit verzweifeltem
Blick in die Augen — Ihnen sage ich es gerade
heraus, ich bin jetzt in einer entsetzlichen Lage:
pouvez-vous me prêter 10 roubles argent? Meine
Schwester muß mir mit der nächsten Post schicken,
et mon père . . .

Oh, ich bin sehr erfreut! sagte ich, während
es mir im Gegenteil sehr unangenehm und kränkend war, besonders weil ich tags zuvor im Kartenspiel Verluste gehabt und selbst nicht mehr als
fünf Rubel und einige Kopeken bei Nikita hatte.
— Gleich, sagte ich, und stand auf, ich will in
das Zelt gehen, um es zu holen.

Nein, später, ne vous dérangez pas.

Ich hörte aber nicht auf ihn und kroch in das zugeknöpfte Zelt, wo mein Bett stand und der Kapitän schlief.

Alexei Iwanytsch, geben Sie mir, bitte, zehn Rubel bis zum Gehaltstage, sagte ich zu dem Kapitän, während ich ihn aufrüttelte.

Was, wieder abgebrannt? Und gestern erst haben Sie erklärt, daß Sie nicht mehr spielen wollen? sagte der Kapitän, halb im Schlafe.

Nein, ich habe nicht gespielt, ich brauche es so, geben Sie mir's, bitte.

Makatiuk! schrie der Kapitän seinem Burschen zu, hole das Geldkästchen und gieb es her.

Leiser, leiser, sagte ich. Ich hörte in der Nähe des Zeltes die gleichmäßigen Schritte Guskows.

Was? warum leiser?

Der Degradierte hat mich um ein Darlehn gebeten. Er ist da.

Hätte ich das gewußt, dann hätte ich es nicht gegeben, bemerkte der Kapitän. Ich habe von ihm gehört: der Bursche ist einer der schlimmsten Wüstlinge! — Der Kapitän gab mir aber doch das Geld, befahl die Schatulle wegzusetzen, das Zelt gut zu verschließen, wiederholte noch einmal: „Wenn ich gewußt hätte wozu, hätte ich es nicht gegeben" und zog sich die Decke über den Kopf. — Nun schulden Sie mir 32, vergessen Sie nicht! rief er mir nach. Als ich aus dem Zelte trat, ging Guskow um die Bänkchen herum, und seine kleine

Gestalt mit den krummen Beinen und der scheuß-
lichen Fellmütze mit den langen weißen Haaren
tauchte in der Dunkelheit auf und nieder, wenn
er an der Kerze vorüberkam. Er that, als bemerkte er mich nicht. Ich gab ihm das Geld.
Er sagte merci, knitterte den Schein zusammen
und steckte ihn in die Hosentasche.

Jetzt muß das Spiel bei Pavel Dmitrijewitsch,
denke ich, im vollsten Gange sein! begann er gleich
darauf.

Ja, das denke ich auch.

Er spielt merkwürdig, immer à rebours und
biegt nie ein Paroli, glückt's, dann ist es gut,
wenn es aber nicht gelingt, kann man furchtbar
viel Geld verspielen. Er hat das auch bewiesen.
In diesem Feldzuge hat er, wenn man die Sache
berechnet, mehr als anderthalbtausend verloren.
Und mit welcher Mäßigung hat er früher gespielt,
so daß Ihr Offizier da an seiner Ehrenhaftigkeit
zu zweifeln schien.

Ja, er hat das so ... Nikita, haben wir
keinen Most mehr, sagte ich und fühlte mich sehr
erleichtert durch Guskows Redseligkeit. Nikita
brummte immer noch, er brachte uns aber den
Wein und sah wieder wütend zu, wie Guskow sein
Glas leerte. In Guskows Benehmen machte sich
wieder die frühere Ungezwungenheit bemerkbar.
Ich hätte gewünscht, er wäre so schnell als möglich
gegangen, und es schien mir, als thäte er das nur

deshalb nicht, weil er sich schämte, gleich nachdem
er das Geld bekommen hatte, fortzugehen. Ich
sprach kein Wort.

Wie ist es möglich, daß Sie bei Ihren Mitteln
ohne jede Notwendigkeit, de gaieté de cœur sich
entschlossen haben, im Kaukasus Dienste zu nehmen? Sehen Sie, das verstehe ich nicht, sagte
er zu mir.

Ich gab mir Mühe, mich wegen dieses für
ihn so auffälligen Schrittes zu rechtfertigen.

Ich kann mir denken, wie schwer auch für Sie
der Verkehr mit diesen Offizieren ist, mit diesen
Menschen, die gar keine Vorstellung von Bildung
haben. Es ist nicht möglich, daß sie für Sie Ver-
ständnis haben. Sie können zehn Jahre hier leben
und werden nichts anderes sehen und hören als
Karten, Wein und Unterhaltung über Auszeichnungen und Feldzüge.

Es berührte mich unangenehm, daß er verlangte, ich sollte durchaus seine Behauptung teilen,
und ich beteuerte ihm mit voller Aufrichtigkeit,
daß ich Karten, Wein und Gespräche über Feldzüge sehr gern hätte. Aber er wollte mir nicht
glauben.

Ach, Sie sagen das so, fuhr er fort. Und der
Mangel an Frauen, d. h. ich meine femmes comme
il faut, ist das nicht eine schreckliche Entbehrung?
Ich weiß nicht, was ich jetzt drum gäbe, wenn
ich mich nur auf einen Augenblick in einen Salon

verſetzen und auch nur durch ein Thürſpältchen
ein reizendes Weib ſehen könnte.

Er ſchwieg eine Weile und trank noch ein Glas
Wein.

Ach, Gott! Ach, Gott! Vielleicht haben wir
noch einmal das Glück, uns in Petersburg bei
Menſchen zu begegnen, mit Menſchen, mit Frauen
zu verkehren und zu leben. — Er trank den letzten
Reſt Wein aus, der noch in der Flaſche geblieben
war, dann ſagte er: Oh, pardon, Sie hätten vielleicht auch noch getrunken, ich bin ſchrecklich zerſtreut. Ich habe, glaube ich, zu viel getrunken,
et je n'ai pas la tête forte. Es gab eine Zeit,
wo ich auf der Morskaja (in Petersburg) au rez
de chaussée wohnte, ich hatte eine wundervolle
kleine Wohnung, eigene Möbel, müſſen Sie wiſſen,
ich habe es verſtanden, alles reizend einzurichten,
wenn auch nicht übermäßig teuer. Allerdings,
mon père gab mir Porzellan, Blumen, wundervolles Silber. Le matin je sortais, Beſuche
machen; à 5 heures régulièrement fuhr ich zu ißt
zu Mittag, oft war ſie allein. Il faut avouer
que c'était une femme ravissante! Sie haben ſie
nicht gekannt, gar nicht?

Nein.

Wiſſen Sie, Weiblichkeit beſaß ſie im höchſten
Maße, Zärtlichkeit, und erſt ihre Liebe! ... Du
lieber Gott! Ich habe damals dieſes Glück nicht
zu ſchätzen gewußt. Oder nach dem Theater kehr=

ten wir häufig zu zweien nach Hauſe zurück und
ſpeiſten zu Abend. Nie habe ich bei ihr Langeweile
empfunden, toujours gaie, toujours aimante. Ja,
ich ahnte gar nicht, was für ein ſeltenes Glück
das war. Et j'ai beaucoup à me reprocher ihr
gegenüber. Je l'ai fais souffrir et souvent, ich
war grauſam. Ach, es war eine köſtliche Zeit!
Langweilt Sie das?

Nein, keineswegs.

Dann will ich Ihnen von unſeren Abenden
erzählen. Ich komme: dieſe Treppe, jeden Blu-
mentopf kannte ich, die Thürklinke — alles ſo
lieb, ſo bekannt, dann das Vorzimmer, ihr Zimmer . . . Nein, das kommt niemals, niemals wieder! Sie ſchreibt mir auch jetzt noch; ich will
Ihnen gern ihre Briefe zeigen. Aber ich bin
nicht mehr derſelbe — ich bin ein Verlorner, ich
bin ihrer nicht mehr würdig . . . Ja, ich bin für
ewig verloren! Je suis cassé. Ich habe keine
Energie, keinen Stolz, nichts mehr. Auch mein
Adel iſt hin . . ., ja, ich bin ein Verlorner! Und
kein Menſch wird je mein Leiden begreifen —
niemand fühlt mit mir. Ich bin ein gefallener
Menſch! Nie kann ich mich wieder erheben, denn
ich bin moraliſch geſunken — in Schmutz geſunken
. . . In dieſem Augenblicke klang aus ſeinen Worten aufrichtige, tiefe Verzweiflung; er ſah mich
nicht an und ſaß unbeweglich da.

Warum ſo verzweifeln? ſagte ich.

Weil ich abscheulich bin, dies Leben hat mich
zu Grunde gerichtet, was in mir war, alles ist
ertötet ... Ich lebe nicht mehr mit Stolz, sondern mit Würdelosigkeit — die dignité dans le
malheur habe ich nicht mehr. Jeden Augenblick
erdulde ich Demütigungen, alles ertrage ich, ich
suche selbst den Weg zur Demütigung. Dieser
Schmutz a déteint sur moi, ich bin selbst roh geworden, ich habe vergessen, was ich gewußt habe,
ich kann nicht mehr französisch sprechen, ich fühle,
daß ich gemein und niedrig bin. An Kämpfen
kann ich in dieser Umgebung nicht teilnehmen,
um nichts in der Welt; ich wäre vielleicht ein
Held: geben Sie mir ein Regiment, goldene Achsel-
klappen, Trompeter; aber in Reih und Glied mit
dem ersten besten rohen Antonow Bondarenko und
dem und dem zu gehen, und zu denken, daß zwischen
ihm und mir nicht der geringste Unterschied ist,
daß es ganz gleich ist, ob er erschossen wird oder
ich — dieser Gedanke tötet mich. Begreifen Sie,
wie entsetzlich es ist, zu denken, daß der erste
beste Lumpenkerl mich töten soll, einen Menschen,
der denkt und fühlt, und daß es ganz dasselbe
ist, ob er den Antonow neben mir tötet, ein Geschöpf, das sich durch nichts von einem Tiere unter-
scheidet, und daß es leicht geschehen kann, daß man
gerade mich tötet und nicht Antonow, wie es immer
vorkommt, une fatalité für alles Hohe und Gute.
Ich weiß, daß sie mich einen Feigling nennen:

schön, ich mag ein Feigling sein — ich bin eben ein Feigling und kann nicht anders sein. Aber nicht genug, daß ich ein Feigling bin, ich bin nach Ihrer Meinung — ein Bettler und ein verachteter Mensch. Sehen Sie, ich habe Sie eben um Geld gebeten, und Sie haben ein Recht, mich zu verachten. Nein, nehmen Sie Ihr Geld zurück — und er streckte mir den zerknitterten Schein entgegen. — Ich will, daß Sie mich achten. Er bedeckte sein Gesicht mit den Händen und brach in Thränen aus; ich wußte nicht, was ich sagen und thun sollte.

Beruhigen Sie sich, sprach ich zu ihm, Sie sind zu empfindlich, nehmen Sie sich nicht alles zu Herzen, grübeln Sie nicht, sehen Sie die Dinge einfacher an. Sie sagen selbst, Sie haben Charakter. Tragen Sie es, Sie haben nicht mehr lange zu leiden — sprach ich zu ihm, aber in sehr unklaren Worten, denn ich war erregt durch ein Gefühl des Mitleids und ein Gefühl der Reue darüber, daß ich gewagt hatte, in Gedanken einen wahrhaft und tief unglücklichen Menschen zu verdammen.

Ja, begann er, wenn ich auch nur einmal seit der Stunde, wo ich in dieser Hölle bin, auch nur ein einziges Wort der Teilnahme, des Rates, der Freundschaft gehört hätte — ein menschliches Wort, ein Wort, wie ich es von Ihnen höre — vielleicht könnte ich alles ruhig ertragen, vielleicht könnte

ich es auch auf mich nehmen und sogar ein gemeiner Soldat sein, aber jetzt ist es entsetzlich ...
Wenn ich mit gesundem Sinne überlege, wünsche
ich mir den Tod; warum sollte ich aber auch dieses
schmachvolle Leben und mich selbst lieben, da ich
für alles Gute in der Welt verloren bin? und
bei der geringsten Gefahr unwillkürlich wieder anfange, dieses niederträchtige Leben zu vergöttern
und es zu schonen wie etwas Kostbares? Und ich
kann mich nicht überwinden, je ne puis pas ...,
d. h. ich kann es — fuhr er nach einem minutenlangen Schweigen wieder fort — aber es kostet
mich zu große Mühe, ungeheure Mühe, wenn ich
allein bin. Mit den anderen, unter den gewöhnlichen Bedingungen, wie man in den Kampf geht,
bin ich tapfer, j'ai fait mes preuves, denn ich bin
voll Eigenliebe und Stolz: das ist mein Fehler,
und in Gegenwart anderer ... Wissen Sie, gestatten Sie mir, bei Ihnen zu übernachten, bei
uns wird die ganze Nacht gespielt werden. Mir
ist's gleich, wo, auf dem Fußboden.

Während Nikita das Bett herrichtete, erhoben
wir uns und gingen in der Dunkelheit wieder
auf der Batterie hin und her. Guskow muß
wirklich einen sehr schwachen Kopf gehabt haben,
denn er schwankte von den zwei Gläschen Schnaps
und den zwei Glas Wein. Als wir aufstanden und
uns von der Kerze entfernten, beobachtete ich,
daß er den Zehnrubelschein, den er während des

ganzen vorausgegangenen Gespräches in der Hand
gehalten hatte, wieder in die Tasche schob, aber so,
daß ich es nicht sehen sollte. Er sprach immer
weiter, er fühlte, er könnte sich noch aufrichten,
wenn er einen Menschen hätte wie ich, der Mitgefühl mit ihm habe.

Wir wollten schon in das Zelt gehen, um uns
schlafen zu legen, als plötzlich über uns eine Kugel
dahinpfiff und nicht weit von uns in den Boden
schlug. Es war so sonderbar: dieses stille, in Schlaf
versunkene Lager, unser Gespräch und ... plötzlich die feindliche Kugel, die, Gott weiß woher,
mitten unter unsere Zelte geflogen kam — so
sonderbar, daß ich mir lange nicht Rechenschaft
darüber geben konnte, was eigentlich vorging.
Einer unserer Soldaten, Andrejew, der auf der
Batterie Wache stand, kam auf mich zu.

Ei, das hat sich herangeschlichen! Hier hat
man das Feuer gesehen, sagte er.

Wir müssen den Kapitän wecken, sagte ich und
sah zu Guskow hinüber.

Er stand, ganz zu Boden geduckt, da und stam-
melte, als ob er etwas sagen wollte: Das ...
das   Feind ... das ... komisch! Weiter
sagte er nichts, und ich hatte nicht bemerkt, wie
und wohin er plötzlich verschwunden war.

In der Hütte des Kapitäns wurde ein Licht
angezündet, sein gewöhnlicher Husten vor dem Erwachen ließ sich vernehmen, und er kam bald selbst

heraus und forderte eine Lunte, um sein kleines
Pfeifchen anzustecken.

Was ist das heute, Väterchen? sagte er lächelnd,
man will mich gar nicht schlafen lassen, bald Sie
mit Ihrem Degradierten, bald Schamyl! Was ist
zu thun, erwidern oder nicht? War darüber nichts
gesagt im Befehl?

Nein, nichts. Da, wieder, sagte ich, und jetzt
aus zweien.

In der That leuchteten durch die Dunkelheit,
rechts vor uns, zwei Flammen wie zwei Augen
auf, und bald flog über unsern Häuptern eine
Kugel und mit lautem, durchdringendem Pfeifen
eine leere Granate dahin; sie war wohl von uns.
Aus dem Zelte in der Nachbarschaft kamen die
Soldaten herausgekrochen, man hörte ihr Hüsteln,
Reden und Plaudern.

Schau, er pfeift vor deinen Augen wie eine
Nachtigall, bemerkte ein Artillerist.

Ruft Nikita! sagte der Kapitän mit seinem
gewohnten guten Lächeln. — Nikita! Verstecke
dich nicht, höre, wie die Bergnachtigallen
pfeifen.

Ach, Euer Hochwohlgeboren, sprach Nikita, der
neben dem Kapitän stand, ich habe sie schon gesehen, die Nachtigallen, ich fürchte mich nicht, aber
der Gast, der eben hier war und Ihren Wein
getrunken hat, wie der sie gehört hat, da hat er
schnell Reißaus genommen, an unserem Zelt vor=

über, wie eine Kugel ist er davongerollt, wie ein
Tier hat er sich zusammengeduckt!

Aber es wird doch nötig sein, zum Oberbefehls=
haber der Artillerie hinunterzureiten, sagte der
Kapitän zu mir in ernstem, befehlerischem Tone,
um ihn zu fragen, ob wir das Feuer erwidern
sollen oder nicht; es kann kaum davon die Rede
sein, aber man kann doch immerhin hinunter. Be=
mühen Sie sich, bitte, hin und fragen Sie ihn.
Lassen Sie ein Pferd satteln, damit es schneller
geht, nehmen Sie, wenn nicht anders, meinen
Polkan.

In fünf Minuten brachte man mir das Pferd,
und ich ritt zu dem Befehlshaber der Artillerie.

Achten Sie darauf, die Losung ist „Deichsel“,
flüsterte mir der fürsorgliche Kapitän zu, sonst
kommen Sie nicht durch die Postenkette.

Zum Befehlshaber der Artillerie war es eine
halbe Werst; der ganze Weg führte zwischen Zelten
hindurch. Sobald ich mich aber von unserem
Wachtfeuer entfernt hatte, wurde es so schwarz,
daß ich nicht einmal die Ohren des Pferdes sah,
nur das Flackern der Wachtfeuer, die mir bald
ganz nahe, bald ganz fern erschienen, flimmerten
vor meinen Augen. Ein kleines Stück ritt ich
ganz wie mein Pferd wollte, dem ich die Zügel
hängen ließ. Ich konnte nun die weißen, vier=
eckigen Zelte unterscheiden, dann auch die schwarzen
Spuren des Weges; in einer halben Stunde kam

ich bei dem Befehlshaber der Artillerie an. Dreimal hatte ich nach dem Wege fragen müssen, unb viermal war ich über die Pflöcke der Zelte gestolpert, wofür ich jedesmal Scheltworte aus dem Zelte zu hören bekam, unb zweimal wurde ich von dem Posten angehalten. Während des Rittes hatte ich noch zwei Schüsse in unserem Lager gehört, aber die Geschosse hatten nicht bis zu dem Ort getragen, wo der Stab lag. Der Befehlshaber der Artillerie gab nicht den Befehl, die Schüsse zu erwidern, umsoweniger, als der Feind aufhörte, unb ich machte mich auf den Heimweg, indem ich mein Pferd am Zügel hielt unb mich zu Fuß zwischen den Zelten der Infanterie durcharbeitete. Oft verlangsamte ich meinen Schritt, wenn ich an einem Soldatenzelt vorüberkam, in bem ein Feuerschein leuchtete, ober lauschte auf eine Erzählung, die ein Spaßvogel vortrug, ober auf ein Buch, das ein Schriftkunbiger vorlas, dem die ganze Abteilung, den Vorleser von Zeit zu Zeit durch allerlei Bemerkungen unterbrechend, in dichtem Haufen im Zelt unb um das Zelt zusammengedrängt, zuhörte, ober auch nur auf die Gespräche über den Feldzug, über die Heimat, über die Vorgesetzten.

Als ich an einem der Bataillonszelte vorüberritt, hörte ich die laute Stimme Guskows, der sehr angeheitert unb lebhaft sprach. Junge, ebenfalls lustige Stimmen, von vornehmen Herren, nicht

25

von gemeinen Soldaten, antworteten. Es war offenbar das Zelt der Junker oder der Feldwebel. Ich blieb stehen.

Ich kenne ihn schon lange, sprach Guskow. Als ich in Petersburg lebte, hat er mich häufig besucht, und ich war oft bei ihm. Er hat in der besten Gesellschaft verkehrt.

Von wem sprichst du? fragte die Stimme eines Betrunkenen.

Von dem Fürsten, sagte Guskow. Ich bin ja doch mit ihm verwandt, und was die Hauptsache ist, wir sind alte Freunde. Es ist gut, meine Herren, einen solchen Bekannten zu haben, müssen Sie wissen. Er ist ja schrecklich reich. Hundert Rubel sind nichts bei ihm. Ich habe mir auch eine Kleinigkeit von ihm geben lassen, bis mir meine Schwester schickt.

Nun, so laß doch schon holen! . . .

Sofort. Sawjelitsch, Täubchen! erklang die Stimme Guskows, immer mehr dem Zelteingang sich nähernd. Hier hast du zehn Moneten, geh' zum Marketender und bringe zwei Flaschen Rachetischen und . . . was noch, meine Herren? Na! — Und Guskow trat schwankend, mit zerzaustem Haar, ohne Mütze, aus dem Zelt. Er schlug die Schöße seines Pelzrocks zurück, steckte die Hände in die Taschen seiner grauen Hose und blieb am Eingang stehen. Obgleich er im Lichte stand und ich in der Dunkelheit, zitterte ich doch vor Angst, er könnte mich bemerken, bemühte mich, jedes Geräusch zu vermeiden und ging weiter.

Wer da? schrie mich Guslow mit völlig trunkener Stimme an. Die Kälte hatte ihn offenbar ganz aus Rand und Band gebracht. Was für ein Teufel schleicht hier mit seinem Pferd herum?

Ich antwortete nicht und suchte schweigend den Weg.